公認心理師の基礎と実践

野島一彦・繁桝算男 監修

# 社会・集団・家族心理学

竹村和久 編

# 巻頭言

## 心理学・臨床心理学を学ぶすべての方へ

　公認心理師法が 2015 年 9 月に公布され，2017 年 9 月に施行されました。そして，本年度より経過措置による国家資格試験が始まります。同時に，公認心理師の養成カリキュラムが新大学 1 年生から始まります。

　現代日本には，3 万人を割ったとは言えまだまだ高止まりの自殺，過労死，うつ病の増加，メンタルヘルス不調，ひきこもり，虐待，家庭内暴力，犯罪被害者・加害者への対応，認知症，学校における不登校，いじめ，発達障害，学級崩壊などの諸問題の複雑化，被災者への対応，人間関係の希薄化など，さまざまな問題が存在しております。それらの問題の解決のために，私たち心理学・臨床心理学に携わる者に対する社会的な期待と要請はますます強まっています。また，心理学・臨床心理学はそのような負の状況を改善するだけではなく，より健康な心と体を作るため，よりよい家庭や職場を作るため，あるいは，より公正な社会を作るため，ますます必要とされる時代になっています。

　こうした社会状況に鑑み，心理学・臨床心理学に関する専門的知識および技術をもって，国民の心の健康の保持増進に寄与する心理専門職の国家資格化がスタートします。この公認心理師の養成は喫緊の非常に大きな課題です。

　そこで，私たち監修者は，ここに『公認心理師の基礎と実践』という名を冠したテキストのシリーズを刊行し，公認心理師を育てる一助にしたいと念願しました。

　このシリーズは，大学（学部）における公認心理師養成に必要な 25 科目のうち，「心理演習」，「心理実習」を除く 23 科目に対応した 23 巻からなります。私たち心理学者・心理臨床家たちが長年にわたり蓄えた知識と経験を，新しい時代を作るであろう人々に伝えることは使命であると考えます。そのエッセンスがこのシリーズに凝縮しています。

　このシリーズを通して，読者の皆さんが，公認心理師に必要な知識と技術を学び，国民の心の健康の保持増進に貢献していかれるよう強く願っています。

2018 年 3 月吉日

監修者　野島一彦・繁桝算男

# はじめに

　本書は，公認心理師を目指す人が，社会心理学，集団心理学，家族心理学の3分野を学ぶうえでの重要なトピックについて，わかりやく説明することを目指している。広義の意味では，これらの3分野は，「社会心理学」の領域に入るといえる。すなわち，社会心理学は社会的状況での，集団心理学は集団状況での，家族心理学は家族関係の中での，認知，判断，意思決定，行動，集合現象を扱っている。そのような意味では，社会心理学の対象が一番広く，次に集団心理学，最後に家族心理学という集合としての包含関係があるが，家族心理学が集団心理学や社会心理学に完全に含まれるということではけっしてない。家族心理学は，他の分野に比べてとくに臨床志向が強く，臨床心理学との接点を強くもっており，独自の歴史的経緯をもっている。また，集団心理学もグループ・ダイナミックス（集団力学）の歴史的経緯の中で生まれ，社会心理学は，心理学と社会学との境界領域として発展してきた。

　本書で扱う3分野は，それぞれの独自性があるが，本書ではできるだけ統合的な観点から3分野をとりまとめている。一言で述べるなら，本書で取り上げる領域は，心理学の中でもとくに人間同士の関係性を考慮に入れた学問分野であるといえ，そのような点からの共通性がある。これらの分野の第一線で研究と教育を行っている先生方に，3分野で重要であると考えられるトピックについて執筆していただいた。本書は，平成30年版公認心理師試験出題基準で示されるブループリント（公認心理師試験設計表）の「社会及び集団に関する心理学」領域の小項目（キーワード）を網羅するように構成されている。

　第1章では，家族心理学，集団心理学，社会心理学についての定義，歴史的経緯や問題設定などについて解説を行い，本書の見通しを立てる。第2章では，人間関係の中で人が他者をどのように認知をしているのかという対人認知の現象や理論について解説する。第3章では，社会的行動の準備状態でもある態度とそれを説明する理論について解説し，態度と社会的行動との関係について述べる。第4章では，差別の原因にもなる人々の偏見や偏った認知の背後にある心理的過程やそれを説明する理論について述べる。第5章では，人助けなどの援助行動と人に危害を与える攻撃行動における心理的過程とそれらの行動を説明する理論について述べる。第6章では，他者がそばにいると勉強がよりいっそうよくできるようになるなど，他者の存在によって行動が促進されるという社会的促進現象につい

て説明し，逆に他者がいると勉強がしにくくなるというような社会的抑制現象を説明し，それらの現象に関する理論について解説を行う。第7章では，他者の意見や行動に同調してしまうような現象や，権威のある者に服従してしまうような現象，さらにはそれらの現象に関する理論について説明を行う。第8章では，同じグループの人にはえこひいきをするような内集団バイアスという傾向などを含む集団の過程と理論について解説する。第9章では，人間同士の相互作用とそれを説明する理論についての解説を行う。第10章では，対人的な好意や非好意，対人関係の形成，発展，崩壊などについての現象や理論についての説明を行う。第11章では，家族心理学の重要なトピックである家族の人間関係とそれを説明する理論について解説をする。第12章では，家族を含む人々の人間関係の支え合いについての現象やそれらを説明する理論について述べる。第13章では，認知や社会的行動の社会・文化依存性など文化と社会心理の問題について論じる。最後の第14章では，社会の中で観察される流行などの集合行動と，新聞やテレビなどのマスメディアやインターネットを媒介とするコミュニケーションの影響について論じる。

　公認心理師は，日本でははじめての心理学の国家資格であるが，公認心理師法第二条にもあるように，下記の業務に関わることになる。すなわち，①心理に関する支援を要する者の心理状態の観察，その結果の分析，②心理に関する支援を要する者に対する，その心理に関する相談及び助言，指導その他の援助，③心理に関する支援を要する者の関係者に対する相談及び助言，指導その他の援助，④心の健康に関する知識の普及を図るための教育及び情報の提供。このような業務を行ううえでも，上記のトピックを学習することは，たんなる試験対策ということを超えて，公認心理師の業務を行ううえでも豊富な示唆を与えることができると期待できる。

　最後になるが，本書を含む「公認心理師の基礎と実践」シリーズの企画者であり監修者の野島一彦・繁桝算男の両先生，本書の構成を企画する段階から編集作業のすべての過程においてご尽力いただいた株式会社ちとせプレス代表の櫻井堂雄氏に，記して謝意を表したい。

2018年10月

竹村和久

# 目　　次

はじめに　5

第 1 章　社会・集団・家族心理学とは何か ………………………… 11

竹村和久

　Ⅰ　社会心理学の経緯と定義　11／Ⅱ　社会心理学における人間　14／Ⅲ　社会心理学の問題意識と方法論の基本的考え方　18

第 2 章　対人認知 ………………………………………………………… 23

宮本聡介

　Ⅰ　対人認知と印象形成　23／Ⅱ　社会的推論　27／Ⅲ　認知的倹約家の思考パターン　30

第 3 章　態度と行動 ……………………………………………………… 36

林　幹也

　Ⅰ　態度の定義と研究における必要性　36／Ⅱ　態度の測定方法　37／Ⅲ　態度形成と態度変容　41

第 4 章　ステレオタイプと偏見 ………………………………………… 47

唐沢かおり

　Ⅰ　ステレオタイプと社会的認知　47／Ⅱ　ステレオタイプと情報処理　48／Ⅲ　偏見　52／Ⅳ　集団ステレオタイプの二次元　55／Ⅴ　ステレオタイプと偏見に関する課題　57

第 5 章　向社会的行動と反社会的行動――援助と攻撃 ……………… 61

竹村和久

　Ⅰ　向社会的行動と反社会的行動　61／Ⅱ　向社会的行動と反社会的行動の研究の枠組みと経緯　62／Ⅲ　向社会的行動の規定因　64／Ⅳ　反社会的行動の規定因　69／Ⅴ　向社会的行動と反社会的行動　73

第 6 章　社会的促進と社会的抑制 ……………………………………… 77

今井芳昭

　Ⅰ　社会的促進　77／Ⅱ　社会的手抜き　83／Ⅲ　社会的抑制　86

第 7 章　社会的影響 ……………………………………………………… 91

白岩祐子

　　Ⅰ　社会的影響とは　91／Ⅱ　同調　92／Ⅲ　服従　94／Ⅳ　説得　97

## 第8章　集団過程　………………………………………………………101

山口裕幸

　　Ⅰ　集団過程とは　101／Ⅱ　集団の中の個人過程　102／Ⅲ　集団過程が育む集団としての心理学的特性　109

## 第9章　社会的相互作用　………………………………………………115

大坪庸介

　　Ⅰ　相互依存性理論　115／Ⅱ　囚人のジレンマ　119／Ⅲ　社会的ジレンマ　122

## 第10章　対人関係の形成と発展　………………………………………126

金政祐司

　　Ⅰ　対人魅力に関する理論　126／Ⅱ　対人関係の進展段階と対人魅力を規定する要因　128／Ⅲ　関係の初期から中期にかけて重要となる対人魅力の規定因　128／Ⅳ　関係の中期から後期にかけて重要となる対人魅力の規定因　133／Ⅴ　関係の維持と関係葛藤への対処　136

## 第11章　家族の人間関係　………………………………………………141

布柴靖枝

　　Ⅰ　家族とは　141／Ⅱ　家族ライフサイクルと結婚・夫婦関係　144／Ⅲ　家族内で起こる不適切な養育と暴力　147／Ⅳ　家族をシステムとして捉え支援する家族療法　151

## 第12章　ソーシャル・サポート　………………………………………158

浦　光博

　　Ⅰ　対人関係のポジティブ効果　158／Ⅱ　対人関係のネガティブ効果　162／Ⅲ　家族のソーシャル・サポート　166

## 第13章　文化と社会心理　………………………………………………169

石井敬子

　　Ⅰ　心の社会・文化依存性　169／Ⅱ　文化的自己観　171／Ⅲ　個人主義・集団主義　171／Ⅳ　自己，感情，認知・注意配分における文化差　173／Ⅴ　別文化への移動と適応　176／Ⅵ　文化心理学的な視座による示唆　177

## 第14章　集合行動とマスコミュニケーション　…………………………182

三浦麻子

　　Ⅰ　さまざまな集合行動とそれらが生じる心理的過程　182／Ⅱ　集合行動に影響する社会的過程――マスコミュニケーション　189

　　索引　194／執筆者一覧・編者略歴　巻末

公認心理師の基礎と実践

# 第 11 巻　社会・集団・家族心理学

# 第1章 社会・集団・家族心理学とは何か

竹村和久

*Keywords* 社会心理学，社会的行動，相互作用，社会的影響

## I 社会心理学の経緯と定義

### 1．社会・集団・家族心理学の対象と関連学会

　本書は，社会心理学，集団心理学，家族心理学の3つの分野を統合したものである。わが国の学会では，日本社会心理学会，日本グループ・ダイナミックス学会，日本家族心理学会がこれらに対応している（子安ら，2018）。日本社会心理学会は，1960年に設立されて，「狭い意味での社会心理学の専攻者だけでなく，心理学，社会学，政治学，経済学，文化人類学，宗教学，言語学など互いに隣接する諸科学の研究者で，とくに社会心理学に関心をもつものが集まって組織する団体」である。設立当初，日本社会心理学会は，社会学者や心理学者，さらには関連領域の研究者を中心に発足したが，現在では心理学者を中心とした学会になっている。また，日本グループ・ダイナミックス学会は，心理学者を中心に1949年に設立され，「グループ・ダイナミックス，実証的な社会心理学の研究ならびに実践を促進し，会員相互の連携協同を図ること」を目的とした団体である。日本グループ・ダイナミックス学会の多くの会員は，日本社会心理学会の会員と重なっている。さらに，日本家族心理学会は，臨床心理学への志向性の強い学会であり，1984年に設立され，「家族心理学領域のアカデミックな研究を推進すること。ファミリー・カウンセリング，家族療法，短期療法などの家族への心理社会的臨床技法の向上と展開を図ること。家族の危機を予防し，絆を強める心理教育的方法（家族教育）の普及に努めること」を目標とした団体である。前二者の学会は現況ではやや基礎指向が強い学会であり，最後の学会は臨床指向が強い学会であるし，また，それぞれの研究領域は重なりつつも重点の置き方が異なっているが，

ここでは，これらを広義の意味で「社会心理学」と位置づけて説明を行っていく。ただし，家族心理学については，第11章でその経緯や定義などについても解説するのでそれらを参照していただきたい。

## 2．社会心理学の定義

社会心理学が，どのような学問かということについては完全に一致した定義はないが，下記のオルポート Allport, F. H. の古典的な定義が有名である。
すなわち，社会心理学は，

「他者の行動を刺激し，あるいは人々の行動に対する反応である人の行動や，社会的な対象や社会的な反応についての個人の意識を記述する科学である」（Allport, 1924, p. 12）。

また，古典的な社会心理学の教科書では，「人間の相互作用についての科学的研究である」（Watson, 1966, p. 1），「社会的刺激の関数としての個々人の行動についての研究を特に含んでいる心理学の一学問分野である」（Jones et al., 1967, p. 1），「人間の社会的行動，社会的影響過程についての実証的な科学的研究を行う学問の一分野」である（古畑ら，2002, p. 100）などとなっている。永田（1998）が指摘するように，社会心理学の歴史は「社会心理学とは何か」を問い直す歴史ともいえるが，抽象化すると，社会心理学は「家族を含む人間関係，集団，組織，社会，文化などの相互作用における，人間の知覚，認知，判断，意思決定，行動を研究する学問」といえるだろう。

また，ガーゲン（Gergen, 1994）が指摘しているように，多くの社会心理学者は科学としての社会心理学を重視している。社会心理学者の中には，ガーゲンのように，社会構成主義的観点に立って，社会心理学の理論的言明は社会的に構成されるものであり，社会心理学は現象の記述，説明，予測を目的とするだけの科学ではないし，自然科学であることを目指すべきではないと明言している研究者もいる。ガーゲンは，社会的現象が歴史依存的であって，確実な客観的法則というものはなく，社会的行動は，自然科学とは同じ方法論では捉えられないと説いている。また，彼は，社会心理学が自然科学と同じような科学であるという誤解をなくし，社会心理学的知識が社会的に構成されたものであり，価値中立的なものでないことを批判的に理解することが大事であると説いている。

このような観点も社会心理学の研究者の中にはあるが，多くの社会心理学者は，

科学としての社会心理学を志向している（竹村，2004）。また，このような考えに基づき，実験，調査，行動観察などにおいて，統計的方法を用いたりして，科学的に再現性のある知見を得ようとしている。また，社会心理学は，基礎心理学としての知見を得ようとするだけでなく，日本グループ・ダイナミックス学会や日本家族心理学会の設立趣旨にもあるように，家族や集団などの実践的な問題について取り組んでもいるのである。

## 3．社会心理学の歴史

　堀毛（2017）によると，社会心理学という学問領域が成立したのは，少なくとも 20 世紀の初め頃にまで遡れる。すなわち，「社会心理学」という表題を含んだ 2 冊のテキストが出版された 1908 年を，社会心理学が創始された年と見なすことが多い（Allport, 1954）。1 冊はマクドゥーガル（McDougall, 1908）による『社会心理学入門』であり，もう 1 冊がロス（Ross, 1908）の『社会心理学』である（堀毛，2017）。それ以前からも「社会心理学」という用語は用いられており，タルド Tarde, G. による模倣の研究や，ル・ボン Le Bon, G. による群衆心理学をルーツとする考え方もあるので，社会心理学は 19 世紀末にはその萌芽があったものと見なせるだろう。

　オルポート（Allport, 1924）の『社会心理学』は，テキストの中で最もよく引用され，その後の社会心理学の方向づけを行ったとされている（堀毛，2017）。この本の中で彼は，マクドゥーガル（McDougall, 1920）が提唱した，集団自体には個々のメンバーの心理には還元されない「集団心（group mind）」というものが存在するという考え方を批判して，集団は個々人の集合にしかすぎず，集団心の概念は集団誤謬（group fallacy）として否定し，個々人の心理の検討を通じて社会心理学が構築できることを主張した。この主張が多くの社会心理学者に受け入れられたのである。

　1930 年代に入ると，ファシズムの台頭により，主要な社会心理学の研究者がヨーロッパからアメリカに移住し，とくに，シェリフ Sherif は自動運動を用いた同調・規範生成研究を展開し，またレヴィン Lewin, K. は，グループ・ダイナミックス（集団力学）と呼ばれる集団行動を研究する実践的な学問を創設し，「実験社会心理学の父」と呼ばれる存在になった（堀毛，2017）。第 2 次世界大戦を経て，レヴィンによりマサチューセッツ工科大学において開設され，その後，1948 年にミシガン大学に移設されたグループ・ダイナミックス研究室では，その後の社会心理学を牽引することになるドイッチェ Deutsch, M.，フェスティンガー Festinger,

L., ケリー Kelley, H. H., ラザースフェルド Lazarsfeld, P., シャクター Schacter, D. L., チボー Thibaut, J. W. などにより, 多くの小集団実験が行われた。また, 戦後, イェール大学では, ホヴランド Hovland, C. を中心にコミュニケーションや態度変容研究が展開され, アッシュ Asch, S. やハイダー Heider, F. など, ゲシュタルト心理学の影響を受けたヨーロッパからの研究者たちも, 同調や社会的認知などの研究を展開した。また, 社会学者のアドルノら (Adorno et al., 1950) も, 大戦前にファシズムが蔓延した心理的基礎にある反ユダヤ的心性を面接法により分析するなかで,「権威主義的パーソナリティ」を見出し, 質問紙尺度としてファシズム尺度 (F スケール) を考案し, その後の社会心理学における偏見研究に大きな影響を与えた。

## ■ II 社会心理学における人間

### 1. 個人と家族, 集団, 社会

　人間は, 社会 (society) の中で暮らしている。社会というのは, 手にとって見えるような実体ではなく, 諸個人の集まりとその個人間の関係性の総称である。社会の中では, 人々は, 大変複雑な関係性をもって生活している。一般に,「社会」という場合は, 大勢の組織化された集団で, 人々の相互コミュニケーションがある場合を指すことが多いが, 社会心理学の対象は, 集団を構成する個人である。集団の中で, 最小の集団としては 2 人の集団があり, 一般にはペアと呼ばれる。たとえば, 夫婦, 恋人, 友人などのペアも社会心理学の対象である。また, 家族においては, 夫婦などのペアが最小単位であり, 子ども, 孫などが含まれることがある。近年の都市部では, 核家族化が進み, 祖父母との同居はかなり少なくなっているが, 家族は重要な社会の構成集団になっている。また, 学校, 職場などの組織も社会を構成する集団である。さらには, 市町村, 都道府県などの行政自治体も社会を構成し, さらには国家, 世界の中での地域も社会を構成している。現代の社会では, 1 つの国家内だけでなく, 諸交通手段やインターネットなどを通じて世界中でコミュニケーションが活発に行われている。

　社会心理学の対象は, まず, これらの社会状況における個人であり, さらに, その個人の認知, 感情, 生理過程, 行動であり (図 1), さらには, 対人関係のペア, 小集団, 家族, 組織, 自治体, 国家, 世界の地域などの社会状況における諸個人およびその内的過程, 集団現象, 集合現象である。

第1章 社会・集団・家族心理学とは何か

図1 社会心理学の対象である社会状況における個人

## 2．社会心理学の対象とする相互作用とレヴィンの社会的行動図式

　このように社会心理学の対象とする社会は，ペア，家族，集団，組織，行政自治体，国家，地域など幅広い領域を網羅するが，簡単のためにまず2人だけの関係を示して，社会関係がいかに複雑であるかを考えてみたい。図2に示したように，AさんとBさんの2人がいるとする。AさんはBさんに，私的なことで頼みごとをしたいと思っているとする。たとえば，Aさんは「先週授業を風邪で休んだので，その授業のノートをBさんに貸してもらえないか」と思っており，そのことをBさんに伝えたとする。AさんからBさんへのこの行為を→で示す。また，BさんはAさんが風邪のためやむなく授業に行けなかったことを理解しているので，「どうぞ使ってください」と快諾したとする。この行為を←で示す。このようにAさんとBさんの行為はAさんからBさんへの関係（Aさん→Bさん）で，BさんからAさんへの行為はBさんからAさんへの関係（Bさん→Aさん）で表現できる。このような関係は，簡単なようであるが，実際のノートを貸すという意思決定も複雑である。たとえば，Aさんが風邪でやむなく授業を休んだのではなくて授業をサボって家でゲームをしていて授業に行けなかったとする。このような理由をBさんが知っていたとすると，BさんはAさんにノートを貸さないかもしれない。このように，Aさんの依頼に対して，Aさんがどのような理由で授業に出なかったかがBさんの行動に影響を与えている。Bさんの行動は，そのほかにも，Aさんがちゃんとノートを返してくれるかの予想やBさんのそのときの気分も影響しており，Bさんの行動は，いろいろな要因の影響を受けている。

　このような個人の社会的行動を，先にも紹介した集団力学の祖であるレヴィン（Lewin, 1936；写真）は，$B = f(P, E)$ と関数表記で図式化した。ここで，$B$は行動を意味し，$P$は人，$E$は環境を表し，$f$は関数である。厳密にいうと，関数$f$が

第11巻　社会・集団・家族心理学

Aさん　　　　Bさん
図2　2人の相互作用と社会関係

クルト・レヴィン（Wikipediaより）

どのようなものであり，どのような集合上のものであるかについては記されていないが，この図式は，社会心理学では広く受け入れられている。AさんとBさんの例でいうと，Bさんの行動（$B$）は，Bさん自身の人格等の人的要因（$P$），Aさんの行動や他の状況的要因（$E$）の関数で決まるということになる。

## 3．レヴィンの行動図式と社会内の相互作用の複雑性

　このように2人だけで構成される対人関係においても，Aさん，Bさん，そしてAさんからBさんへの関係，BさんからAさんへの関係という集合が少なくとも存在することになる。また，このように，相手の理由によってBさんの行動が変わるとすると，Bさんの行動は，Aさんの行動とBさんが考えるAさんの状態に依存していることになる。このことが相互に働いているとすると，二者関係だけでも複雑である。また，通常，人の行動は，周りの他者がどのように反応するかによっても依存する。たとえば，AさんがBさんに依頼したときに，周囲の人CさんがAさんとBさんのやりとりを見ていて，Bさんがノートを貸さないとしたらBさんは冷たい人だと感じ，そのような評判を周りに立てるかもしれないし，Bさんがノートを貸したら親切な人だという評判を周りに立てるかもしれない。Bさんはそのことを予想して，Aさんが授業をサボっているにもかかわらず，Aさんにノートを貸すかもしれない。

　レヴィンの行動図式を先ほど，$B = f(P, E)$ と表記したが，これは，個人の行動の図式であり，これが社会的相互作用のもとでは複雑になる。AさんとBさんの例でいうと，Aさんにとっての環境要因がBさんにとっての人的要因であり，Bさんにとっての環境要因がAさんにとっての人的要因になっており，お互いに複

雑に絡み合っている。

　このように人々の社会的行動は，相互作用（interaction）のもとにあり，個人の行動が他者の反応に影響を受けるという社会的影響（social influence）を受けている。また，この社会的影響の過程は，本人にもほとんど意識されずに進むものもあるが，Bさんの行動のように，相互作用に関する数学的理論であるゲーム理論（game theory）に仮定されているような戦略的な側面がある。

　2人の関係においては，AさんからBさんの行為がBさんからAさんの行為を規定し，その逆の関係も存在するという動的な相互依存関係がある。たとえば，Aさんが依頼をした場合と，依頼をしなかった場合でBさんの行為は変わってくる。さらには，Aさん自身の行為が次のAさんの行為を規定するという側面をもっている。たとえば，一度，Bさんがノートを貸すことを断ったことが，今度のBさん自身の行為に影響を与えることがあるだろう。

　そして，二者間の関係の中では，各人は戦略的に振る舞うことがある。たとえば，Aさんが「もし僕がBさんにノートを貸してほしいと依頼したら，Bさんはどう思うかな？　嫌われてしまうだろうか，お願いしたら断られるから依頼しないでおこうか」と考えたり，Bさんが「Aさんから依頼されたけど，Aさんに嫌われたくないからとりあえず貸そうかな」というように，相手の出方を考えて自分の行為を決めることがある。

　このように，二者間の関係を考えただけでも大変複雑であり，各人の行動を予測するのは大変難しい。これが，図3に示したような，5人間の関係であるとするとどうなるだろうか。5人の中の任意の二者関係の順序対は，自己同士の関係を除くと20個になる。さらに，Aさん→Bさん→Cさん，というような3人関係を考えると，集合論的には三項関係になり，自己同士の関係を除くと60個になり，4人関係を考えると，同様に120個，5人関係を考えると，同様に120個になる。このように，たった5人の社会を考えても相互関係は大変複雑である。また，相手の状態に応じて，行動を変えるという形式や，この関係にレヴィンの行動図式を入れて，相互関係を規定すると相当複雑な社会関係になる。社会における人々の行動を理解しようとすると，このような複雑な関係性の中で，個々人の行動を予測したり，集団の行動を予測したりする必要があることになる。

　人類学者のダンバー（Dunbar, 1998）は，人がこのような複雑な社会関係に対処するために脳を急速に進化させたという社会脳仮説（マキャベリ的知能仮説）という仮説を提唱している。彼は，霊長類間における「脳のサイズの予測」という観点から，この仮説の妥当性を吟味している。ダンバーは，人間が安定的な社

第11巻　社会・集団・家族心理学

図3　5人での相互関係（矢印は三者関係を示している）

会関係を維持できるとされる人数の認知的な上限があるとして，全体の脳サイズに対する新皮質の占める比率を用いて，いろいろな種におけるさまざまな指標との相関関係を分析した結果，集団サイズにおいてのみ，新皮質の比率との高い相関を見出した。38種類の霊長類のデータから回帰方程式を用いて，人間の平均的な集団の大きさは148（四捨五入して150とされる）であると，ダンバーは推定した。このような大きな集団の相互作用を処理するために，人間の脳が進化したとしたのである。この分析は相関関係をもとにしているだけであり因果関係については十分明らかになっているとはいえないが，この148の人間から任意の2人関係の組み合わせの総数をとると10,487個となり，任意の3人関係の組み合わせは529,396個となり，集団内の人間関係の情報処理のためには，相当高度な脳の処理能力が要求されていることを示唆している。

## III　社会心理学の問題意識と方法論の基本的考え方

### 1．社会心理学の問題意識

　社会心理学は，21世紀に入り，その誕生から100年近くを経過している。先に説明したように社会心理学の定義はいろいろとあるが，どのような社会心理学の定義も，人間の社会的行為（社会的行動）を研究する学問であるという点では一致しているように思われる。

　このような社会的行為というものを抽象的に取り上げたのは，現代社会心理学だけではない。社会学者のヴェーバー（Weber, 1921/1984）が，彼の著書『社会学の根本概念』において，「社会的行為」について考察を行っている。彼は，社会

## 第1章 社会・集団・家族心理学とは何か

的行為を,「単数或いは複数の行為者の考えている意味が他の人々の行動と関係を持ち，その過程がそれに左右されるような行為」であると定義している（Weber, 1921/1984, 翻訳書 p. 8）。たとえば，彼は，互いに自転車に乗っている 2 人が「相手を避けようと試みたり，衝突の後で悪口を言い合ったり，殴り合ったり，円満に話し合ったりすれば，社会的行為である」（Weber, 1921/1984, 翻訳書 p. 36）としている。ヴェーバーは，2 人以上の人間がいて，その人たちが相手を意識して行動するなら，それらはみんな社会的なものだということを考えていた（市野川，2013）。ヴェーバーの社会的行為の定義は，現在の社会心理学の社会的行為（あるいは社会的行動）の記述とあまり変わらない。社会的行為というものを，特定の意味から考えるのではなく，抽象的で操作的に扱うことによって，広い文脈で考えることが可能になったともいえる。

このようなヴェーバーの抽象化された「社会的行為」への取り組みが，1870 年代のシュモーラー von Schmoller, G. による社会政策（Sozialpolitik）から社会科学としての社会学を切り離そうとした意図があったが，このようなヴェーバーの社会的行為の定義によって，「社会的という言葉は，抽象的なもの，空虚なものになった」と述べて，本来の「社会的」という意味が忘却されているとう指摘もある（市野川，2013）。このような問題指摘は，社会心理学の中でも，いつも形を変えて現れてきている。たとえば，永田（2009）は，現状の社会心理学において，「社会」が見えなくなったという問題指摘をしながらも，社会心理学における「社会」の復活とは，人々のおかれた社会状況を，その文脈を考慮したうえで，その行動，思考を理解することであるとして，「社会の具体化」の作業の必要性を示唆している。このような社会的実践活動や社会を捉えるという問題指摘が常に表れてきていることが，社会心理学が他の基礎心理学と若干異なる点でもある。

### 2．社会心理学の方法論の基本的枠組み

社会心理学の研究の方法論は，一般的に，他の基礎心理学の領域の典型的研究とはその問題意識の重点のおき方が若干異なっていることがある。たとえば，第 7 章でくわしく解説するアッシュ（Asch, 1955）の同調行動の研究，ミルグラム（Milgram, 1974）の服従の研究などにも代表されるように，まずは社会的常識から考えて意外な現象を実験状況で再現してそのことを同定するということが最初に行われる。これは，錯視に関する知覚研究が常識的には想定されない錯視現象を発見することから始まるのと類似している。アッシュの同調行動の研究では，線分の判断において，視覚刺激より他者の反応を優先してしまい，ミルグラムの

服従の実験では，他者の人命や健康の確保よりも権威への服従が優先されてしまうという本末転倒した意思決定の現象が扱われている。

　社会心理学のこのような古典的研究の方法論を抽象的に記述すると，下記のように表現できる。ある対象 A，B があるとする（簡単のために 2 つの対象にする）。これらの対象を，いくつかの属性で記述できるとして，対象 A の属性値，対象 B の属性値があるとする。ここで，A の属性値が B の属性値より明らかに優越しており，他の属性値については，逆に B が A より優越していると仮定する。簡単のために，重要である属性群，重要でない属性群があるとして，常識的観点からすると，このとき対象 A が B より選好されると考えるのが合理的と考えられるが，それにもかかわらず B が A より実際には選好されてしまうというような現象を指す。たとえば，アッシュの同調行動の研究でいうならば，線分の長さの判断で明らかに A の物理的長さが B の物理的長さより大きいのに，他の人の行動などの線分判断では副次的な属性の B の優越性によって，A の長さよりも B の長さが大きい（B ＞ A）と答えてしまうような現象である。線分の長さの判断においては，他の人の判断も考慮に入れる必要もあるかもしれないが自分の視覚判断での物理的長さが優先されることが課題にとって合目的である。ミルグラムの権威の実験であれば，実験者に服従することよりも実験参加者の健康や人命を考えることが重要であるにもかかわらず，逆の判断をしてしまうことが実験的に明らかにされる。他の社会心理学の古典的研究も同様なパラダイムになっている。

　一般の社会心理学の研究でも，それほど重要でない属性あるいは意思決定や行動にあたってとるに足りない変数が操作されるにもかかわらず意思決定や行動が変化することを記述することが問題発見初期の研究では非常に重要になっている。このような形の古典的研究がひと通り終わった段階で，これらの現象に及ぼす諸変数の同定や各種の計量モデルのパラメータ推定研究などが始まってくる。現状の社会心理学の研究は，このような古典的実験のパラダイムを踏襲しながらも，要因を操作した心理統計を用いた計量モデルを用いた研究が増えている。そこでは，多くは線形のモデルが用いられるが，各要因の効果やその交互作用が社会的認知，社会的意思決定，社会的行動にどのような影響を与えているかが検討されているのである。

◆学習チェック
□　社会，集団，家族心理学の対象と，関連学術団体について理解した。
□　社会心理学の歴史的経緯の概略について理解した。

第 1 章　社会・集団・家族心理学とは何か

- [ ] 社会心理学の研究対象が社会的状況における人間の認知，判断，意思決定，行動であることを理解した。
- [ ] 社会心理学の研究対象となる人間の相互作用は，相当の複雑性をもつことを理解した。
- [ ] 社会心理学の古典的研究の方法論的な枠組みと近年の要因操作的方法論の枠組みについて理解した。

### より深めるための推薦図書

　北村英哉・内田由紀子編（2016）社会心理学概論．ナカニシヤ出版．

　小坂井敏晶（2013）社会心理学講義―〈閉ざされた社会〉と〈開かれた社会〉．筑摩書房．

　アロンソン Aronson E.（岡隆訳）（2014）ザ・ソーシャル・アニマル―人と世界を読み解く社会心理学への招待 第 11 版．サイエンス社．

### 文　献

Adorno, T. W., Frenkel-Brunswik, E., Levinson, D. J. & Sanford, R. N.（1950）*Authoritarian Personality*. Harper.（田中義久・矢沢修二郎・小林修一訳（1980）権威主義的パーソナリティ．青木書店．）

Allport, F. H.（1924）*Social Psychology*. Houghton Mifflin.

Asch, S. E.（1955）Opinions and social pressure. *Scientific American*, 193; 31-35.

Dunbar, R.（1998）The social brain hypothesis. *Evolutionary Anthropology*, 6; 178-190.

堀毛一也（2017）社会心理学の基本的立場．In：堀毛一也・竹村和久・小川和美：社会心理学―人と社会との相互作用の探求．培風館，pp. 1-19.

古畑和孝・岡隆編（2002）社会心理学小辞典 増補版．有斐閣．

Gergen, K. J.（1994）*Toward Transformation in Social Knowledge*, 2nd Edition. Sage.（杉万俊夫・矢守克也・渥美公秀監訳（1998）もう一つの社会心理学―社会行動学の転換に向けて．ナカニシヤ出版．）

市野川容孝（2013）はじめに．In：市川容孝・宇城輝人編：社会的なもののために．ナカニシヤ出版，pp. i-xvi.

Jones, E. E. & Gerard, H. B.（1967）*Foundations of Social Psychology*. Wiley.

子安増生・丹野義彦編（2018）公認心理師エッセンシャルズ．有斐閣．

Lewin, K（1936）*Principles of Topological Psychology*. McGraw-Hill.

McDougall, W. M.（1908）*An Introduction to Social Psychology*. Methuen.（宮崎市八訳（1925）社会心理学概論．アテネ書院．）

McDougall, W.（1920）*The Group Mind*. GP Putnam's Son.

Milgram, S.（1974）*Obedience to Authority; An Experimental View*. Harper & Row.（山形浩生訳（2008）服従の心理．河出書房新社．）

永田良昭（1998）社会心理学．In：大山正編：心理学史．放送大学教育振興会，pp. 203-212.

永田良昭（2009）知識社会心理学的視点の模索．In：永田良昭・飛田操編：現代社会を社会心理学で読む，ナカニシヤ出版，pp. 204-219.

Ross, E. A.（1908）*Social Psychology*. MacMillan.（高部勝太郎訳（1917）社会心理学．磯部甲陽堂．）

竹村和久編（2004）社会心理学の新しいかたち．誠信書房．
Watson, G.（1966）*Social Psychology: Issues and Insights.* Lippincott.
Weber, M.（1921/1984）*Soziologische Grundbegriffe.* Mohr, S., pp. 17-46.（清水幾太郎訳（1972）社会学の根本概念．岩波書店）

# 第2章 対人認知

宮本聡介

**Keywords** 社会的認知，対人認知，印象形成，特性推論，社会的推論，帰属，対応バイアス，確証バイアス，思考，ヒューリスティック

## I 対人認知と印象形成

　ある対象について，その特徴や性質を考え，理解したり記憶にとどめたりすることを"認知"という。日常生活の中で私たちは大きく2つの性質をもつ対象に対して認知活動をしている。モノに対する認知とヒトに対する認知である。モノはそれ自体が静的であり，モノが主体的・能動的にヒトに働きかけてくることはない。しかしヒトは主体的・能動的にヒトに働きかけ，関わろうとする。相互作用があるぶん，モノの認知とヒトの認知では性質が異なる。

　人間関係など，ヒトとヒトの関係性を明示あるいは示唆する事象を"社会的"と表現する。自己，他者，集団はすべて社会的なものである。こうした社会的な対象の理解に関わる精神活動は社会的認知と呼ばれる。社会的認知という言葉には，社会的なものを認知すること一般を指す場合と，1980年代にフィスクら（Fiske et al., 1984, 2008）が体系化した社会的認知（social cognition）という社会心理学の特定の研究領域を指す場合とがある。社会的認知の中でもとくに"他者"に注目し，ヒトが他者をどのように認知しているのかを明らかにすることを目的とした研究分野を対人認知という。正確な対人認知は誤解を減らし，よい対人関係を築く一助となる。しかし，対人認知にはさまざまな歪みがあることも知られている。社会の中で生きる以上，対人認知は必須である。本章では，対人認知の過程で生じるさまざまな心理的特徴を概説し，良好な対人関係形成のヒントを提供する。

## 1. 私たちは他者の何を認知しているのか

　一口に他者といっても，他者に関する情報は多様である。外見，服装などの身体的特徴は対人認知の初期段階で注目される情報である。容姿などの外見的特徴が対人関係の形成に重要な役割を果たしていることは，対人魅力研究などで繰り返し報告されている。ウィリスら（Willis et al., 2006）は，顔などの外見情報から性格特性の推測が，きわめて短時間のうちに行われていることを報告している。この研究では，時間制限を設けずに顔写真を提示し評定させた印象と，0.1 秒だけ顔写真を提示し評定させた印象との間に，0.5 ～ 0.7 程度の相関があることが報告されている。顔情報に基づいた印象判断がきわめて短時間に行われていることがわかる。しかし，顔情報などから受ける印象は，あくまでも直感的なものであり，これがどれだけ内面的な特徴を反映したものかについてはさまざまな議論がある。

　一方，性格特性などの内面的特徴は対人関係の深まりに応じて注目される特徴である（Fiske et al., 1979; Carlston, 1994）。優しい人か，怒りっぽい人か，知的な人か，がさつな人かなど，相手がもっている性格特性の 1 つひとつを知ることは，その相手の全体印象の形成に役立つ。他者の全体印象を作り上げていく過程を印象形成という。アッシュ（Asch, 1946）の印象形成研究では，複数の性格特性語を提示し，そこから形成される全体印象を詳細に検討した。性格特性の中には，全体印象の形成に重要な働きをする中心特性（たとえば "温かい" "冷たい"）と，それほど重要な働きをしない周辺特性があること，先に提示された性格特性が全体印象に強い影響を及ぼす順序効果などは大変よく知られている。順序効果は第一印象が全体印象の形成に重要な働きを示すよい例である。

　しかし，我々は相手から性格特性に関する情報を直接受け取ることはまれである。それよりも，相手の行動からその相手がどのような性格特性を有する人物かを主体的に推論している。これを特性推論という。宮本（1996）は 1 人の刺激人物がさまざまな行動をとる様子を収めた 15 分のビデオを実験参加者に提示した。その際，一方の参加者には，登場人物がどのような行動をとったかを正確に記憶するように（行動記憶群），もう一方の参加者には刺激人物がどんな人物かをイメージするように教示した（印象形成群）。実験参加者にはビデオ視聴中，頭の中で考えていることをそのまま声に出すように依頼し，その発話内容を詳細に分析した。すると，行動記憶群では名詞や動詞の平均発話率が高かったのに対して，印象形成群では形容詞の平均発話率が高かった。さらに，印象形成群で発話され

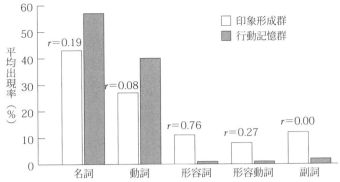

図1　処理目標別に見た発話内容の分析（宮本，1996を参考に作成）

（注）　1人あたりの当該品詞の平均出現率は当該品詞数／総品詞数である。これを各実験群ごとに平均したものが図1である。性格特性語は，実験参加者の発話内容のうち，人の性格を表現している発話を実験協力者が抽出したものである。rは印象形成群における性格特性語数と各品詞との相関。行動記憶群は特性と品詞間に有意な相関なし。

た形容詞は「やさしい」「だらしない」のように，人の性格特性に関わる特性語が多かった（図1）。これはつまり，他者の印象を形成する状況では，相手の性格特性を推論することに関わる認知活動が優先的に行われていることを意味している。

　特性推論が意図せず無意識に行われることを示した研究もある（Winter et al., 1984）。情報文（たとえば「理髪店の奥さんは新しいダイエット法を使って6週間の間に10kgやせた」）を複数提示し，後でそれらの情報文を思い出すという課題を考えてみよう。このとき"髪の毛""肥満"などの手がかり情報は，情報文の意味と直接関連しているため，記憶再生の手がかりとなる（意味手がかり）。しかしウィンターらは"意思が強い"という性格特性を示した方が，上記情報文を思い出しやすいことを報告した（性格手がかり）。「意思が強い」という手がかり情報は"6週間の間に10kgやせた"というエピソードから推論されやすい性格特性である。実験中，実験参加者は性格を推測するような課題は課されていない。したがって，「意思が強い」という性格特性が記憶課題に影響したのは，実験参加者が情報文をもとに自動的，自発的に性格特性を推論していた証拠だとウィンターらは主張し，この現象を自発的特性推論と呼んでいる。

　特性推論，自発的特性推論に見られるように，我々が他者の何を認知しているのかという問いへの答えの1つとして，私たちは普段，他者とのやりとりの中で相手の性格特性を推論するということが優先的に行われているといえるだろう。

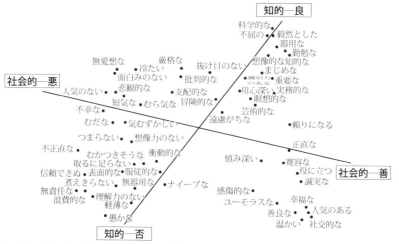

図2　ローゼンバーグらの対人認知の2次元（Rosenberg et al., 1968; 唐沢, 2017より作成）

## 2．暗黙の性格理論

　優しい人は，優しいだけでなく親切で温かいとも思われがちである。私たちは各々の性格特性の関連の強さに関する知識・理論をもっている。そのため，性格特性の推論が可能になる。これらの知識・理論には個人差があるが，ある程度共通の知識構造もあると考えられている。このような性格特性間の関連性に関する知識構造のことを暗黙の性格理論という（Rosenberg et al., 1968）。多変量解析などの手法を用いて，人々がもっている性格特性同士の関連を解析すると，おおむね2〜3次元の構造をしていることが明らかになっている。なかでも頻繁に報告されるのは社会性の次元と知性の次元である（図2）。社会性の次元には「誠実さ」「寛容さ」「情け深さ」「人気がある」などの特徴が含まれ，これらの性格特性同士の関連が強いと考えられている。知性の次元には「知的な」「真面目な」「勤勉な」などの特徴が含まれている。我々はこれらの次元のどのあたりに当該他者が位置するかという観点から他者を理解する傾向がある。

## 3．社会的カテゴリーに基づいた印象判断

　同種の性質をもつ者同士の集合体を社会的カテゴリーという。我々はさまざまな社会的カテゴリーに属している。性別，年齢のように，誰もが必ず属している社会的カテゴリーもあれば，医師，教員，弁護士，プロ野球選手，芸能人のよう

に特殊な役割を担った社会的カテゴリーもある。こうした社会的カテゴリーには，そのカテゴリーに所属していることによって期待される役割がある。これを社会的役割という。社会的カテゴリーは当該他者を理解するヒントを有しているため，対人認知が進み，円滑な相互作用の実現につながる場合がある。社会的カテゴリーに基づいた対人認知をカテゴリーベース処理という (Brewer, 1988)。カテゴリーベース処理では，社会的カテゴリーがもつ特徴と当該他者がもつ特徴が一致するか否かという視点で他者認知を行う。初対面の他者に対する対人認知では，まずカテゴリーベース処理が優先的に行われ，その後，当該他者にユニークな性質の認知処理へと進んでいくと考えられている (Fiske et al., 1990)。

また，特定の集団や社会的カテゴリーの成員がもつ属性（たとえば性格特性や能力，身体的特徴）に関する誇張された信念をステレオタイプという。同じ社会的カテゴリーに所属する集団成員同士は同じ性質をもっていると見なされがちなため，集団全体のイメージが誇張されやすい。偏ったイメージであるステレオタイプに基づいた対人認知をステレオタイプ化という。ステレオタイプは他者のイメージが歪みやすくなる原因の1つとして社会心理学では古くから研究が進められている（詳細は第4章を参照）。

## II 社会的推論

人や集団に関わる出来事について，発生の理由や意味を考えることを社会的推論という。人であればその内的状態を推論することがこれに該当する。この場合の内的状態とは，当該他者のパーソナリティ，態度，動機，感情状態などを指す。I節で触れた特性推論も社会的推論の1つである。正確な社会的推論は良好な対人関係の形成にとって重要である。しかし，時として社会的推論には歪みが生じる。本節では，社会的推論の歪みの原因となる各種の現象を紹介する。

### 1. 帰　属

電車の中で突然歌い出す人を見たら，あなたは何を思うだろうか。なぜあの人は電車の中で歌を歌い始めたのだろうと，その理由・原因を知りたくなるだろう。理由・原因が理解できないと，不安が募るが，理解できると安心材料を得られてほっとする。人は他者の行動の理由・原因を推論し突き止めようとする。このような社会的推論を「帰属」と呼ぶ。なお，帰属のような社会的推論はあくまでも推論であり，必ずしも正しい原因を推論しているとは限らないことを念頭に入れ

ておく必要がある。

　人の行動の原因は，行為者の内的な性質（内的帰属）か環境要因（外的帰属）のどちらかに帰属されるとハイダー（Heider, 1958）が指摘したように，帰属先は大変シンプルである。電車の中で突然歌い出す人を見かけたとき，"変わった人"と内的帰属をする人がいれば，何かのイベントをやっているのだろうと外的帰属をする人もいるだろう。ハイダーの指摘の重要なところは，人の行動の原因の帰属には基本的に内的・外的の2方向のどちらかに絞られるということである。内的帰属がなされると，"変わった人"のように，当該人物の内的属性（性格，態度など）に原因があると推論される。性格や態度などの内的属性は永続的で安定していると見なされることから，その行動は繰り返されると予想される。一方，外的に帰属されると，たまたまイベントがあったからとった行動なのだと解釈され，当該他者がその行動を繰り返すとは予想されない。

　どのような条件のとき，内的属性に帰属されやすくなるかを検討したモデルがいくつかある。ジョーンズら（Jones et al., 1965）の対応推論モデルでは，行動と内的属性との結びつきについての論理的必然性がどれだけあるか（対応があるか）によって，属性の推論が行われやすくなると仮定している。社会規範に従う行動からは内的属性は推論されづらい。なぜならそれはみなが当たり前にとる行動だからである。一方，規範からずれた行動（たとえば「待ち合わせに遅刻してくる」など）をとった場合には，その行動から（「だらしない」などの）内的属性が推論されやすくなる。社会規範に従わないということは，その人自身の内的属性に，社会規範に従わない原因があるのだろうというように，行動と内的属性に対応があると推論する。行動と内的属性の対応の強さを決める要因の1つに非共通効果がある。他の選択肢では得られない特徴（非共通性）をもった選択肢が選ばれると，その選択の原因が内的属性のせいであると推論されやすくなるのである。

　ケリー（Kelly, 1967）の共変モデルでは，行動生起の原因を，①人（行為の主体），②実体（行為の対象），③状況（時／様態）から考察し，これらの要因に弁別性，合意性，一貫性があるかどうかという点から，帰属のプロセスを明らかにしようとした。たとえば，Aさん（人）のテスト（実体）の成績を考えてみよう。Aさんが英語のテストで高得点をとるとすると，Aさんは英語が得意なのだと推論できる。教科の中で英語だけが（弁別性）高得点だったり，いつも（一貫性）英語で高得点をとると，Aさんはますます英語が得意なのだと推論されることになる。一方，皆が（合意性）英語のテストでよい成績をとっているのだとすると，

第 2 章　対人認知

英語の試験の難易度が低いのだと推論される。

## 2．帰属におけるバイアス

　対応推論モデルや共変モデルでは，得られた情報をもとに，行動の原因の所在が内的なところにあるのか，外的なところにあるのかを推論すると考えていた。推論のためには，入手可能なあらゆる情報を吟味し，そこから合理的に結論を導き出す人間像が暗黙のうちに仮定されていた。しかし，その後の研究から，人はすべての情報を吟味せず，ある程度直感的に原因帰属すること，またその帰属先に一定のバイアス（歪み）が見られることが，次々と報告されていった。

　行為の原因の帰属の仕方は，実際の行為者と観察者では異なることが知られている。これを行為者－観察者バイアスという（Jones et al., 1987）。なかなか論文を書かない同僚を見て，あいつはサボっている，手を抜いていると別の同僚（観察者）が思っているのに対して，当の本人（行為者）は職場の雑用が忙しい，研究環境が悪いと思っているなどの例がこれに該当する。我々は，自身の行動が成功した場合にそれを内的に帰属し（自分には能力・才能がある），失敗した場合にはそれを外的に帰属する（今日の試験は難しかった）。これをセルフサービングバイアス[注1]という。セルフサービングバイアスが生じる背景には自己高揚，自己防衛などの動機の影響がある。

　人は内的・外的帰属を正確に行えず，過度に内的に帰属する傾向が強いことが明らかにされてきた。これを根本的帰属の誤りという（Ross, 1977）。職場に遅刻してきた新人を見て，理由いかんにかかわらず，とっさにだらしないやつだと上司が思うのは，他の外的な要因を考慮しない過度な内的帰属であり，根本的帰属の誤りに該当する。行動（遅刻）と性格特性（だらしない）との対応を推論しすぎていることから対応バイアスということもある[注2]。こうした現象は，外的手がかりを軽視し，行動の理由を内的要因に求めすぎることから起こるものである。

　人はなぜ，他者の行動を過度に内的に帰属してしまうのだろうか。このことを説明する代表的なモデルの 1 つにギルバートの 3 段階モデルがある（Gilbert et al., 1995）。このモデルでは属性推論を同定，推論，修正の 3 段階に分けて考える。同定段階ではどういった行動か（"駅で困っている外国人に声をかける"）が判断される。推論段階では属性の推論（"親切"）が行われる。ギルバートの 3 段階モ

---

注1）　自己高揚バイアス，自己奉仕バイアスと表記されることも多い。
注2）　根本的帰属の誤りと対応バイアスはほぼ同義に用いられるが，厳密には指している現象の範囲が異なるとされている（外山，2001）。

デルでは同定から推論までの過程はほぼ自動的に進行すると考えられている。一方，修正の段階では，自動的に推論された属性の正否の確認が意識的に行われる。状況要因の考慮を要する情報に注意が向けられると（声をかけたのは外国人観光客向けの日本人ガイドだった），推論された属性解釈の修正（仕事で声をかけたのであって，それほど親切というわけではない）が施される。

## ■ III　認知的倹約家の思考パターン

Ⅱ節の社会的推論過程に見られたように，文脈情報に注意を向けず，内的帰属を優先してしまう人間の推論過程は，活用可能なあらゆる情報を吟味するという熟慮型の推論をせず，できるだけ近道を通って結論を得ようとする人間の思考活動の特徴を浮き彫りにした。人は先入観・予見をもつと，それに引きずられて認知が歪むことがこれまでの研究で報告されている。これを一般に期待効果という。期待効果の背後にあるのは認知資源の節約である。社会的情報の処理に割り当てられる認知容量には限界がある。フィスクらはこのような状況にある人間を指して認知的倹約家と呼んでいる。認知資源を節約するために，人間は簡便で直感的な処理方略，つまり認知のショートカットを用いることが知られている。

### 1．確証バイアス

見ず知らずの相手と接することは緊張を伴う。予備知識なしに相手と会うと，その相手がどのような人物なのか，フル回転で憶測を働かせなくてはならない。一方，あらかじめその人物についての予備情報（たとえば性別，年齢，職業）を入手しておくと，その後の相互作用が円滑に進む可能性がある。これから会う相手が会社の社長さんだとわかっていれば，それ相応のやりとりによって粗相のないコミュニケーションが進行するだろう。

ところがこうした予備知識が，歪んだ対人認知を導くことも知られている。とくに対人認知の過程で予備知識を確認・確証するよう情報処理のバイアスが生じることがある。これを確証バイアスという。たとえば，A型の血液型の人がもっているであろうと予想される特徴にとくに注意を向け，A型とは関連しない特徴から目をそらすような認知が行われているとするとこれは確証バイアスのよい例である。A型的な人かどうか"確証"しようとする場面でA型的な特徴にだけ注意が向くバイアスが生じているのである。

確証バイアスは，注意，記憶検索，判断など，認知活動のさまざまなレベルで

見られる。宮本（1996）はターゲットの男性の日常場面を収めたビデオを実験参加者に提示し，印象形成の手がかりとなる情報が出現したらボタンを押すよう教示し，ビデオのどこに注意を向けているかを測定した。このとき，一群の参加者には男性が"親しみやすい"人物であると告げ，別の一群の参加者には男性が"知的"な人物であると告げた。すると参加者は，告げられた事前情報に一致する行動に注意を向けやすくなっていた。これは注意のレベルで確証バイアスが生じていたことを示す例である。コーエン（Cohen, 1981）はターゲットとなる女性が彼女の誕生日を自宅で祝っている場面をビデオに収録し，実験参加者に提示した。半数の参加者はこの女性が「図書館司書」であると告げられ，残り半数の参加者はこの女性が「ウェイトレス」であると告げられた。実験終了後の記憶課題で，実験参加者は告げられた職業イメージに合致する情報を正確に思い出していた。これは注意や記憶検索のレベルで確証バイアスが生じたことを示すものである。

　確証バイアスのような認知のショートカットは，日常場面で頻繁に生じており，効率的に他者を理解するうえでは必要な認知かもしれない。しかし，確証バイアスが他者理解でなく，他者誤解のもととなるケースもある。確証バイアスの影響を受けていないかどうか，自覚することが必要である。

### 2．ヒューリスティック

　我々は日常生活の中で数多くの判断，意思決定をしなくてはならない。今日は何を着ようか，ランチは何にしようかといった毎日のことから，車の買い替え，恋人へのプロポーズ，家の購入のような大きな意思決定まで，数限りない。もしも，すべての意思決定において合理的で最適な判断をしようとすると，膨大な時間と労力が必要となるが，我々の認知容量には限界がある。そこで，多くの場合人は最適解を求める複雑な思考ではなく，単純なルールに基づいた簡便な思考を行っている。これをヒューリスティックと呼ぶ（Tversky et al., 1974）。ヒューリスティックな思考は日常生活に不可欠である。巨大なショッピングセンターの膨大な商品を前にして，困ることなく買い物ができるのはヒューリスティックのおかげである。しかし，ヒューリスティックな判断には系統的なエラーやバイアスも存在する。代表的なヒューリスティックをいくつか紹介する。

　事例が容易に想起できるという手がかりに基づいて，その事象の多さや頻度を判断する方略を利用可能性ヒューリスティックという。rで始まる英単語とrが3番目にくる英単語ではどちらが多いかを推測させると，rで始まる単語の方が

第11巻　社会・集団・家族心理学

多いと推測されやすい。rで始まる単語は容易に想起できるが、3番目がrとなる単語はそれに比べて想起が難しいからである。有名人男性19名と有名でない女性20名、合計39名の名前リストを実験者に提示し、男女どちらが多かったかと尋ねると、男性の方が多かったと答えることも知られている。有名人男性の名前の方が無名の女性の名前よりも思い出しやすかったため、男性の人数を過大に見積もってしまったのである。既出の2例は単語や名前を実際に思い出させているわけではない。そのため、思い出しやすさの主観的経験が利用可能性ヒューリスティックとして現れたと考えられている。一方、シュワルツら（Schwarz et al., 1991）は実際の思い出しやすさ（にくさ）が後の判断に与える影響を検討した。実験参加者に自分の主張的な側面を表す行動を、6例あるいは12例思い出すように依頼する。その後、主張性の自己評定をさせると、6例思い出した実験群のほうが12例思い出した実験群よりも自分をより主張的だと評定した。参加者は12例思い出すよりも6例思い出す方が容易であったと報告していることから、想起しやすさの具体的な経験によっても利用可能性ヒューリスティックは生じると考えられている。

　典型例との類似の程度によって、事柄の起こりやすさを判断することを代表性ヒューリスティックという。以下の例文を読んでほしい。

　　リンダは31歳。独身で、意見を率直に言い、また非常に聡明です。彼女は哲学を専攻していました。学生時代、彼女は差別や社会正義の問題に深く関心をもち、反核デモにも参加していました。

　上記情報を手がかりに、①リンダが銀行の経理課で働いている可能性、②リンダが銀行の経理課で働いており、男女平等運動の活動家でもある可能性がそれぞれどれくらいあるか考えてみよう。じつは多くの人は②の可能性を高く見積もるのだが、実際には①の可能性の方が高くなる。本来ならば（A）である可能性と（AかつB）である可能性を考えると、後者の方が条件が追加されているぶん、前者の可能性よりも低くなるという連言の法則を見落としていることになる。なぜこのようなことが起こるかというと、経理課で働き男女平等運動の活動家である方が、リンダに典型的（あるいはステレオタイプ的）な事象として認知されやすいからである。

　最初に与えられた情報の影響を強く受けてしまい、その情報を基準に、判断を調整することを係留と調整という。オープン価格と表記された商品では、最初に

第 2 章 対人認知

目にした値段が重要である。消費者はその値段を1つの基準として，それよりも高いか安いかを吟味し，最終的な購買決定をするからである。最初の値段である程度の相場観が形成されてしまうことになる。相手の好みを推測するような場合を考えてみよう。デイヴィスら（Davis et al., 1986）は 20 の新製品について，夫婦それぞれにパートナーはどれが好みかを推測させた。その結果，夫婦それぞれは自分の好みを係留点として相手の好みを推測しており，結果的に相手がどの製品を好んでいるかを正確に推測することはできなかった。

このように，各種のヒューリスティックには判断のエラーやバイアスが生じることが繰り返し報告されている。しかし，こうしたエラーやバイアスが我々の生活にマイナスに働いているのかどうかとなると議論はさまざまである。たしかに人間は合理的な判断をしているはずだとする規範的な視点からするとヒューリスティックな思考は非合理的である。しかし，大型スーパーマーケットで路頭に迷わずにすんだり，あまたの人々の中からある程度迷わずに友人選択ができることも，ヒューリスティックな思考の適応的な側面だと考えられる。実際，ヒューリスティックな思考が優れた判断につながることを示した研究もある（Goldstein et al., 2002）。ヒューリスティックな思考が適切な場面と，そうでない場面とがあることも事実であり，我々がこうした思考をどのように使い分けているのかを，今後はより深く検証していく必要があるだろう。

◆学習チェック
☐ 対人認知とは具体的にどのようなことかを理解した。
☐ 帰属とはどのようなことかを説明できる。
☐ 特性推論，根本的帰属の誤り，対応バイアスに共通することは何かを説明できる。
☐ 人の思考パターンの特徴について理解した。

より深めるための推薦図書

唐沢かおり（2017）なぜ心を読みすぎるのか―みきわめと対人関係の心理学．東京大学出版会．
カーネマン Kahneman, D.（村井章子訳）（2012）ファスト＆スロー―あなたの意思はどのように決まるか？ 上下．早川書房．
フィスク Fiske, S. T.・テイラー Taylor, S. E.（宮本聡介・唐沢穣・小林知博・原奈津子編訳）（2013）社会的認知研究―脳から文化まで．北大路書房．

文　献

Asch, S. E.（1946）Forming impressions of personality. *The Journal of Abnormal and Social Psychology*, 41; 258-290.

Brewer, M. B. (1988) A dual process model of impression formation. In: R. S. Wyer, Jr. & T. K. Srull (Eds.): *Advances in Social Cognition*, Vol. 1. Lawrence Erlbaum Associates, pp. 1-36.

Carlston, D. E. (1994) Associated systems theory: A systematic approach to cognitive representations of persons. In: R. S. Wyer, Jr. (Ed.): *Advances in Social Cognition*, Vol. 7. Lawrence Erlbaum Associates, pp. 1-78.

Cohen, C. E. (1981) Person categories and social perception: Testing some boundaries of the processing effect of prior knowledge. *Journal of Personality and Social Psychology*, 40; 441-452.

Davis, H. L., Hoch, S. J. & Ragsdale, E. E. (1986) An anchoring and adjustment model of spousal predictions. *Journal of Consumer Research*, 13; 25-37.

Fiske, S. T. & Cox, M. G. (1979) Person concepts: The effect of target familiarity and descriptive purpose on the process of describing others. *Journal of Personality*, 47; 136-161.

Fiske, S. T. & Neuberg, S. L. (1990) A continuum of impression formation, from category-based to individuating processes: Influences of information and motivation on attention and interpretation. In: *Advances in Experimental Social Psychology*, Vol. 23. Academic Press, pp. 1-74.

Fiske, S. T. & Taylor, S. E. (1984) *Social Cognition*. Addison-Wesley.

Fiske, S. T. & Taylor, S. E. (2008) *Social Cognition: From Brains to Culture*. McGraw-Hill.（宮本聡介・唐沢穣・小林知博・原奈津子編訳（2013）社会的認知研究―脳から文化まで．北大路書房．）

Gilbert, D. T. & Malone, P. S. (1995) The correspondence bias. *Psychological Bulletin*, 117; 21-38.

Goldstein, D. G. & Gigerenzer, G.(2002)Models of ecological rationality: The recognition heuristic. *Psychological Review*, 109; 75-90.

Heider, F. (1958) *The Psychology of Interpersonal Relations*. Lawrence Erlbaum Associates.

Jones, E. E. & Davis, K. E. (1965) From acts to dispositions: The attribution process in person perception. In: *Advances in Experimental Social Psychology*, Vol. 2. Academic Press, pp. 219-266.

Jones, E. E. & Nisbett, R. E.(1987)The actor and the observer: Divergent perceptions of the causes of behavior. In: E. E. Jones, D. E. Kanouse, H. H. Kelly, R. E. Nisbett, S. Valius & B. Weiner (Eds.): *Attribution: Percieving the Couses of Behavior*. Lawrence Erlbaum Associates, pp. 79-94.

唐沢かおり（2017）なぜ心を読みすぎるのか―みきわめと対人関係の心理学．東京大学出版会．

Kelley, H. H. (1967) Attribution theory in social psychology. In: *Nebraska Symposium on Motivation*, Vol. 15. University of Nebraska Press, pp. 192-238.

宮本聡介（1996）連続行動の観察場面で観察者が処理する情報内容の分析―印象形成と行動記憶に見られる発話内容の分析を中心として．社会心理学研究，12; 104-112.

宮本聡介（1997）事前情報が他者の連続行動の処理に与える影響―情報の抽出段階の処理に焦点をあてて．心理学研究，68; 396-402.

Rosenberg, S., Nelson, C. & Vivekananthan, P. S. (1968) A multidimensional approach to the structure of personality impressions. *Journal of Personality and Social Psychology*, 9; 283-294.

Ross, L. (1977) The intuitive psychologist and his shortcomings: Distortions in the attribution process. In: *Advances in Experimental Social Psychology*, Vol. 10. Academic Press, pp. 173-220.

Schwartz, N., Bless, H., Strack, F., Klumpp, G., Rittenauer-Schatka, H. & Simons, A. (1991) Ease of retrieval as information: Another look at the availability heuristic. *Journal of Personality and Social Psychology*, 61; 195-202.

外山みどり（2001）社会的認知の普遍性と特殊性―態度帰属における対応バイアスを例として．対人社会心理学研究，1; 17-24.

Tversky, A. & Kahneman, D.（1974）Judgment under uncertainty: Heuristics and biases. *Science*,185(4157); 1124-1131.

Willis, J. & Todorov, A.（2006）First impressions: Making up your mind after a 100-ms exposure to a face. *Psychological Science*, 17; 592-598.

Winter, L. & Uleman, J. S.（1984）When are social judgments made? Evidence for the spontaneousness of trait inferences. *Journal of Personality and Social Psychology*, 47; 237-252.

第11巻 社会・集団・家族心理学

第3章

# 態度と行動

林　幹也

**Keywords**　態度，仮説的構成概念，自己，セルフ・エスティーム，リッカート法，潜在的連合テスト，評価的条件づけ，単純接触効果，バランス理論，認知的不協和，説得，精緻化見込みモデル

## I　態度の定義と研究における必要性

### 1．態度の定義

　未来を予測できることは有益である。明日雨が降ることを予測できれば，傘を持って出かけることによって濡れるのを防ぐことができる。同様に，人の行動を予測できることも有益である。どのような人が，どの政治家に投票するか，どの商品を買うかなどをいくらかでも予測できれば多くの利益が得られる。

　明日の天気を実用に耐える精度で予測するのは骨の折れる作業である。人工衛星からの雲の画像や，各地の気温・湿度・風速などの膨大なデータを長期間蓄積しなければならない。しかし人の行動を予測する場合は，その人自身に直接尋ねることが効果的かもしれない。たとえば，「あなたはビールが好きですか？」という問いに対して，「好きだ」と答えた人々は，他の人々に比べて，翌日の，あるいは来年1年間のビールの消費量が多いかもしれない。ここでの「ビールが好きだ」という回答は，ビールという態度対象に対する個人の要約的な評価を，すなわち態度を反映していると考えられる。

### 2．仮説的構成概念としての態度

　性格や知能と同様に，態度は仮説的構成概念である。科学は倹約的説明を好むので，仮説的構成概念を用いずに行動を予測すべきだという見解もあるだろう。ある人の来月のビール消費量を予測したければ，その人の過去の買い物の記録，飲食店の利用頻度，友人の数，アルコールの代謝に関係した遺伝子をもっているか

第3章 態度と行動

などのデータを集めるべきだというわけである。それは多くのコストを要するものの不可能ではない。インターネットと人工知能に関する技術革新の速度はめざましく，近い将来の巨大企業は，顧客の購買行動をまさにこのようなやり方で予測するだろう。

しかしながら，現在予想できる限りの未来においては，多くの研究者は態度という概念を捨てないものと思われる。第1の理由はコストである。先に挙げたように，行動予測のためのさまざまなデータを得るには多くの労力が必要である。それに比べて，ビールが好きか回答してもらうのはずっと低コストである。科学研究もまた限りある資源と時間の下に行われる営みであるから，低いコストでそれなりの精度の行動予測ができるのであれば，その方法は簡単には廃れないはずである。また，現実的に行動を測定する機会に恵まれないことも多い。たとえば国政選挙は年に何度も行われるものではないので，実際の投票行動を研究の従属変数とすることは困難であろう。そのような場合，投票行動ではなく，特定の政党や政策への態度を測定することが次善の策である。

第2の理由は，態度対象の自由度の高さである。人は，思考可能な表象や概念を，何でも態度対象とすることができる。たとえば我々は，さまざまな人々の相互作用の中で生活するうちに，自分がどのような長所と短所を有しており，社会の中でどのような存在と見なされているかを（すなわちみずからの社会的自己を）自覚するようになっていく。言い換えれば，人は自己像を概念化し（自己概念），態度対象とすることが可能なのである。となれば，人は自分自身を好んだり，嫌ったりすることも可能であろう。この自己への態度はとくに自尊心（セルフ・エスティーム）と呼ばれ，長年にわたって測定方法が検討され，さまざまな研究で重要な変数として用いられている。また，自己に限らず，特定の国家，政党，活動，思想などといった抽象的概念を態度対象と見なし，それらへの態度を測定することは，その有効性はともかく可能ではある。このような自由度の高さが社会心理学研究の範囲を広げてくれるのである。

## II　態度の測定方法

### 1．直接的な態度測定の方法

回答者がみずからの態度を自己報告するという直接的な態度測定方法としては，ガットマン法，サーストン法，リッカート法，セマンティック・ディファレンシャル法などが挙げられる（図1）が，これらの中で最も簡便かつ頻繁に用いられ

## a. サーストン法

あなたの意見と一致する項目すべてに○を記入してください。

1. ＿教会には友愛の精神があるので，私は教会が好きだ。(3.3)
2. ＿私は教会員を尊重するが，実のところ，すべてはたわごとである。(8.8)
3. ＿教会は科学と真理の敵であると思う。(10.7)
4. ＿私は教会の教えを信ずるが，いくらかの疑いを持っている。(4.5)
5. ＿礼拝への参加は私に霊感を与え，次の１週間を最善にしてくれる。(1.7)
6. ＿私は宗教を必要としているが，どの教会にも満足できない。(6.1)

## b. セマンティック・ディファレンシャル法

あなたは「猫」についてどのように感じておられるでしょうか。
各項目についてあてはまる選択肢に○を記入してください。

| 良い | ＿＿＿＿＿＿＿ | 悪い |
| 好きな | ＿＿＿＿＿＿＿ | 嫌いな |
| 動的な | ＿＿＿＿＿＿＿ | 静的な |
| かたい | ＿＿＿＿＿＿＿ | やわらかい |

## c. ガットマン法

以下の各集団への態度について，1 ～ 7 の項目の中にあなたが同意するものがあれば，そのすべてに○を記入してください。

|  | ユダヤ人 | メキシコ人 | アラブ人 |
|---|---|---|---|
| 1. 結婚してもいい |  |  |  |
| 2. 親友にしてもいい |  |  |  |
| 3. 隣人にしてもいい |  |  |  |
| 4. 同僚にしてもいい |  |  |  |
| 5. 市民として受け入れてもいい |  |  |  |
| 6. 旅行者として受け入れてもいい |  |  |  |
| 7. 国には立ち入らせない |  |  |  |

図1　サーストン法（a），セマンティック・ディファレンシャル法（b），ガットマン法（c）による態度測定の例

（注）　a は Thurstone & Chave（1929）による教会への態度測定尺度である。回答者が各項目に○をつけると括弧内の値が加算される（予備調査から得られたものであり回答者には示されない）。b はセマンティック・ディファレンシャル法による猫への態度測定の例である。c は Bogardus（1926）による移民への態度測定尺度（social distance scale）であり，項目 1 ～ 6 が階層的構造をなしている。

第 3 章　態度と行動

るのはリッカート法であろう。リッカート法では、複数の命題のそれぞれに対して、それらがどの程度回答者自身に当てはまるかについての評定を、4 件法や 6 件法によって求める。たとえば「私はビールが好きだ」といった命題を複数用意し、それぞれに対して、「まったく当てはまらない」という回答であれば選択肢 1 に○を、「非常に当てはまる」という回答であれば選択肢 4 に○をつけ、その得点を何らかのやり方で集計する。

　ところで、態度は感情・認知・行動の 3 成分からなるといわれることがある（Rosenberg et al., 1960）。先ほどのリッカート法では、感情成分は「私はビールが好きだ」といった感情的評価に関わる命題によって、認知成分は「適度にビールを飲むことは健康に良い」などといった思考に関わる命題によって、行動成分は「私は頻繁にビールを飲む」といった行動に関わる命題によって測定される。

## 2．間接的な態度測定の方法

　以上のような態度測定方法の欠点は、回答者の自己報告（評定）に頼っている点である。民族集団や人種や宗教といった、社会的に慎重な取り扱いを求められる概念についての命題への評定を求めたとき、その自己報告はあまり信用できないだろう。そのような場合には自己報告に頼らないやり方で態度を測定する必要がある。

　そのような方法として、反応潜時を用いた手法が挙げられる。その最初期の例は情動的プライミング課題である（Fazio et al., 1986）。情動的プライミング課題では、最初にコンピュータ画面に態度対象に強く関連した 1 枚の画像あるいは 1 個の単語を短時間（200 ミリ秒など）呈示し（この刺激はプライムと呼ばれる）、その直後に肯定的あるいは否定的な情動価をもつ 1 個の形容詞を呈示する。参加者の課題は、出現した形容詞の情動価が肯定的であるか否定的であるかをできるだけ速く正確に判断し、対応する 2 個のキーのうち正しい方を押すというものである。たとえば、黒人への態度を測定したいのであれば、プライムとして黒人の顔画像を呈示する。ここでもし参加者がそのプライムに関連した態度対象（この例では黒人）を好んでいるとしたら、そのプライムの直後に出現する肯定的な形容詞への反応は速く、否定的な形容詞への反応は遅くなる。これに対して、もし参加者がそのプライムに関連した態度対象を嫌っているとしたら、直後に出現する肯定的な形容詞への反応は遅く、否定的な形容詞への反応は速くなる。したがって、肯定的形容詞に対する反応潜時と否定的形容詞に対する反応潜時の差は、その直前に出現したプライムに関連する態度対象への態度を反映するのである。し

図2　潜在的連合テストにおける2ブロック

かし，このような反応潜時には大きな誤差が混入するため，複数の刺激を用意して試行を反復し，複数の反応潜時の平均値をとるなどの手法が用いられる。

同様に反応潜時を用いる手法として最も有名なのは，潜在的連合テスト（Implicit Association Test: IAT; Greenwald et al., 1998）である。IATは概念間の連合の強度を測定する手法であると一般的に考えられており，この手法を利用することにより，2つの対象への相対的態度（どちらをより好んでいるか）を測定できると考えられている。たとえば，花と虫のいずれをより好むかをIATによって測定する際，図2の左ブロックのように，4つのラベルをコンピュータ画面の上部左右に呈示する。画面の中央下には，「花」に属する語（"ヒマワリ"や"バラ"）と，「虫」に属する語（"バッタ"や"アリ"）と，「良い」に属する語（"美しい"や"楽しい"）と，「悪い」に属する語（"苦しい"や"醜い"）が，ランダムな順序で1個ずつ出現する。参加者の課題は，画面中央下に次々と出現する語が，画面左上の2ラベルに属するか，右上の2ラベルに属するかをできるだけ速く正確に判断し，左右いずれかのキーを押すことである。語が出現してから正しいキーが押されるまでにかかった時間をミリ秒単位で記録していく。次に，図2の右ブロックにおけるラベル配置を見てほしい。使用しているラベルは同じであるが，配置は異なっている。多くの先進国の参加者は，右ブロックの場合，左ブロックに比べて，判断に多くの時間を要する。ここでは，右ブロックでの判断に要した平均反応潜時から，左ブロックでの判断に要した平均反応潜時を減じた値が大きければ大きいほど，虫よりも花を好んでいると推測される。これを使用して，たとえば「花」のラベルを「日本」に，「虫」のラベルを「中国」に入れ替え，花と虫に関係する語を日本人と中国人の氏名に入れ替えれば，中国に比べて日本をどの程度好むかを測定できそうである。

### 3．態度は行動を予測するか

研究者がある対象への態度を測定するときには，その態度に関連する行動をいくつか想定しているはずである。たとえばビールに対する態度にはビールを購入

する行動が想定され，政策への態度にはその政党への投票行動が想定される。では，測定された態度は本当に行動を予測するのだろうか。過去の多くの研究に対するメタ分析によれば，自己報告によって測定された態度と行動の間の相関係数（$r$）の平均値は 0.38 であるとの報告がある（Kraus, 1995）。また，態度が直接経験によって形成されたもので，想起されやすく，本人がその態度について確信をもっている場合に，態度は行動を予測しやすい。さらに，利他行動，宗教行動，環境保護行動，人種差別的行動などにおいては，態度と行動の間の相関係数が 0.3 以下に低下するとの報告がある（Bohner et al., 2002）。これに対して間接的指標の 1 つである IAT は，自己報告よりも，差別に関わる行動をより強く予測することが知られている。たとえば，白人と黒人に対する相対的態度を測定する IAT の得点は，自己報告による態度得点に比べて，それらの人種に対する具体的行動（白人あるいは黒人の実験者に対して話しかけたり，笑顔を見せたりする行動）とより強く相関し，その相関係数は 0.19 から 0.51 であったとの報告がある（McConnell et al., 2001）。

## ■ III 態度形成と態度変容

### 1. 単純な経験による態度形成・態度変容

いくつかの態度は生得的かもしれない。わずかな人生経験しか経ていない乳幼児でさえ，寒い部屋よりは暖かい部屋を，大人のしかめっつらよりは笑顔を好んでいるように見えるからである。このような生得的な態度を除けば，人々は態度をどこから得るのだろう。多くの研究者は，態度は経験を通じて形成されると考えている。初期の時点では中性的であった態度対象でも，それについての何らかの経験を経ることにより，肯定的あるいは否定的な態度対象となる。では，態度はどのような経験を通じて形成されるのか。過去の研究は，それらの経験の中でも最も単純なものを 2 種類取り上げて検討している。第 1 の経験は単純接触である。人は，はじめて見る絵柄や人物よりも，何度も繰り返し見たものの方を好む傾向があることが多くの実験によって支持されており，これを単純接触効果と呼ぶ（Zajonc, 1968）。選挙の前に街を走り回る選挙カーは，候補者の氏名ばかりを連呼するが，それでも十分な宣伝効果（態度形成効果）を発揮している可能性がある。

第 2 の経験は古典的条件づけである。たとえばある人物の顔画像を呈示して，その直後に参加者の体に軽い痛みを伴う電撃を与えるという対呈示を繰り返すと，

参加者はその人物の顔画像を見るだけで，体を硬くしたり，強く瞬きをするなどといった条件反応を引き起こすようになる。その状態に至った参加者に対して，先ほどの顔画像についてどのように感じるかを尋ねれば，嫌いだと答えるであろう。このように，態度対象と不快刺激の対呈示は態度対象への否定的態度を，態度対象と快刺激の対呈示は肯定的態度を形成する。この例の電撃は明瞭な無条件反応を引き起こす刺激であるが，もっと弱い刺激による態度形成も可能であることが報告されている。たとえば，商品画像の直後にワイキキビーチのような美しい観光地の画像を呈示する手続きを繰り返せば，その商品画像に対して肯定的態度が形成される。しかしビーチの画像は何らかの明瞭な無条件反応を引き起こすわけではない。このような場合，この手続きを評価的条件づけと呼ぶことがある（De Houwer et al., 2001）。しかし，2刺激の近接的な対呈示が態度を形成するという点で古典的条件づけと評価的条件づけの間に差異はなく，後者は前者の一類型と考えられる。

　単純接触と古典的条件づけによる態度形成に共通するのは，参加者がその過程に気づいていなくても態度形成が発生しうる点である。単純接触効果の実験であれば，参加者が気づかないほどの短い時間（1000分の10秒など）だけ特定の画像を反復呈示することにより（閾下呈示），その画像に対する肯定的態度を形成することがある（Bornstein et al., 1987）。古典的条件づけと評価的条件づけも同様に，近接して対呈示される刺激の片方を閾下呈示することによって，態度対象への態度を形成できるとの報告がある（Delgado et al., 2006; Dijksterhuis, 2004）。参加者がその経験に気づいていなくとも態度形成が発生するのであれば，その態度形成過程は意識や思考に依存する部分が小さいといえそうである。

## 2．思考を通じた態度形成・態度変容

### ①説得と精緻化見込みモデル

　他者にメッセージを送ることによって他者の態度あるいは行動を変容させる行為を説得と呼ぶ。商品の説明，労働組合への勧誘，政治家の街頭演説，宣伝・広告の多くは，すべて説得であると考えられる。どのような状況でどのような説得が効果的かを予測するモデルとして，精緻化見込みモデル（Elaboration Likelihood Model: ELM；Petty et al., 1986）が有名である。ELMでは，中心ルートと周辺ルートと呼ばれる2つのメッセージ処理様式を想定する。人はメッセージを受け取ったとき，対象に対する正しい態度をもとうとする動機づけと能力を十分にもっているときは，そのメッセージの論拠を慎重に判断する。たとえばあなたに子ど

もが生まれる見込みがあって，より広い部屋に引っ越したいと考えており（動機づけ），しかも不動産価格についての判断力をもっているとしたら（能力），あなたは「駅前のマンション購入がお得」などといった宣伝広告の真偽をよく検討するであろう。これが中心ルートによるメッセージの処理である。検討の結果，そのメッセージに納得すれば，あなたは駅前のマンション購入に対して肯定的な態度をもつ。これに対して，動機づけと能力のいずれかでも欠けていれば，そのメッセージを周辺ルートによって処理しがちとなる。その場合，メッセージの論拠とは無関係の属性，たとえば送り手の専門性の高さ，人としての魅力，その意見が多数派に受容されているかなどによって，対象への態度が変容する。したがって，広告に好感度の高い有名人を用いることは，周辺ルートによってメッセージを処理する人々の態度変容において有効である。しかし，周辺ルートによって変容した態度は中心ルートによるそれに比べて持続的ではない。精緻化見込みモデルは，以上の２つの様式によるメッセージ処理が同時に発生する可能性があると見なし，有している動機づけと能力が大きければ大きいほど中心ルートの影響力の割合が大きくなると考える。

## ②両面提示と接種

　他者を説得する際に，メッセージの結論にとって都合のよい主張のみを伝えることもできるが（一面提示），あえて都合の悪い主張をも併せて伝えることがある（両面提示）。結論にとって都合の悪い主張を提示し，さらにそれに対する反駁をも提示することにより，一面提示の場合よりも平均約20％大きい説得効果が得られるとの報告がある（Allen, 1991）。

　これに類似した現象は古くから報告されている。ある実験では，参加者にとって自明と思われる意見に対する反対意見と，その反対意見への反駁を事前に聞いておけば，後日その主張を攻撃するメッセージを聞かされても，意見への同意度が減少しにくくなることが報告されている（McGuire et al., 1961）。この現象は感染症に対する予防接種を思わせることから接種と呼ばれる。

## ③思考による態度の極化

　日常的常識としては，物事をよく考える人ほど中庸な態度を示すように思われる。しかし実際にはその逆のことが起きる。人は，少し好ましい対象や，少し好ましくない対象を見せられ，それについて考えるように指示された場合，長時間考えれば考えるほど，好ましい対象への態度はさらに肯定的方向へと変化し，好

ましくない対象への態度はさらに否定的方向へと変化するのである。この現象は，対象に関するメッセージについて考えるのではなく，ただ対象そのものについて特段の目的もなくあれこれと考えることによって生じる態度変容であるので，単純思考効果（mere thought effect）と呼ばれる（Tesser, 1978）。

### 3．認知的一貫性によって説明される態度形成・態度変容

#### ①バランス理論と態度形成・態度変容

　あなたには婚約者がいて，あなたは婚約者のことが好きであるとする。あなたはイヌが好きである。だがいまあなたは，婚約者がイヌ嫌いであることを知ってしまった。この状況であなたは一抹の不安を感じるのではないだろうか。バランス理論では，1個の知覚者（P：例ではあなた）と，1個の他者（O：例では婚約者）と，1個の対象（X：例ではイヌ）が作り上げる全体的なバランスに着目する（Heider, 1946）。図3の直線の横にある加算記号（＋）は，一方から他方への肯定的な態度か，両者の一体性を意味する。減算記号（－）は，一方から他方への否定的な態度か，両者の一体性の不在を意味する。P・O・Xの三者が存在するとき，3本の直線がもつ加算記号・減算記号をすべてかけ合わせてプラスになる場合は，それら三者間にはバランスが成立していると考える（図3の左）。これに対して，すべてかけ合わせてマイナスになる場合は，それら三者関係にはバランスが成立していない（図3の右）。このとき，人は何らかの不安や不快感をもち，これを減ずるよう動機づけられる可能性がある。冒頭の例であれば，あなたがイヌを嫌いになるか，婚約者がイヌを好きになるか，さもなくばあなたが婚約者を嫌いに，あるいは婚約者があなたを嫌いになれば，バランスが得られる。

#### ②認知的不協和の低減を通じた態度形成・態度変容

　あなたは，職場の同僚のAさんの好意を得たいと考えているとする。真っ先に思いつくやり方は，あなたがAさんに何かを与えることである。このやり方には確かに効果があるだろうが，これとは逆の手を併用するのも効果的である。つまり，あなたがAさんに何かを与えるのではなく，Aさんがあなたに何かを与えるよう仕向けるのである。もしAさんが出張に行くのであれば，その地方の安い饅頭でもお土産として買ってくるように頼むのである。

　なぜこれが効果的なのだろう。一般的にいって，人は自分の好きな人に何か与えたいと思うものである。ここで，Aさんはすでにあなたの要求を聞き入れ，あなたにお土産をあげてしまった。ということは，Aさんの立場においては，もしあ

第3章 態度と行動

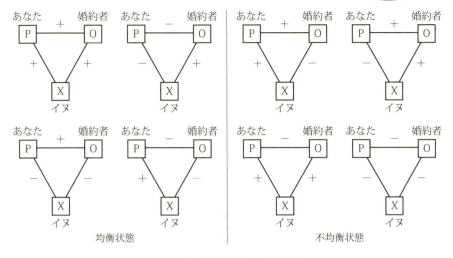

図3 三者の均衡状態と不均衡状態

なたのことが嫌いであるとしたら，そのことは，あなたに対してお土産をあげてしまったという事実と噛み合わない。この状態のことを認知的不協和と呼ぶ。これはいくらか不快な状態であり，人はそれを低減させるよう動機づけられる。ここでAさんとしては，あなたにお土産をあげたという事実は変更できない。変更できるのは，「あなたに好意をもっていない」という認知の方である。こちらを「あなたが好きである」という認知に変えれば，Aさんの認知的不協和は低減する。この認知の変容により，あなたへの態度はいくらか肯定的方向に変容する可能性がある。このように，人はみずから行動したり，新たな情報を得ることにより，認知要素間に認知的不協和をもつことがあり，これを低減するために，認知要素の片方を変容させたり，新たな第3の認知を作り上げる（Festinger, 1957）。

◆学習チェック
□ 仮説的構成概念としての態度の有用性を理解した。
□ 態度測定の2つの方法の内容と差異を理解した。
□ 態度形成と態度変容がどのような過程を通じて発生するかを理解した。

より深めるための推薦図書

　チャルディーニ Cialdini, R. B.（社会行動研究会訳）（2014）影響力の武器―なぜ，人は動かされるのか 第3版．誠信書房．
　アロンソン Aronson, E.（岡隆訳）（2014）ザ・ソーシャル・アニマル―人と世界を読

第 11 巻　社会・集団・家族心理学

み解く社会心理学への招待 第 11 版. サイエンス社.

## 文　　献

Allen, M.（1991）Meta-analysis comparing the persuasiveness of one-sided and two-sided messages. *Western Journal of Speech Communication*, 55; 390-404.

Bohner, G. & Wänke, M.（2002）*Attitudes and Attitude Change*. Psychology Press.

Bogardus, E. S.（1933）A social distance scale. *Sociology & Social Research*, 17; 265-271.

Bornstein, R. F., Leone, D. R. & Galley, D. J.（1987）The generalizability of subliminal mere exposure effects: Influence of stimuli perceived without awareness on social behavior. *Journal of Personality and Social Psychology*, 53; 1070-1079.

De Houwer, J., Thomas, S. & Baeyens, F.（2001）Association learning of likes and dislikes: A review of 25 years of research on human evaluative conditioning. *Psychological Bulletin*, 127; 853-869.

Delgado, M. R., Olsson, A. & Phelps, E. A.（2006）Extending animal models of fear conditioning to humans. *Biological Psychology*, 73; 39-48.

Dijksterhuis, A.（2004）I like myself but I don't know why: Enhancing implicit self-esteem by subliminal evaluative conditioning. *Journal of Personality and Social Psychology*, 86; 345-355.

Fazio, R. H., Sanbonmatsu, D. M., Powell, M. C. & Kardes, F. R.（1986）On the automatic activation of attitudes. *Journal of Personality and Social Psychology*, 50; 229-238.

Festinger, L.（1957）*A Theory of Cognitive Dissonance*. Stanford University Press.

Heider, F.（1946）Attitudes and cognitive organization. *The Journal of Psychology*, 21; 107–112

Glasman, L. R. & Albarracín, D.（2006）Forming attitudes that predict future behavior: A meta-analysis of the attitude-behavior relation. *Psychological Bulletin*, 132; 778-822.

Greenwald, A. G., McGhee, D. E. & Schwarts, J. L. K.（1998）Measuring individual differences in implicit cognition: The Implicit Association Test. *Journal of Personality and Social Psychology*, 74; 1464-1480.

Kraus, S. J.（1995）Attitudes and the prediction of behavior: A meta-analysis of the empirical literature. *Personality and Social Psychology Bulletin*, 21; 58-75.

McConnell, A. R. & Leibold, J. M.（2001）Relations among the Implicit Association Test, discriminatory behavior, and explicit measures of racial attitudes. *Journal of Experimental Social Psychology*, 37; 435-442.

McGuire W. J. & Papageorgis, D.（1961）The relative efficacy of various types of prior belief-defense in producing immunity against persuasion. *Journal of Abnormal and Social Psychology*, 62; 327–337.

Petty, R. E. & Cacioppo, J. T.（1986）The elaboration likelihood model of persuasion. *Advances in Experimental Social Psychology*, 19; 124-203.

Rosenberg, M. J. & Hovland, C. I.（1960）Cognitive, affective and behavioral components of attitudes. In: M. J. Rosenberg & C. I. Hovland (Eds.): *Attitude Organization and Change: An Analysis of Consistency among Attitude Components*. Yale University Press, pp.1-14.

Tesser, A.（1978）Self-generated attitude change. *Advances in Experimental Social Psychology*, 11; 289-338.

Thurstone, L. L. & Chave, E. J.（1929）*The Measurement of Attitude*. University of Chicago Press.

Zajonc, R. B.（1968）Attitudinal effects of mere exposure. *Journal of Personality and Social Psychology*, 9; 1–27.

第4章 ステレオタイプと偏見

第4章

# ステレオタイプと偏見

唐沢かおり

**Keywords** ステレオタイプ，偏見，確証バイアス，社会的認知，ステレオタイプ活性，分離モデル，ステレオタイプ・コンテントモデル，ステレオタイプの自己実現

## I　ステレオタイプと社会的認知

　私たちは社会的な集団に対して固定化したイメージをもっている。たとえば，「女性は感情的だ」「アジア人は恥ずかしがりだ」「年寄りは頑固だ」というようなことである。冷静な女性も，社交的なアジア人も，頑固ではないお年寄りも当然いるはずだが，集団に所属する各個人の違いには注意を払わず，集団全体として，感情的だとか，恥ずかしがりやだとか，頑固だというように，紋切り型に見てしまう。このような型にはめた，固定的な集団に対する信念やイメージをステレオタイプと呼ぶ。

　ステレオタイプが適用される集団としては，性別や人種（民族，国籍など），年齢が代表的なものとして取り上げられるが，これら以外にも，職業，社会階層，学歴，出身地，さらには，主婦，オタク，ホームレス，障害者などというような，さまざまな社会的カテゴリーがその対象となる。また，ステレオタイプは，私たち1人ひとりが心の中に保持する信念であると同時に，同じ文化や時代に属する人たちの間で，ある程度共有されているという特徴をもつ。自分でも気がつかないうちに，日常のコミュニケーションに影響することはもちろん，小説や映画，絵画などの文化的表象の中に表現されたり，広告などのメディアに用いられたりすることも多い。これらの表現に接することで，子どもは社会的学習を通してステレオタイプを獲得していく。

　ステレオタイプがもたらす問題は，それが個人の特徴を無視した対人判断を招いてしまうことに加え，偏見，差別につながる可能性をもつところにある。ある人物について，性別や人種，年齢などの情報が与えられると，その集団のステレ

オタイプに合致するように行動が解釈されたり，もともとの情報には含まれていないにもかかわらずステレオタイプに合致する特性をもつと考えてしまいがちになる。車のセールスマンと聞いただけで，外交的な人だと考えてしまうような経験は，誰しもがもつだろう。このような情報処理は，少ない認知的な努力で相手の行動を理解し，人物像を作り上げることに貢献するが，その反面，誤った対人認知につながるし，否定的なステレオタイプをもっている場合には，偏見や差別的な行動にもつながってしまう。たとえば，ある集団に対して粗野で攻撃的だというステレオタイプをもっていれば，その集団に対して，敵対的な態度をもちやすくなったり，特定の個人に対して，暴力的な人だと見なし交流を避けたり，犯罪行為に手を染めやすいと思い込むかもしれない。

このように，ステレオタイプは，対人認知，偏見や差別，さらにはそれらと連合した集団間関係や葛藤といった問題に密接に関わるがゆえに，社会心理学，とりわけ社会的認知と呼ばれる研究領域が，大きな関心を寄せ研究を進めてきたテーマである。

社会的認知とは，社会的な場面における情報処理とその影響を研究の対象としている領域である。研究テーマは多岐にわたるが，その中核となるのは，自己，他者，集団に関する情報をどのように処理し表象を形成するのか，それらが動機や推論，さらには行動にどう影響するのかを明らかにすることである。またその中で，認知と感情の相互影響過程や，非意識的に素早く起こる自動的な処理と，熟慮的に進む統制的な処理の関係など，社会的な情報処理の特性一般に関することについても，検討が進められてきた。

ステレオタイプ，またそれが偏見や差別に与える影響は，社会的認知の中でも重要なテーマの1つであり，個人や集団に対する判断の特性や，その社会的な帰結に関して，さまざまな洞察を与えてくれる。以下，ステレオタイプと偏見に関する主要な知見を振り返りながら，他集団に対する認知や態度，行動のあり方について考察していこう。

## II　ステレオタイプと情報処理

### 1．判断や記憶への影響

最初に，ステレオタイプによって他者への判断がどのように影響を受けるのかを，具体的な研究例に基づき見てみよう。サガーら（Sagar et al., 1980）は，小学校6年生の男子生徒を対象に，行動の解釈が行為者の人種でどのように変わる

かを見ることで，人種ステレオタイプの影響を検討した。実験に用いられたのは，「廊下でぶつかってきた」「小突いた」など，ともすれば攻撃的とも見なされる学校内での日常的な行動である。ヨーロッパ系またはアフリカ系アメリカ人の男子生徒がこれらを行ったという場面を参加者に提示し，「親しみをこめた」「ふざけている」「ずるい」「脅しを与える」というような言葉が当てはまる程度を評定させた。

その結果，行為者の男の子がアフリカ系アメリカ人だと，ヨーロッパ系アメリカ人の場合に比べ，「親しみをこめた」「ふざけている」行動ではなく，「ずるい」「脅しを与える」行動だと評定された。つまり，アフリカ系アメリカ人に対するネガティブなステレオタイプと合致するような解釈がなされたのである。なお，この実験に参加した男子生徒には，両方の人種が含まれていたが，参加者の人種によらず，このような結果が見られた。

ステレオタイプが記憶に影響することを示した研究としては，次のようなコーエン（Cohen, 1981）の実験がある。この研究の参加者は，ターゲットとなる女性が「図書館司書」あるいは「ウェイトレス」であるという情報のもと，自宅でくつろぐ様子を撮影したビデオを視聴し，その後，ビデオ内に何が出てきたかについて再認を求められた。ビデオでは，部屋においてあるものなどにより，図書館司書，あるいはウェイトレスのステレオタイプに合致する情報が組み込まれている。その結果，告げられた職業のステレオタイプに一致する情報が，不一致な情報よりも再認成績が高く，ステレオタイプに合致した情報が記憶内に残りやすいことが明らかにされたのである。

## 2．確証的な情報処理

社会的な情報処理では，しばしば，既存の知識や信念が用いられ，それらと合致する方向での記憶や推論がなされてしまう。このような情報処理におけるバイアスを確証バイアスという。すでに知っていることや信念を「確証する」，つまりそれらの内容に即した情報を取り入れ，反証するような情報を排除することで，正しさを確認するかのような処理を行うのである。サガーらの実験やコーエンの実験結果も，ステレオタイプと合致する方向での情報処理バイアス，すなわちステレオタイプに確証的な情報処理バイアスが示されていた。

このバイアスは，しばしば，気がつかないうちに日常の情報処理の中に入りこみ，時として偏見的な判断をもたらす。このことを巧妙な実験で示したのが，次に述べるダーリーら（Darley et al., 1983）の研究である。

この実験の課題は，小学校4年生の女の子が登場するビデオを見て学力評価を行うことである。ビデオは2部構成になっており，前半は女の子が自宅の近所で遊んでいる場面，後半は教師が出すいくつかの質問に答える場面である。前半のパートは2種類あり，女の子の所属している社会階級（労働者階級，または中流階級）がわかるようになっている。参加者は2種類のうちのいずれかを視聴する。また後半のパートは1種類だけであるが，難しい問題に答えるかと思えば簡単なことに答えられないなど，学力に関しては曖昧な内容である。その上で前半のビデオのみで判断するグループと，後半のビデオも見たうえで判断するグループを作り，回答を比較した。判断は，女の子の教養，読む力，算数について，どの学年レベルの能力かを評定するというものであった。

　その結果，前半の遊んでいる場面のビデオのみでは，社会階級の影響は見られなかった。つまり，学力判断の直接の手がかりにはならない社会階級に関する情報のみから，偏見的に判断することはなかった。しかし，前半に続き後半も見た参加者の回答を比較すると，労働者階級よりも中流階級の子どもだという情報を得た条件の方が，学力を高く判断していたのである。

　両条件の参加者が見ている後半のパートは同じ内容のものなのに，なぜこのような結果になったのだろうか。後半のビデオも見た条件の回答をくわしく分析すると，女の子が中流階級と思われる場合に，より「多くの問題に正答した」「難しい問題に回答していた」と知覚していることが明らかになっている。学力レベルの根拠となりそうな情報を取り入れるにあたって，参加者自身も気づかないうちにステレオタイプを用いた処理が起こっていたことがうかがえる。

　この結果は，現代のステレオタイプと偏見の関係を考えるにあたって示唆に富む。偏見はよくないという規範が浸透している現代では，偏見のあからさまな表明は抑制される。ダーリーらの研究でも，所属する社会階級のみから学力を判断するようなことを参加者は行わなかった。しかし，その一方，社会階級と学力の連合に関するステレオタイプは，情報処理のなされ方に影響し，合致するものを選択的に記憶したり，合致する方向に意味づけたりすることが見られた。このように，ステレオタイプに確証的な情報の記憶や解釈を通して，結果的には，社会階級から学力を判断するという偏見的な反応がなされることを，この実験は明らかにしたのである。

### 3．確証バイアスを抑制する条件

　ステレオタイプは，集団を一定のイメージのもとに意味づけたり，所属集団に

第4章 ステレオタイプと偏見

関する情報から，そこに所属する個人の人物像が形成できるので，集団や他者を理解するための便利な道具とも見なせる。しかし，これまで紹介した研究が示すように，ステレオタイプは，確証バイアスを通じて偏見的な判断を生む可能性もある。したがって，どのような条件のもと，ステレオタイプに確証的な情報処理が抑制できるかを知っておくことは重要である。

対人認知の過程に関する議論では，情報処理の初期の段階で，カテゴリー情報を用いたステレオタイプ的な認知がほぼ自動的に生起し，その後，一定の条件が整えば，個人情報を用いた認知過程へと進行するというモデルが提唱されている。代表的なモデルには，フィスクら（Fiske et al., 1990）が提唱している「連続体モデル」や，ブリューワー（Brewer, 1988）が提唱している「印象形成の二過程モデル」がある。いずれも，対人認知の過程が，対象となる人物を人種，性別，職業など，カテゴリーの点から見るところから始まること，また，カテゴリー情報に基づいた判断にとどまることなく，個人の属性情報を取り入れた判断へと進むためには，その処理のための認知資源や，処理を行うための動機が必要だと考えている。

認知資源という観点からは，他に認知課題がない，判断時間が十分あるなどの条件を整えることで，ステレオタイプ的判断が抑制できることになる。また，動機については，「正確な印象」を形成する必要を高めることが効果をもつ。たとえば自分が得る報酬や罰が，自分だけではなく他者のパフォーマンスに依存するようなとき，私たちはその他者がどのような人物かを正しく理解する必要を感じ，ステレオタイプに不一致な情報についても注意を向ける（Stevens et al., 2000）。また，職場の上司と部下というように勢力関係があるとき，地位が低い人は相手への依存度が高いために，より個人情報に注意を払うのである（Fiske et al., 1996）。

こうした知見は「互いに相手を必要とする」関係の形成が一定の効果をもつ可能性を示唆している。社会における地位関係自体を変えることが容易ではない以上，他者との関係を一方的な依存関係ととらえるのではなく，相互作用を通じて自分が得るものが他者にも影響されるという視点をもつことが重要になる。たとえ地位が高くても，それを支える低地位者の貢献や相互作用の重要性を認識するといった他者を尊重する視座をもつことが，ステレオタイプ的な認知，ひいては偏見や差別を回避する役割を果たすのではないだろうか。

## Ⅲ　偏　　見

### 1．偏見とは

　偏見という言葉は日常でもよく用いられており，ここまでの議論も定義を述べずに進めてきたが，あらためて確認しておこう。偏見とは，特定の社会集団やそのメンバーに対する不当な嫌悪，敵意などの否定的態度のことである。偏見は，誤った情報や不完全な情報，ステレオタイプ，さらには他者が表出する悪意を含んだコミュニケーションに基づいて形成される。また，「偏見をもつ」ことは「差別」，すなわち対象に対する敵意的，攻撃的な行動，不利益を与えるような行動にもつながる。その意味において，偏見のメカニズムを理解することは，協調的な社会関係の構築にとって重要な意味をもつ。以下，偏見の基盤，また現代の偏見の特徴に関する議論を見ていこう。

### 2．偏見を説明する諸理論

　偏見はなぜ生まれるのだろうか。心理学の立場から偏見を説明する理論やアプローチの代表的なものとしては，①葛藤理論，②社会的アイデンティティ理論，③社会的学習理論，④心理力動的理論，⑤社会的認知の5つを挙げることができるだろう。このうち，社会的認知のアプローチは，ステレオタイプを基盤とした偏見を対象としており，これまでの議論でも触れてきた。したがってここでは，他の4つの考え方を紹介しておこう。

#### ①葛藤理論

　現実の集団の間には限られた資源をめぐる競争や敵対関係が存在し，他集団が脅威となることがある。この理論は，そのような状況で，自分の集団の利害を中心に考える一方，脅威となる集団に対して嫌悪や敵意をもつことから偏見が生じると考えるものである。集団間葛藤から敵対的な態度や行動が生まれるさまは，有名なシェリフら（Sherif et al., 1961）のサマーキャンプ研究に生き生きと描き出されている。この研究は，サマーキャンプに参加した少年たちを任意に2つの集団に分け，各集団の連帯感を高める活動を行わせるとともに，両者の間でさまざまな競争を行わせるというものである。すると少年たちはもう一方の集団に対して敵意的になり，悪口，そして殴り合いも含む攻撃的行動を向けるようになったのである。

第4章　ステレオタイプと偏見

②社会的アイデンティティ理論

　社会的アイデンティティ理論によると，私たちは「自分がどのような社会集団に所属しているか」という点からの自己定義（これを社会的アイデンティティと呼ぶ）を重視するとともに，自分が所属する内集団とそれ以外の外集団を比較し，内集団を高く評価することにより自己高揚を図る（Tajfel et al., 1979）。したがって，人々を内集団と外集団とに区別するような認知が促進されると，内集団に対しては肯定的に評価する半面，外集団を否定的に評価し，時には報酬や資源の分配においても内集団を不当にひいきするような行動を行うことにつながるのである。

③社会的学習理論

　私たちは成長する段階で，親やメディアから，また学校という場で，所属する社会がもつ規範や価値観を学び内化する。この社会化の過程において，親や親しい友人など自分にとって重要な他者が，ある集団に対して侮蔑的な発言や差別的な行動を繰り返したり，メディアで貶めるような表現がなされているのを観察すると，そのような態度を学習し偏見を獲得してしまうのである。

④心理力動的理論

　いらいらしているとき，つい他者に敵対的に振る舞うことはないだろうか。この理論は，個人が抱える内的な葛藤や欲求不満が，他者に不当に向けられる過程を通して，偏見や差別が生じると考える。ダラードら（Dollard et al., 1939）は，自分の目標達成が阻害され，かつそのときの欲求不満や怒りを，阻害した当事者に向けることが困難な場合（たとえば相手が高地位者であるなど），弱者をスケープゴートとして，いわば八つ当たり的に偏見や攻撃を向けると主張した。また，アドルノら（Adorno et al., 1950）による権威主義的パーソナリティの研究も，同じようなメカニズムを想定している。厳しく懲罰的な親に育てられると，権威を過剰に重んじ，自分の信念にかたくななパーソナリティを獲得するが，そのような人は，本来親に向く敵意を抑圧し服従的態度をとる一方で，代わりに社会的弱者をはけ口として敵意を向けるというのである。

## 3．現代の偏見

　偏見のあり方や，ステレオタイプ的な知識や信念が偏見にどう反映されるかは，時代により異なる。古典的なステレオタイプと偏見に関する研究は，集団に対し

て否定的なステレオタイプをもっていれば，人はそのまま集団への偏見的態度を表明することを想定していた。たとえば，カッツら（Katz et al., 1933）が1930年代に行った研究では，当時のアメリカにおいて，集団に当てはまる特性形容詞を選択させると，アフリカ系アメリカ人に対する否定的なステレオタイプがそのまま表明されることを示していた。

　一方，現代に生きる私たちは平等主義的価値観を獲得しており，偏見はよくないこと，非道徳的なことだと見なしている。多くの人は，特定の集団に対して不当に否定的な評価を行ったり，根拠なく貶めるような態度を見せたりはしない。偏見をあからさまに他者に向けて表明することは，以前に比べると少なくなっているし，社会制度の点でも，多くの国で，平等をうたう憲法や法律が整えられている。

　とはいえ，今の社会にまったく偏見や差別がないのかというと，もちろんそうではない。表向きは望ましくないこととされていながらも，ネット上などの匿名状況では，あからさまな偏見や差別が散見される。また，政治家の不用意な発言がメディアを賑わしたりするように，当事者がそうだとは意識しないところで偏見が発露してしまうなど，より複雑な形で社会に存在している。このような現代の偏見を説明する心的過程の1つが，ステレオタイプ活性と呼ばれるものである。これについて次にくわしく紹介しよう。

## 4．ステレオタイプ活性と分離モデル

　現代の偏見の特徴の1つは，意識しないところでそれが露呈する点にある。この背後にあるメカニズムが，ステレオタイプ活性である。集団に関する情報に触れることで，その集団のステレオタイプが活性化し，情報処理に用いられやすくなった結果，ネガティブなステレオタイプに基づいた判断がなされてしまうのである。このことを，アフリカ系アメリカ人が攻撃的だというステレオタイプを題材に示したディヴァイン（Devine, 1989）の研究を見てみよう。

　この実験の参加者は，最初の課題として画面に提示された刺激の位置判断課題を行う。実際に提示されているのは，単語であり，その中に一定の割合でアフリカ系アメリカ人に関連する語（ジャズ，ハーレムなど）が含まれている。ただし提示時間が短く，内容を意識的に読み取ることはできない。さて，この操作により，アフリカ系アメリカ人ステレオタイプを活性化させたのち，別の課題と称して，ターゲットとなる人物に関する情報を与えて評定を行わせると，その人物を，より攻撃的であると判断した。また，このような結果は，別途行った偏見的態度

第 4 章 ステレオタイプと偏見

の測定結果にかかわらず，低偏見者も高偏見者と同様に認められたのである。

このような結果に基づき，ディヴァインは，個人が社会化の過程で学習するステレオタイプ的知識と，その知識が正しいと思うかどうかに関する信念とは区別するべきだという分離モデルを主張している。

私たちは，成長の過程で，ある社会集団のステレオタイプを学ぶ。その中には，アフリカ系アメリカ人が攻撃的だとか，女性は感情的だとか，社会階層が低い子どもは勉強ができないなど，偏見的な内容のものも含まれる。これらは，たとえ自分が正しいと信じていなくても，知識として蓄えられてしまう。もっとも，偏見はよくないという価値観をもっている人は，このようなネガティブなステレオタイプ的知識を反映した態度表明を避けるだろう。自分の反応をモニターし，両者を分離した状態を保ち，非偏見的な態度を表明する。しかし，そのような人であっても，自分の反応に対する注意が向かなかったり，集団に対する態度を問われているという意識が希薄な場合に，ステレオタイプ的知識が活性化していると，それに影響されて偏見的にも見える反応が出てしまうのである。

したがって，現代の偏見への対応は，平等主義的値観のもと，表明する態度を意識的に統制する過程が重視される。たとえ，知識として保持するネガティブなステレオタイプが活性化したとしても，それが偏見的な反応の自動的表出へとつながらないように，みずからの言動に意識を向けることの必要を，ディヴァインの研究は主張しているのである。

## Ⅳ　集団ステレオタイプの二次元

### 1．ステレオタイプ・コンテントモデル

ここまで紹介してきた研究は，ステレオタイプを用いた情報処理がどのようになされるかを示すものであった。しかし，ステレオタイプやそれに基づく反応を理解するためには，私たちが抱くステレオタイプの具体的な内容，およびその背後にある認知構造についても明らかにすることが必要となる。フィスクら（Fiske et al., 2002）は，このような問題意識に答えるものとして，ステレオタイプ・コンテントモデルを提出している。

この研究では，さまざまな集団に対するイメージを性格特性語の上で評定することを参加者に求め，そのデータをもとにして，ステレオタイプ的認知を特徴づける次元を抽出したり，同じように認知される集団のまとまり（クラスター）を探すための統計分析が行われた。その結果，親しみやすさ，誠実さなどから構成

55

される「人柄の良さ」と,有能である,能力があるなどから構成される「有能さ」が,ステレオタイプ的認知の次元として得られた。

さらにカディら (Cuddy et al., 2009) は,アメリカのみならず,ドイツやスペインなどのヨーロッパ諸国,香港や日本などでのアジア諸国でもデータを収集し,それらの国におけるステレオタイプ的な集団認知のあり方を検討した。予備調査に基づき,各国で重要な位置を占める集団を対象とし,集団イメージの回答を求めた結果から,人柄の良さと有能さの二次元が,いずれに文化においても,ステレオタイプの内容を記述する主軸となることが示されている。

さて,ここで重要なのはなぜこれら二次元が得られたのかという点である。じつはこれら二次元は,集団ステレオタイプに限ったことではなく,個人を対象とした対人認知にも見られ,他者や他集団との相互作用を進めるうえでの機能に着目して,次のような解釈がなされている。

人柄の良さとは,他者が善意をもって接するのか,悪意をもち自分に害をなすのかを示す次元である。この次元で他者や他集団を把握することは,近づき交流しても大丈夫なのか,それとも警戒し避けるべき相手であるのかという,基本的な相互作用の方向を決める基盤となる。一方,有能さは,そのような善意や悪意を実現することが可能かどうかに関わる次元であり,対応の必要の判断に資するものとなる。たとえば自分に対してある人物や集団が悪意をもっていたとして,有能であるなら,その意図を実現する能力ももつわけだから,いっそう警戒する必要がある。しかし,無能ならば,警戒して対応するようなコストを払う必要性は低いと判断できる。このような判断は,限られたリソースを用いて多くの他者,他集団と接する必要を考えると,重要なものであることがわかるだろう。

## 2. アンビバレントなステレオタイプ

ステレオタイプ・コンテントモデルは,ステレオタイプが評価的に矛盾する内容を含みうることも明らかにしている。たとえば高齢者は,人柄が良いが無能だと見なされる一方,専門職にある人は,有能だが人柄が良くないと見なされているなどである。このように,それぞれの次元での評価が相反する集団の存在は,さまざまな文化で認められている

ステレオタイプ研究は,偏見研究と密接に関わっているということもあり,従来,「ネガティブなステレオタイプ」の存在に焦点を当てたものになりがちであった。しかし,他集団に対する評価的な判断は,「良い-悪い」という単純な一次元上にあるのではなく,人柄の良さと有能さのそれぞれにおいて,望ましい側面

第4章 ステレオタイプと偏見

と望ましくない側面が共存しているアンビバレントなものも多い。ステレオタイプ・コンテントモデルは,このような「アンビバレント・ステレオタイプ」をも含んだ,ステレオタイプ認知の構造を示すものになっているのである。

なお,アンビバレントなステレオタイプは,たしかにその集団に対するポジティブな認知を含むが,そうだからといって,それがネガティブな認知を補い,偏見を低減するわけではない。人柄が良くても無能だと認知されている集団のメンバーは,一般に社会的地位が低い。たとえば高齢者や伝統的な性役割に従った女性などがそこに属する。これらの対象について,人々は,社会的に低地位であることを低い能力ゆえだと正当化しつつ,人柄の点でのポジティブ評価ゆえに,哀れみをもって支援するという態度を向けることになる。そのため,かえって,低地位ゆえに生じる不公平さ自体からは目をそらすことにもなってしまうのである(Cuddy et al., 2007)。

## V ステレオタイプと偏見に関する課題

### 1. ステレオタイプの自己実現

これまで見てきたように,ステレオタイプ研究は,そのような信念から生まれる偏見的反応に焦点を当てたものが多かった。しかし,社会現象としての重要さは,その対象となった側が受ける影響,とりわけ,ステレオタイプを「もたれること」により,みずからのあり方が変わってしまうという点にもある。ステレオタイプが相互作用を通じて,またステレオタイプ脅威と呼ばれる現象を通して,自己実現をもたらすことは,偏見が正当化されてしまうという観点からも,私たちに課題を突きつけるものとなる。

相互作用を通したメカニズムについては,身体的魅力が高い人は望ましい特性をもっているというステレオタイプを利用した,スナイダーら(Snyder et al., 1977)の研究を紹介しよう。この研究では,まず男女学生の参加者をペアにして,別々の部屋に在室させたうえで電話での会話を行わせた。その際,男性にのみ「相手の女性の写真」と称して,魅力的な女性の写真,または魅力的ではない女性の写真が渡された。この写真は,もちろん実験者が用意したものであり,本当に会話を行う相手の写真ではない。さて,このようなセットアップのもと,両者が電話で会話をした様子を録音しておき,別の参加者に女性の発言部分のみを聞かせ,その女性について評定をさせた。その結果,会話相手の男性が「魅力的だ」と思って会話した女性は,「魅力的でない」女性に比べて,会話を楽しんで生

き生きと行っていると評定されたのである。

このような結果になった理由は，男性が（偽の）写真から女性の性格をステレオタイプ的に判断してしまったところにある。魅力的な写真を渡された男性は，相手の女性のことを，より社交的でユーモアがあり社会的なスキルが高いと，また魅力的ではない写真を渡された男性は，相手のことを非社交的で生真面目，つまらない人物だと思い込んでいた。そのような相手に対する思い込みが男性の会話の仕方に影響し，女性はそれに反応することにより，少なくとも会話のレベルでは，男性のもつ思い込み通りの人物になってしまったのである。

一方，ステレオタイプ脅威は，自分が属する集団に関するネガティブなステレオタイプを意識することで起こる現象である。私たちは，自分が所属集団のネガティブなステレオタイプに基づいて判断されることや，ステレオタイプを確証してしまうことへの不安をもつ。しかし，このような不安はステレオタイプに関連する課題の遂行をさまたげてしまうので，結果的にステレオタイプの自己実現が起こる。

スペンサーら（Spencer et al., 1999）はこのことを，女性が数学は苦手だというステレオタイプを用いて確認している。女子大学生を対象に，数学のテストを行う際，「成績には性差がある」と告げると，「性差がない」と告げられた条件よりも，テストの成績が下がったのである。これは，「性差がある」という情報により「女性は数学が苦手」というネガティブなステレオタイプが喚起され，ステレオタイプ脅威が生じたためだと解釈されている。

自己実現に関わる現象が常に見られるかどうかについては，もちろん議論の余地がある。他者が自分に対してステレオタイプに基づく接し方をしていると察知した際，それがネガティブであるほど，反発を感じて，打ち消そうとするかもしれない。しかし，ここで述べたような過程が存在することも，研究が実証的に示していることである。このようなステレオタイプの罠に自分や周囲の人がとらわれていないかどうか，注意を向けることが重要だろう。

## 2．両者の関係を振り返ることの重要性

偏見が望ましくないことは，多くの人が合意することであり，偏見が生まれ維持される心的メカニズムについての検討も，そのような問題意識のもとに進められてきた。その中で，ステレオタイプも，偏見の認知的基盤としての役割が明らかにされてきたことは，本章で紹介した研究が示している通りである。

一方で，ステレオタイプは，他者を理解し意味づけるための重要な認知的道具

第4章　ステレオタイプと偏見

でもあるという見方もできる。そもそも，私たちが何らかの対象を認知することは，「それが何であるのか」を同定する，つまりカテゴリー化するところから始まる。他者についても，性別，年齢，職業など，その人が所属する集団という観点からのカテゴリー化が，他者理解の出発点である。その意味において，他者に対する判断は，どうしてもステレオタイプの影響を受けてしまうことになる。

偏見は悪いことだという価値観がある現代でも，敵対する集団に対してはネガティブなイメージをもつし，また，そうでなくても，社会の中にさまざまな集団へのイメージがステレオタイプとして存在し，それがメディアや日常のコミュニケーションで消費されているのが実情である。そのような状況を踏まえると，ステレオタイプと偏見との関係への理解を深めることが，いっそう重要な課題となる。そのうえで，私たちが保持するステレオタイプの内容について，またそれが日常の言動にどう影響しているのかを，時には注意深く振り返り，偏見に結びついていないかどうかを考えていく姿勢が不可欠になる。それが，ステレオタイプと偏見に関する社会心理学の知見を，日常の相互作用に生かすための道筋でもある。

◆学習チェック
☐　ステレオイプや偏見の概念について理解をした。
☐　確証バイアスを示す実証的知見について理解をした。
☐　ステレオタイプ活性や分離モデルと現代の偏見の関係について理解をした。
☐　ステレオタイプ・コンテントモデルにおける二次元の意味について理解をした。

## より深めるための推薦図書

フィスク Fiske, S. T.・テイラー Taylor, S. E.（宮本聡介・唐沢穣・小林知博・原奈津子編訳）（2013）社会的認知研究—脳から文化まで．北大路書房．

バナージ Banaji, M. R.・グリーンワルド Greenwald, A. G.（北村英哉・小林知博訳）（2015）心の中のブラインド・スポット—善良な人々に潜む非意識のバイアス．北大路書房．

北村英哉・唐沢穣編（2018）偏見や差別はなぜ起こる？—心理メカニズムの解明と現象の分析．ちとせプレス．

## 文　献

Adorno, T. W., Frenkel-Brunswik, E., Levinson, D. J. et al.（1950）*The Authoritarian Personality*. Harper & Brothers.

Brewer, M. B.（1988）A dual process model of impression formation. In: T. K. Srull & R. S. Wyer, Jr.（Eds.）: *Advances in Social Cognition*, Vol. 1. *A Dual Process Model of Impression Formation*. Lawrence Erlbaum, pp. 1-36.

Cohen, C. E. (1981) Person categories and social perception: Testing some boundaries of the processing effect of prior knowledge. *Journal of Personality and Social Psychology*, 40; 441-452.

Cuddy, A. J. C., Fiske, S. T. & Glick, P.(2007)The BIAS map: Behaviors from intergroup affect and stereotypes. *Journal of Personality and Social Psychology*, 92; 631-648.

Cuddy, A. J. C., Fiske, S. T., Kwan, V. S. Y. et al., (2009) Stereotype content model across cultures: Towards universal similarities and some differences. *British Journal of Social Psychology*, 48; 1-33.

Darley, J. M. & Gross, P. H. (1983) A hypothesis-confirming bias in labeling effects. *Journal of Personality and Social Psychology*, 44; 20-33.

Devine, P. G. (1989) Stereotypes and prejudice: Their automatic and controlled components. *Journal of Personality and Social Psychology*, 56, 5-18.

Dollard, J., Miller, N. E., Doob, L. W. et al.(1939)*Frustration and Aggression*. Yale University Press.

Fiske, S. T., Cuddy, A. J. C., Glick, P. S. et al. (2002) A model of (often mixed) stereotype content: Competence and warmth respectively follow from perceived status and competition. *Journal of Personality and Social Psychology*, 82; 878-902.

Fiske, S. T. & Dépret, E. (1996) Control, interdependence, and power: Understanding social cognition in its social context. In: W. Stroebe & M. Hewstone (Eds.): *European Review of Social Psychology*, Vol. 7. Wiley, pp. 31-61.

Fiske, S. T. & Neuberg, S. L. (1990) A continuum of impression formation, from category-based to individuating processes: Influences of information and motivation on attention and interpretation. *Advances in Experimental Social Psychology*, 23; 1-74.

Katz, D. & Braly, K. (1933) Racial stereotypes on one hundred college students. *Journal of Abnormal and Social Psychology*, 28; 280-290.

Sagar, H. A. & Schofield, J. W. (1980) Racial and behavioral cues in Black and White children's perceptions of ambiguously aggressive acts. *Journal of Personality and Social Psychology*, 39; 590-598.

Sherif, M., Harvey, O. J., White, B. J., Hood, W. R. & Sherif, C. W. (1961) *Intergroup Conflict and Cooperation: The Robbers Cave Experiment*, Vol. 10. University Book Exchange.

Snyder, M., Tanke, E. D. & Berscheid, E. (1977) Social perception and interpersonal behavior: On the self-fulfilling nature of social stereotypes. *Journal of Personality and Social Psychology*, 35; 656-666

Spencer, S. J., Steele, C. M. & Quinn, D. M. (1999) Stereotype threat and women's math performance. *Journal of Experimental Social Psychology*, 35; 4-28.

Stevens, L. E. & Fiske, S. T.(2000)Motivated impressions of a powerholder: Accuracy under task dependency and misperception under evaluative dependency. *Personality and Social Psychology Bulletin*, 26; 907-922.

Tajfel, H. & Turner, J. C. (1979) An integrative theory of intergroup conflict. In: W. G. Austin & S. Worchel (Eds.): *The Social Psychology of Intergroup Relations*. Brooks/Cole, pp. 33-47.

第5章

# 向社会的行動と反社会的行動
―― 援助と攻撃

竹村和久

**Keywords**　向社会的行動，反社会的行動，援助行動，攻撃行動，利他性，共感，意思決定過程

## I　向社会的行動と反社会的行動

　古来から人々の社会的行動のポジティブな側面とネガティブな側面には注意が払われていた。一般に利他的な行動と見られる通常の世俗的価値から望ましい社会的行動と，人々にとって望ましくない破壊的，暴力的な社会的行動はある程度区別することができる。他の人の利益になるように自発的に行われる行動を援助行動（helping behavior）と呼ぶ。援助行動には，親切，献血や募金，臓器提供，人助け，ボランティア，災害時の救助などの行動が含まれる。また，他者の利益になる利他的行動全体を総称して向社会的行動（prosocial behavior）と呼ぶ。他方，傷つけたり破壊したりする意図を伴った身体的または言語的な行動を攻撃行動（aggressive behavior）と呼ぶ。攻撃行動には，先に述べたような暴力的行為の他に，言語的に加えられる非難や中傷，いじめなどが含まれる。この行動は，また，向社会的行動と対比して反社会的行動と呼ばれることもある。ただし，すべての援助行動が向社会的行動というわけでもなく，すべての攻撃行動が反社会的行動というわけでもない。たとえば，暴漢から他者の命を守るために攻撃行動をとるからといって，それが反社会的行動とはいえない。しかし，向社会的行動と援助行動，反社会的行動と攻撃行動にはおおまかな対応関係が存在する。この章では，向社会的行動の代表である援助行動と反社会的行動と見なされる攻撃行動の促進要因や生起メカニズムについて説明をする。

## II　向社会的行動と反社会的行動の研究の枠組みと経緯

### 1．向社会的行動と反社会的行動の研究と人間本性論

　一般には，向社会的行動の背後には利他性が反社会的行動の背後には攻撃性があると考えられているが，必ずしもそのような一対一対応は存在するとは限らない。このような問題は，人間本性の問題とも関わっており，20世紀になっても，ローレンツ Lorenz, K., アイブル-アイベスフェルト Eibl-Eibesfeldt, I., ウィルソン Wilson, E. O. をはじめとする生物学者たちも，人間の本性についての多くのエッセーを著している。

　向社会的行動と反社会的行動の研究では，攻撃行動に代表される反社会的行動の研究の方がはるかに古い歴史をもっている。それはなぜかというと，第1に，攻撃行動の研究が当時社会的に緊急に必要とされていたということ，第2に，攻撃性よりも利他性の方が複雑な側面をもっていて測定が困難であったことが挙げられる（Mussen et al., 1977）。

### 2．反社会的行動の研究経緯

　攻撃行動に代表される反社会的行動については，古くは，精神分析学の創始者のフロイト Freud, S. も考察を行っている。彼によると，人間の本能には，生命存続の源としての生の本能（エロス）と攻撃の源である死の本能（タナトス）とがあり，後者の本能の表出が攻撃行動であると考えている。フロイトは，攻撃性が本能的で生得的なものと捉えている。精神分析学とはかなり研究アプローチが異なるが，ローレンツなどの比較行動学者も攻撃性を生得的なものとして捉えている。

　しかし，攻撃を避けることのできない本能的な行動としてではなく，学習の結果生じたものだと考える研究者もいる。バンデューラ Bandura, A. は，他の社会的行動と同様に，社会的学習の原理に従い，道具的学習と観察学習によって，攻撃性が獲得され維持されると主張した。現代では，攻撃は，学習か本能かという二者択一的捉え方ではなく，人格，認知的要因，感情的要因，状況的要因などの相互作用によって規定されていると考えられている。

　近年の攻撃行動の研究としては，神経科学的研究がある。怒りと攻撃に関係のある脳の部位が前頭葉に集中しているという知見もある（Raine, 2013）。近年の神経科学的研究では，機能的核磁気共鳴画像（fMRI）や陽電子放射断層撮影装置

(PET) などの非侵襲的脳活動計測法が発展し，これまで社会心理学者が行動実験のみで扱ってきた知見を神経科学者と協同で明らかにできる体制が整ったことが指摘できる。また，レイン Raine, A. らは神経科学的方法を用いて，犯罪を起こしやすい反社会的人格障害者の脳機能を調べるなどしている。また，近年では，神経伝達物質の遺伝的要因から攻撃性を探る研究や進化心理学的な観点にたった研究も増えている。

### 3．向社会的行動の研究経緯

　援助行動に代表される向社会的行動の本格的な研究が始まったのは，1960 年代になってからである。その主要な契機の 1 つが 1964 年 3 月に起こった次のような事件である。ニューヨークでキティ・ジェノヴィーズという若い女性が帰宅途中に暴漢に襲われ，刺殺された。その光景を 38 名もの市民が目撃していながら，誰一人として，彼女に援助の手を差しのべず，警察にも通報しなかった。この事件以来，なぜ大勢の人がいながらも誰も援助をしないのか，どうしたら援助がなされるのかという問題に，社会心理学者は精力的に取り組み始めたのである。現在では，攻撃行動の研究に勝るとも劣らない数の研究が援助行動についてなされている。攻撃行動の研究と同様に，援助行動も，現在では，認知的，感情的，状況的要因などの相互作用によって規定されていると考えられている。

　ペンナーら（Penner et al., 2005）は，援助行動や向社会的行動の研究をレビューして，メゾレベル，ミクロレベル，マクロレベルの 3 水準に分けて考察している。これによると，メゾレベルは，特定文脈での援助者‐被援助者の二者関係を扱う分析である。1960 年，1970 年代にラタネら（Latané et al., 1970）によって行われた援助行動の抑制要因の研究など，どのような状況で援助が行われやすいかなどの研究や 1980 年代や 1990 年代に行われた援助動機や援助の意思決定過程の研究などがこの分析に含まれる。第 2 のミクロレベルは，向社会的行動の進化論的な起源や互恵性の進化やその多様性の原因を探る分析であり，どちらかという生物学的なアプローチであり，心理学の領域では，2000 年代以降に広まった。第 3 のマクロレベルは，集団や組織における向社会的行動を扱う研究であり，組織内でのボランティア行動やその意思決定を扱うような分析である。これらの研究も 2000 年代以降に盛んになっている。また，攻撃行動の研究と同様に，脳機能画像などを用いた神経科学的研究も行われるようになっている。

## Ⅲ　向社会的行動の規定因

### 1．援助行動と人格

　「なぜ向社会的行動がなされるのか」あるいは「なぜ向社会的行動がなされない
のか」という向社会的行動の発現の疑問に一番簡単に考えることができそうなの
は，性格や人格による説明だろう。すなわち，向社会的行動をよくする人は性格
的に思いやりがあり利他的であり，向社会的行動をしない人は冷淡で利己的であ
るというような考え方である。あるいは，援助行動をよくする人としない人の間
には何らかの人格的特徴の差があるだろうという考え方である。

　ラシュトン（Rushton, 1984）は，約200名の大学生を対象にして自己報告さ
れた援助行動傾向とさまざまな人格傾向との関係を検討した。その結果，援助行
動傾向は，さまざまな人格傾向と統計的に有意な関係をもっていた。とくに，利
他性と正の相関を示すのが，社会的責任性，共感性，養護欲求などであり，負の
相関を示すのが，マキャベリズムであった（Rushton, 1984）。しかし，得られた
関係は，分散の説明率の観点からいうと最大でも5%以下であり，あまり高くな
い。

　また，人格と援助行動との関連を検討した研究の多くは，その関連性を見出し
ていないし，研究間で一貫した結果を得ていない（Latané et al., 1970）。このよ
うに，援助行動が何らかの人格と強い関係をもっているという発想からの研究は
あまり成功しているとはいえない。

　近年，ペンナーら（Penner et al., 2010）は，向社会的行動と人格傾向との関
係を探るために，向社会的人格志向性（prosocial personality orientation）という
概念を考えている。このアプローチによると，第1に，他者志向的共感性（other-
orientated empathy）の高い者は，責任感が強く，他者の困窮に対する感受性が
高く，援助行動と関係がある。また，第2に，援助性（helpfulness）の高い者は，
行動レベルでの援助率が高い。ペンナーらが示唆したように，援助行動は，共感
によって促進されることがわかっている。また，他者の視点をとることは，共感
的感情を高め（第1段階），共感的感情は援助行動の動機づけを高める（第2段
階）という2段階モデルを提案し，実験によってそのモデルの妥当性が高いこと
を示した。このような共感が援助行動を促進するという仮説は，さまざまな形で
支持されている（Batson, 2011）。

　また，ひと口に援助行動といってもいろいろあるので，その援助の状況別に人

第5章 向社会的行動と反社会的行動

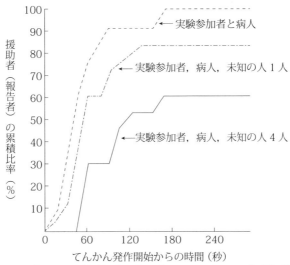

図1 状況要因と援助行動の発現（Latané et al., 1970 より作成）

格との関係を見れば，何らかの関連が得られるという指摘もあり，ペンナーら（Penner et al., 2005, 2010）によっても援助行動と人格要因の関係は見出されているが，援助行動と人格との関係は，後に述べる攻撃行動と人格との関係に比べて比較的弱いといえる。

### 2．援助行動の状況的要因

向社会的行動の規定因として従来からさまざまな状況要因が研究されてきた。ラタネとダーリーは，キティ・ジェノヴィーズ事件のように傍観者が援助をしないことの原因として，一般的によくいわれるように，都市化や近代化によって人間が冷淡になったり，道徳心が欠如していったのではなく，状況的な要因が援助の抑制を促していることを実験的に示した（Latané et al., 1970）。彼らは，周囲にいる人の数が多いほど，かえって援助は抑制されるという知見を見出したのである。この現象は，傍観者効果（bystander effect）と呼ばれている。

彼らの実験研究の1つでは，てんかん発作を起こした人への援助行動が調べられた。実験参加者がてんかんの発作を起こした人を助けるために部屋を出て実験者に知らせに来るまでの時間の累積分布を図1に示した。これに示されているように，グループ人数が多いほど，反応時間が遅く，援助率も低かった。ここで，興味深いことは，実験参加者が明らかに他者の存在に影響を受けていたにもかかわ

らず、そのことに全然気づかなかったということである。状況効果は、我々の意識しないところで強く表れているのである。

### 3．援助行動の感情的要因

　感情と向社会的行動に関する研究は、最も数多くの知見が生み出されている。これまでの研究は、ポジティブな感情になるように実験的に操作された実験参加者が、統制群の実験参加者に比して、一般に、他者をより援助することを明らかにしており、また、これまでの研究結果は、この援助傾向が成人にも児童にも見出されることを示している（Isen, 1987）。これらの援助行動に関する研究では、感情の操作は、無料で景品を渡したり、公衆電話の釣銭口にコインを故意に置いておいたり、また、課題に成功したという偽のフィードバックを与えたり、過去に起こったポジティブな出来事やネガティブな出来事を考えさせたり等の種々の方法を用い、さらに、援助に関するさまざまな指標を用いているのにもかかわらず、おおむね同様の結果を示している。また、アイセンらの研究では、実験条件として商店街の公衆電話の釣銭口にコインを実験者が故意に置いておく群と何も置かない統制群を設け、公衆電話利用客の援助行動を観察した。その結果、コインを拾った実験条件の実験参加者は、統制条件の実験参加者に比して、見知らぬ通行人（サクラ）に対しより援助することが明らかになった。

　しかし、このポジティブな感情の向社会的行動の促進効果には、ある制限条件がある。すなわち、以下に示すような環境条件のもとでは、この向社会的行動の促進効果は観察されないのである。すなわち、アイセンらの研究では、援助することが実験参加者をうつ的な気分にさせる可能性のある場合、ポジティブな感情条件の実験参加者は統制群の実験参加者に比して、援助をしない傾向にあることを見出している。また、彼女らの研究は、ポジティブな感情にある実験参加者は、統制群の実験参加者に比して、好きな人間をより援助する傾向があるが、嫌いな人間をより援助しない傾向があることを見出している。また、陽気な気分と罪の意識は、それぞれ個別に援助行動を増加させるであろうが、陽気な気分と罪の意識を引き起こす刺激を並列提示すると、その相互作用によって、援助行動は増加しないという研究知見も得られている（Isen, 1987）。このように感情は、援助行動を促進する傾向があるが、短時間の間に複数の感情が生起してしまうと、援助行動が抑制されてしまうこともわかっている。複数の感情が生起すると、感情の処理に援助の意思決定過程における情報処理が干渉されて、援助率が低下するのではないかと考えられる。

第5章　向社会的行動と反社会的行動

表1　被援助者の困窮原因の帰属と援助行動意図との関係（Weiner, 1980より作成）

| 統制の所在 | 統制可能性 ||
|---|---|---|
| | 統制可能 | 統制不可能 |
| 内的 | 3.13 | 6.74 |
| 外的 | 7.35 | 6.98 |

（注）　大きい数値ほど援助行動意図が高い。

### 4．援助行動の認知的要因

　援助行動は，種々の認知的判断の結果生じると考えることができる。まず，援助の意思決定過程に，困窮者の原因の帰属の仕方が影響を及ぼすことが知られている。

　ワイナー（Weiner, 1980）は，あまり知らないクラスメートに講義ノートを貸してほしいと頼まれた場合の，援助行動意図を従属変数とする実験を行っている。ノートが必要になった理由としては，統制の所在，統制の可能性，安定性の3次元をそれぞれ2水準操作した計8種類の理由が用いられた。表1に示したように，困窮の原因が，内的で統制可能な状況（本人が怠けてノートをとらなかった場合）において，最も援助行動意図が低かったのである。

　また，竹村ら（1985）は，情報モニタリング法と呼ばれる意思決定過程追跡技法を用いた実験を行い，援助行動の意思決定過程における要因の認知的重要度を検討した。実験の実験参加者は，献血や臓器提供を要請される場面にあって，5つの可能な行動選択肢の中から1つの行動を選ぶよう教示された。この実験では，パソコンでの情報検索を通じて，実験参加者が意思決定にあたってどのような情報を検討し，考慮したかが明らかになるようになっている。その結果，実験参加者は，その行為に伴う自分の損失と提供相手の被害の軽減性を最もよく考慮して，意思決定を行ったことが明らかになった。

　その後，松井（1991）は，情報モニタリング法を使って，種々の援助行動の意思決定過程を検討したが，行動の種類に応じて，認知的判断の過程が異なることを明らかにしている。

### 5．援助行動の状況要因の分類と諸要因を取り込んだ意思決定モデル

①緊急事態の援助行動の意思決定モデル

　災害などの緊急状況の援助行動研究において，ラタネら（Latané et al., 1970）

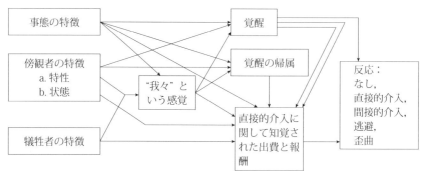

図2　生理的覚醒を取り入れた援助行動の意思決定モデル（Piliavin et al., 1981 より作成）

は，緊急事態での援助の生起や非生起の現象を説明するには，援助や非援助に至る認知的判断過程を解明することが有効だと考えて，一連の5段階からなる意思決定モデルを提案している。すなわち，①緊急事態への注意，②緊急事態という判断，③個人的責任の受容の決定，④特定の介入様式の決定，⑤介入の実行という段階であり，各意思決定段階において，他者の存在などの状況要因が影響を及ぼすとしている。

また，緊急事態の援助行動の意思決定には，生理的覚醒も重要な役割を演じることが知られている。ピリアヴィンら（Piliavin et al., 1981）は，図2のような緊急時の援助行動の生起モデルを提唱している。このモデルによると，緊急事態での犠牲者の観察が，潜在的援助者を生理的に覚醒させる。この生理的覚醒状態は，不快であるので，この覚醒を低減しようという動機づけが働き，その覚醒を最も急速に効率的に低減するような反応が出費と報酬の計算をもとにして選択される。ピリアヴィンら（Piliavin et al., 1981）は，皮膚電気反応（galvanic skin response）という生理的に覚醒したときに発汗量の増加によって抵抗が減少することを利用して測定した値による覚醒水準が高いほど，援助行動への潜時が短いことを，確かめている。

②援助行動の意思決定過程の総合モデル

松井（1989）は，従来の意思決定モデルの検討といくつかの実証研究の結果を総合して，図3に示すような状況対応モデルを提案している。このモデルでは，援助の意思決定に生起する心理過程を5種類に分類しており，意思決定過程が援助状況の類型によって異なると指摘している。

援助行動や援助場面の類型化研究は，従来うまく統合できなったさまざまな知

第5章 向社会的行動と反社会的行動

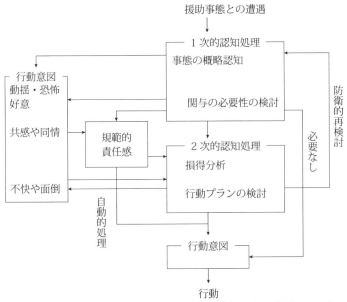

図3 援助行動の意思決定過程に関する状況対応モデル（松井, 1989）

見をうまく体系化できるものと期待できる。しかし，これで研究上の問題がすべて解決できるわけではない。すなわち，状況や要求される援助行動の性質やその行動を規定する要因が明らかになっても，援助に至るどの段階でその要因がきいてくるのかはわからない。また，ある時点では，当該の要因が促進的に働くが，別の時点では，その要因が抑制的に働くということも考えられる。そのために，援助行動の意思決定のプロセスを検討することが必要になってくる。このような意思決定プロセスをモデル化するようなアプローチが近年多くの研究者によって採用されるようになってきた。

## IV 反社会的行動の規定因

### 1．攻撃行動と人格

　反社会的行動と攻撃行動は必ずしも一対一の対応をしていないために，ここでは攻撃行動の要因に注目して論じていきたい。反社会的行動の中に位置づけられる攻撃行動は，援助行動に比べ，個人の人格により強い影響を受けることが知られている。クレブスら（Krebs et al., 1985）は，いままでの研究を概観して，攻

撃性は，利他性に比べて，状況間で一貫しているし，時点間でも安定していると結論づけている。

バス（Buss, 1986）は，攻撃性に関する人格特性を測定する質問紙を作っている。攻撃の主要な2つの様式は，身体的攻撃と言語的攻撃である。これらの人格特性は，互いに相関するが，概念的には独立の傾向を測定するものと捉えられている。

攻撃行動を支える人格的変数として，第1に考えられるのが，攻撃性（aggressiveness）である。攻撃性は，身体的攻撃性と言語的攻撃性に分けられる（Buss, 1986）。これらの2つの特性は，互いに相関するが，概念的には，独立のものである。これらの攻撃性と正の相関を示すのが，タイプA人格，支配欲求，権威主義的人格，パラノイド的人格などであり，負の相関を示すのが共感性などである。タイプA人格は，心臓血管系疾患との関連で注目されている人格のタイプであり，野心的，精力的，時間的切迫感を常にもつなどの特徴をもつ。また，権威主義的人格は，因習的な権威に盲従して，権威に従わない者を攻撃・排斥する傾向がある。

近年では，人格的要因の神経科学的研究も行われている。また，レイン（Raine, 2013）は，前頭前皮質の機能不全によって，衝動性の増大，自制能力の喪失，行動の調整や抑制能力の欠如が起こり，暴力的な行動をとりやすいと報告している。彼は神経科学的方法を用いて，犯罪を起こしやすい反社会性パーソナリティ障害者や殺人者の前頭前皮質の活動が低いことを明らかにしている。

## 2．攻撃行動の感情的要因

怒りの感情は，攻撃行動においての主要な原因になっている。これまでの研究は，怒りの感情が攻撃行動に影響を及ぼすことを明らかにしている。たとえば，電気ショックを多く受けて挑発されることによって怒りの感情をもっている実験参加者は，より強い攻撃を示すこと，いらいらしたり，不快に感じたり，怒ったりするようなネガティブな感情（negative affect）によって，促進されることがわかっている。たとえば，気温が高い不快な環境では，攻撃行動が促進される（Bell et al., 1977）。バーコウィッツ（Berkowitz, 1983）によると，嫌悪的環境刺激や経験によって，怒りなどのネガティブな感情が喚起されると，それとほとんど同時に，ネガティブな感情と連合した記憶や認知などが喚起される。このために，ネガティブな感情は，自動的に攻撃反応傾向を高める。次に生起する高次の認知過程は，実際の攻撃行動を抑止する機能をもっているが，その前の段階で，適当な

第 5 章　向社会的行動と反社会的行動

外的解発刺激が与えられると，高次の認知的過程を迂回して，衝動的な攻撃反応が生じることもある。しかし，この感情の効果は，ベルら（Bell et al., 1990）によると，ネガティブな感情が強すぎると低くなる。

大渕ら（1984）は，調査対象者に怒りの実体験を自己報告させたところ，人々は，思い出せる範囲で，平均2～3回，怒りを喚起させる出来事を経験していた。このように，怒りの感情は，多くの者が日常的にもつものであり，攻撃行動の主要な原因でもあるが，必ずしも怒りが攻撃行動に結びつくとは限らない。次に述べる認知的要因や状況的要因が怒りによる攻撃行動を抑制したり，促進したりすると考えられる。

大渕（2011）は，欲求不満が怒りなどの不快情動を引き起こし，それが攻撃行動を促進するとしている。ただし，制御的認知過程による自己制御によって，怒りが起こっても攻撃行動が抑制されるとしている。

### 3．攻撃行動の認知的要因

攻撃行動は，加害者と被害者との相互作用の結果生じると考えられる。他者から不合理と思われる仕打ちを受けた場合，人々は攻撃的になることが知られている（大渕，2011）。また，攻撃行動は，他者に悪意があると推測された場合，増加する。大渕ら（Ohbuchi et al., 1985）は，女性実験参加者を用いて，攻撃行動が，受けた被害の大きさよりも，相手に悪意があるかどうかの判断によって，決定されることを明らかにしている。彼らの実験では，実験参加者は，相手が自分に強い電気ショックを与えようと意図していると思っているときは，実際に受けた電気ショックの強さとは無関係に強い攻撃を加えたが，反対に相手にその意図がなかったと思ったときには，たとえ実際には強い電気ショックを受けていても，攻撃を控える傾向があったのである。

ジルマン（Zillman, 1983）は，攻撃行動が，心拍数の増大などによって特徴づけられる自律神経系の覚醒状態である生理的覚醒と認知過程の相互作用によって促進されることがあることを示した。ドライブ中にハンドルを切りそこないかけてハッとするなどの経験によって生理的に覚醒すると，この生理的覚醒の原因の帰属分析が行われる。このとき，生理的覚醒が低減しないうちに後続して，同乗車から嫌味を言われるなどの怒りを誘発するような経験をすると，この生理的覚醒の原因をその怒りを誘発するような経験や刺激に帰属することがある。この場合，怒りは助長され，攻撃行動が促進される。しかし，生理的覚醒が，上記の原因に帰属されないと，怒りは助長されることはない。

### 4. 攻撃行動の状況的要因

援助行動と同様，周囲の他者が，攻撃行動に影響を及ぼすことが明らかになっている。ミルグラム Milgram, S. は，第7章でも示したように，グループの1人ひとりは攻撃的でないのに，集団になると攻撃的になるメカニズムを明らかにしている。彼は，どの程度多くの実験参加者が，実験者の命令に服従して，用意された最強のボルトまで，仲間の実験参加者に与える電気ショックの水準を上げていけるかを検討した。実験に先だって，彼は，精神科医，大学生，一般成人に自分ならどうするかを尋ねた。強烈な電気ショックを与えると答えた者は，1％にも満たなかったが，実験では65％の実験参加者が最強のショックを与えることに服従したのである。また，ジンバルドー Zimbardo, P. によると，集団における個人の匿名性が，攻撃性を促進することを実験的に示した。彼は，女性のグループに，他の女性に電気ショックを与えるように教示し，ガラス窓を通して，女性の苦痛反応を見ることができるようにした。匿名性条件では，暗い実験室でだぶだぶの実験室用コートと顔を覆うフードが着せられた。一方，非匿名性条件では，明るい部屋で，名札をつけ，たびたび名前で呼ばれ，グループ内の他者の顔が互いに見えるようになっていた。結果は，匿名性条件では攻撃性が増大し，ショックは長らく与えられることが明らかになったのである。

### 5. 攻撃行動の意思決定モデル

大渕（2011）は，衝動的な攻撃行動に関しては，図4に示したような心的過程のモデルを作成している。これによると欲求不満によって発生した怒りなどの不快情動は，攻撃行動をとりたいという欲求（攻撃動因）を生み出す。しかし，この図にあるように，欲求不満を経験した人のすべてが攻撃的になるわけではなく，攻撃行動が社会規範に合致しているか攻撃行動を行ったときに何が起こるのか，攻撃を行ったときに社会非難はないのかという制御的認知過程により，攻撃行動の自制をするという自己制御が行われることもある。

大渕（2011）は，攻撃行動がこのような衝動的なものだけでなく，戦略的な側面をもつことを考えて，衝動的な攻撃は人間の情報処理の自動過程に，戦略的な攻撃は制御過程による情報処理の二過程説のモデルを提案している（図5）。このモデルによると，嫌悪事象が攻撃行動を発動させる始発刺激である。嫌悪事象は，不快情動を発生させやすく，連合ネットワークを通じて自動的に攻撃動機づけを生み出す。また，このモデルによると，制御的認知過程が自動的認知過程で形成

第5章　向社会的行動と反社会的行動

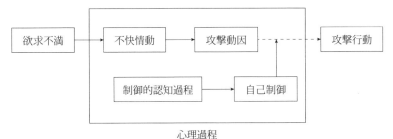

図4　欲求不満と攻撃行動（大渕，2011）

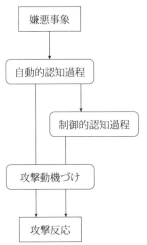

図5　攻撃の二過程モデル（大渕，2011）

された攻撃動機づけを再評価して，適応的に修正する働きがある。このように制御的認知過程を通じた攻撃行動を，戦略的攻撃と呼び，自動的認知過程から直接に生み出された反応を衝動的攻撃と見なすことができるのである。大渕（2011）はこのモデルを確かめるさまざまな実験や調査を行っている。

## V　向社会的行動と反社会的行動

　向社会的行動と反社会的行動は，対極の概念であり，その行動の定義が社会に及ぼす影響からなされるために反対の意味づけがなされている。しかし，その下位概念を主に構成する，援助行動と攻撃行動は必ずしも正反対の概念とは言い切れない。援助と攻撃は対極の概念なので，利他的な人格の人は攻撃的でないと仮定することは常識から考えておかしくないかもしれない。しかし，援助行動と攻

撃行動との関係について調べたフェシュバックら（Feshbach et al., 1986）は, 援助行動と攻撃行動との関係が, 必ずしも正反対の関係にあるのではなく, それらの関係が年齢や性別によって異なると結論づけている。彼らは, 幼稚園や就学前の児童においては, 攻撃的傾向の高い者が援助的な傾向も高いことを報告している。この関係は, 男子児童においてのみ顕著なものではあるが, 生来的には援助的傾向と攻撃的傾向が必ずしも正反対のものではないことを示唆している。

　フェシュバックら（Feshbach et al., 1986）は, 幼稚園児以降になると, 利他的な人格の人は攻撃的でなく, 攻撃的な人格の人は利他的でないという関係が見出されるようになると報告している。つまり, 援助傾向と攻撃傾向が反対の関係になっていくのである。しかし, 利他性と攻撃性との関係は, 成人においても必ずしも正反対の関係であるとはいえない。この関係は, 認知的, 感情的, 状況的要因によって変わると考えられる。

　援助行動と攻撃行動を比較すると, いずれも人格的要因, 認知的要因, 感情的要因などの影響力の強さに関して若干の相違がある。先にも報告したように, 攻撃行動は援助行動に比べてより人格的要因の影響を受ける。また, 援助行動は, 認知的要因が行動に影響を及ぼす比重が高いが, 攻撃行動は, 逆に感情的要因が行動に影響を及ぼす影響が強い（Krebs et al., 1985）。これに対応して, 援助行動に関しては, 規範意識, 共感能力, 道徳的推論, 意思決定過程などの認知的要因の研究知見が多いのに比して, 攻撃行動に関しては, 怒りなどの感情的要因の研究知見が多い。

---

◆学習チェック
☐ 援助行動と攻撃行動, および向社会的行動と反社会的行動の定義を理解した。
☐ 援助行動は, 共感性, 感情, 生理的覚醒, 他者の存在などによって影響を受けること, その意思決定過程の基本モデルについて理解した。
☐ 攻撃行動は, 欲求不満, 不快情動, 生理的覚醒などによって影響を受け, 自動的認知過程による衝動的攻撃と制御的認知過程による戦略的攻撃があることを理解した。
☐ 攻撃行動と援助行動は, 発達的にはまったく逆の関係を示すわけではなく, 向社会的行動と反社会的行動と一対一対応を必ずしもするわけではないことを理解した。

---

より深めるための推薦図書
　ラタネ Latané, B.・ダーリー Darley, J. M.（竹村研一・杉崎和子訳）（1977）冷淡な傍観者―思いやりの社会心理学. ブレーン出版.
　バトソン Batson, C. D.（菊池章夫・二宮克美訳）（2012）利他性の人間学―実験社会心理学からの回答. 新曜社.）

## 第5章　向社会的行動と反社会的行動

大渕憲一（2011）人を傷つける心―攻撃性の社会心理学 新版．サイエンス社．

### 文　献

Batson, C. D.（2011）*Altruism in Humans*. Oxford University Press.（菊池章夫・二宮克美訳（2012）利他性の人間学―実験社会心理学からの回答．新曜社．）

Bell, P. A. & Baron, R. A.（1977）Aggression and ambient temperature: The facilitating and inhibiting effects of hot and cold environments. *Bulletin of Psychonomic Society*, 9; 443-445.

Berkowitz, L.（1983）The experience of anger as a parallel process in the display of impulsive, "angry" aggressions. In: R. G. Geen & E. I. Donnerstein (Eds.): *Aggression: Theoretical and Empirical Reviews*, Vol.1: *Theoretical and Methodological Issues*. Academic Press, pp.103-134.

Buss, A. H.（1986）*Social Behavior and Personality*. Lawrence Erlbaum Associates.（大渕憲一監訳（1991）対人行動とパーソナリティ．北大路書房．）

Feshbach, S. & Feshbach, N. D.（1986）Aggression and altruism: A personality perspective. In: C. Zahn-Waxler, E. M. Cummings & R. Iannotti (Eds.): *Altruism and Aggression: Biological and Social Origins*. Cambridge University Press, pp. 189-217.

Isen, A. M.（1987）Positive affect, cognitive processes, and social behavior. In: L. Berkowitz (Ed.): *Advances in Experimental Social Psychology*, Vol. 20. Academic Press, pp. 203-253.

Krebs, D. L. & Miller, D. T.（1985）Altruism and aggression. In: G. Lindzey & E. Aronson (Eds.): *The Handbook of Social Psychology*, 3rd Edition, Vol.2. Random House, pp. 1-71.

Latané, B. & Darley, J. M.（1970）*The Unresponsive Bystander*：*Why Doesn't He Help?* Appleton-Century-Crofts.（竹村研一・杉崎和子訳（1977）冷淡な傍観者―思いやりの社会心理学．ブレーン出版．）

松井豊（1989）援助行動の意思決定過程に関する研究．東京都立大学博士論文．

松井豊（1991）援助行動の意思決定における情報探索過程の分析．実験社会心理学研究，30; 91-100.

Mussen, P. & Eisenberg, N.（1977）*Roots of Caring, Sharing, and Helping: The Development of Prosocial Behavior in Children*. Freeman.（菊池章夫訳（1980）思いやりの発達心理．金子書房．）

大渕憲一（2011）人を傷つける心―攻撃性の社会心理学 新版．サイエンス社．

Ohbuchi, K. & Kambara, T.（1985）Attacker's intent and awareness of outcome, impression management, and retaliation. *Journal of Experimental Social Psychology*, 21; 321-330.

大渕憲一・小倉左知男（1984）怒りの経験（1）―Averill の質問紙による成人と大学生の調査概況．犯罪心理学研究，22; 15-35.

Penner, L. A., Dovidio, J. F., Piliavin, J. A. & Schroeder, D. A.（2005）Prosocial behavior: Multilevel perspectives. *Annual Review of Psychology*, 56; 365-392.

Penner, L. A. & Orom, H.（2010）Enduring goodness: A person X situation perspective on prosocial behavior. In: M. Mikuliner & P. R. Shaver (Eds.): *Prosocial Motives, Emotions, and Behavior: The Better Angels of Our Nature*. American Psychological Association, pp. 55-72.

Piliavin, J. A., Dovidio, J. F., Gaertner, S. L. & Clark, R. D., III（1981）*Emergency Intervention*. Academic Press.

Raine, A.（2013）*The Anatomy of Violence: The Biological Roots of Crime*. Pantheon.（高橋洋訳（2015）暴力の解剖学―神経犯罪学への招待．紀伊國屋書店．）

Rushton, J. P.（1984）The altruistic personality: Evidence from laboratory, naturalistic, and self-report perspectives. In: E. Staub, D. Bar-tal, J. Karylowski & R. Eykowaki (Eds.): *Development and Maintenance of Prosocial Behavior: International Perspectives on Positive Morality.* Prenum Press, pp. 271-290.

竹村和久・高木修（1985）順社会的行動の意思決定過程の分析．社会心理学研究，1; 35-44.

Weiner, B.（1980）A cognitive (attribution)-emotion-action model of motivated behavior: An analysis of judgements of help-giving. *Journal of Personality and Social Psychology*, 39; 186-200.

Zillmann, D.（1983）Arousal and aggression. In: R. G. Geen & E. Donnerstein (Eds.): *Aggression: Theoretical and Empirical Reviews*, Vol. 1: *Theoretical and Methodological Issues*. Academic Press, pp. 75-102.

第6章　社会的促進と社会的抑制

# 社会的促進と社会的抑制

今井芳昭

**Keywords**　社会的促進，動因理論，生理的覚醒，単純課題と複雑課題，評価懸念，注意散逸‐葛藤理論，社会的手抜き，加算的課題，業績識別性，社会的抑制

　心理学の一領域である社会心理学の特徴の1つは，我々が他者の存在から影響を受けていることに注目している点である。たとえば，大学のゼミ発表に当たり，ホワイトボードの前に立ってゼミ生の顔を見て緊張したり，逆に，同じようにゼミ発表する友人と話を交わして少し緊張が解けたりする。他者の存在や言動が直接的，間接的に我々の認知や行動，心理的状態に影響を与えているということである。

　本章では，こうした他者の存在が，我々に与える影響に焦点を当てていくことにする。これは社会的影響（social influence）と呼ばれる研究領域の一部である。個人（あるいは，集団）間における（相互的な）影響を研究対象としている社会的影響には，本章で扱う現象のほかに，依頼，応諾獲得方略，説得，社会的影響力，同調，集団極性化現象，グループシンク，広告，宣伝などが含まれる。

　なお，本章のタイトルは「社会的促進と社会的抑制」となっているが，両者は対照的な関係にあるわけではない。前者は，課題（task）遂行の業績に与える他者の影響に目を向けているのに対し，後者は，より一般的な場面において，他者の存在が我々の行動を抑制する方向に影響を与えている現象に焦点を当てている。

## I　社会的促進

### 1．動因モデル

　オルポート（Allport, 1920）の指摘以来，社会心理学における最初の実験的研究であり，最初の社会的促進（social facilitation）に関する研究を行ったとされているのは，競輪選手の走行記録に注目したトリプレット（Triplett, 1898）である。彼は，Y字型に作られた，糸のリール巻き装置を考案して40人の子どもを対象

図1　ザイアンスのモデル（Zajonc, 1965）

に実験を行ったが，ストゥルーベ（Strube, 2005）はトリプレットのデータを再分析して，社会的促進の結果が得られたとはいえないと結論づけている。その後，ストゥレーベ（Stroebe, 2012）も，トリプレットの研究が社会心理学の最初の実験でもなかったことを指摘している（後述のリンゲルマン（Ringelmann, 1913）は，1882-1887年の間に社会的手抜きの実験を行ったようである）。

オルポート（Allport, 1920）は，観衆（audience）効果と共行動者（co-actor）効果を含める形で「社会的促進」と命名した。社会的促進とは，他者の単なる存在，あるいは，共行動者や観察者（評価者）の存在によって，行為者の課題遂行の業績が向上もしくは低下することである（図1，表1）。それ以降，多くの実験が行われてきたが，他者の存在によって課題の業績が上昇する場合もあれば，低下する場合もあった。そうした矛盾する結果をうまく説明する考え方として，ザイアンス（Zajonc, 1965）は動因（drive）モデルを提出した。彼は，ハル＝スペンス動因理論（Spence, 1956）に基づいて，他者の存在が行為者の覚醒水準（生理的覚醒；arousal）を上昇させ，それによって（よく学習されて慣れている）優勢な反応の出現が生じやすくなることを指摘した。

我々が行う課題において，単純課題（simple task）は，行為者にとってその課題で要求されている正反応がすでに十分学習され，習熟化されていて，容易に遂行できる。たとえば，トリプレット（Triplett, 1898）が実験に用いた，糸をリールに巻き取る課題，あるいは，できるだけ大きい拍手をするというような課題である。単純課題における反応は，他者の存在による覚醒水準の上昇によって，さらに反応が高められ，業績が高くなり（作業速度が速くなる），課題遂行中のエラー出現度が低くなる。逆に，複雑課題（complex task）の場合は，まだ誤反応の

第6章 社会的促進と社会的抑制

表1 社会的促進と社会的手抜きの比較

|  | 社会的促進 | 社会的手抜き |
|---|---|---|
| 現象 | 近くに他者が存在することによって行為者の動因喚起（生理的覚醒）が生じ，習熟されている単純課題の場合には，単独状況に比べて他者存在状況における課題遂行量が多くなり，逆に，未習熟の複雑課題の場合には遂行量が低下すること | 複数の行為者の遂行を加算することが可能な加算的課題において，単独状況の課題遂行量に比べて，複数人状況の1人あたりの遂行量（平均）が低下すること |
| 実験課題の種類 | 無意味語（7文字からなるトルコ語）の発音，洋服の着替え，アイディア創出（物の多様な使用法の考案），ボタン押しなど | 綱引き，拍手，大声を出す，アイディア創出，迷路，監視作業，空気ポンプ押し，（メッセージや広告などの）評価，文字探し，ボタン押しなど |
| 実験時の他者の人数 | 1人もしくは2人 | 1人〜8人ぐらい |
| 主な規定因 | 動因喚起（生理的覚醒）<br>上記の要因に影響を与える要因として，他者の（単なる）存在，他者から業績評価される懸念，課題遂行と他者への注意散逸-葛藤，自己呈示など | 業績評価の識別性，課題との自己関連度，共行動者との親密度，共行動者の貢献期待度，課題の複雑度，性別，文化（西洋，東洋）など |
| 調整変数 | 課題の複雑度（単純 or 複雑） | — |
| 主な実験 | Zajonc et al. (1966), Cottrell (1968), Sanders et al. (1978) など | Latané et al. (1979), Ingahm et al. (1974) など |
| メタ分析，総覧研究 | Bond et al. (1983), Uziel (2007) | Karau et al. (1993) |
| 平均効果量 (d) | 単純課題遂行量 .32，複雑課題遂行量 −.20<br>（＋の値が大きいほど促進） | 実験室実験 .47，現場実験 .25，男性 .57，女性 .22，両性 .44<br>（＋の値が大きいほど手抜き） |

方が優勢な状態になるので，他者の存在によって覚醒水準が上昇すると，誤反応が生起しやすくなり，業績は低下すると考えられる。また，同一の課題においても，その習熟度によって上記のような差が生じると考えられる。熟達者の場合は，その課題が単純課題となり，初心者の場合は複雑課題になるということである。

## 2．社会的促進を規定する他の要因

社会的促進の規定因として，動因のほかに，社会的比較や認知過程が挙げられているので，それらについても概観しておくことにする。

①動因（生理的）喚起

　a. ザイアンス（Zajonc, 1965）の「他者の単なる存在」：ザイアンスが提唱したものであり，他者の単なる存在によって行為者の動因が喚起され，課題の複雑度との組み合わせにより，業績の増減が生じるという考え方である。

　b. コットレル（Cottrell, 1968）の評価懸念（evaluation apprehension）：コットレルは，他者に対する行為者の意味づけとして評価懸念を挙げた。これは，他者によって自分の課題遂行が観察，監視され，業績を評価されるのではないかと，行為者が推測することに基づいている。コットレルは，他者の「単なる存在」では行為者の動因喚起をもたらさず，他者の存在によって行為者に評価懸念が生じ，それが動因喚起をもたらすと指摘している。

　日本では，大平ら（1992）が皮膚電位反応（SPRs）を指標に用いてボタン押し課題の実験を行い，他者の存在と評価懸念の双方が覚醒水準の上昇をもたらし，課題遂行量の増加につながっていることを見出している。

　c. サンダースら（Sanders et al., 1978）の注意散逸 - 葛藤理論（distraction-conflict theory）：動因喚起をもたらす要因として注意の散逸を挙げているのがサンダースらである。行為者は，他者の存在によって課題遂行に関する社会的比較を行おうとし，それが行為者の注意を散逸させることになり，遂行すべき課題に注意を向けることと周囲にいる他者へ注意を向けることとが葛藤状態となり，それが覚醒水準を高めると主張している。

　d. ゲランら（Guerin et al., 1982）のセルフ・モニタリング理論（self-monitoring theory）：行為者は自分がどのような状況におかれているかを常にモニター（監視）していて，周囲に他者が存在すると，そのモニター活動が活性化され，動因喚起につながると主張している。


②認知的比較

　a. カーヴァーら（Carver et al., 1981）の自覚理論（self-awareness theory）：他者の存在は自分に注意を向ける状態，つまり自覚（self-awareness）をもたらす。デュヴァルら（Duval et al., 1972）の客体的自覚理論（objective self-awareness theory）によれば，他者がある個人を認知するように，その個人が自分自身に目を向ける場合がある。それが自覚状態であり，他者が近くに存在していたり，鏡の前で自分の姿を見たり，録音された自分の声を聞いたりすると生じやすいと指摘されている。

　カーヴァーらは，他者が存在していると自覚状態になり，そのことによって現

第6章 社会的促進と社会的抑制

状と理想（もしくは，その状況で期待されている標準）との差が顕在化され，それが不快なので，その差を減少させようと努力すると主張している。単純課題の場合は，高い業績が期待され，その理想に近づこうとして業績が高められ，複雑課題の場合は，期待される業績は低く見積もられ，結果として業績低下が生じる。

　b. ボンド（Bond, 1982）の自己呈示（self-presentational view）：ボンドは，近くに存在する他者に対して，行為者が自分を有能であるように提示しようと努力すると指摘している。コットレルが評価懸念に注目したのに対し，ボンドは，自分の存在や能力を積極的に他者にアピールするという側面に注目している。単純課題の場合は，そうした自己呈示（もしくは，印象管理）が業績の向上をもたらすが，複雑課題の場合は，課題遂行の誤りから生じる困惑が業績の低下を引き起こすと考えられている。

### 3．社会的促進に関するメタ分析

　数多くの実験結果を総合すると，社会的促進についてどのようなことがいえるのであろうか。ボンドら（Bond et al., 1983）は，人間を被験者にした241の社会的促進に関する実験結果（総参加者数：約24,000人）のメタ分析を行い，以下の3点を挙げている。

　（a）ザイアンス（Zajonc, 1965）の動因モデルによれば，他者の単なる存在によって行為者の覚醒水準が上昇する。覚醒水準は，諸研究において皮膚電気反射（GSR），心拍数，掌発汗などで測定されているが，前二者に比べ，掌発汗の変化が大きく認められている。複雑課題のときには覚醒水準の上昇（平均3.1%）が認められるが（$d = .36$。$d$は効果量であり，0から1までの値をとる。1に近いほど，規定因〔この場合，他者の単なる存在〕が結果〔この場合，掌発汗〕に影響を及ぼしていることを示す），単純課題の場合（$d = .04$）には認められない。したがって，他者の存在が常に行為者の覚醒水準をもたらすものではないようである。

　（b）ザイアンス（Zajonc, 1965）の動因モデルに基づき，単純課題と複雑課題に分けて他者の存在が課題業績に与える影響を分析した。その結果，他者の存在が単純課題の業績を向上させ（速度：$d = .32$，正確さ：$d = .11$），複雑課題の業績を低下させる（速度：$d = -.20$，正確さ：$d = -.36$）傾向が見出された。しかし，他者の存在が業績（の分散）をどの程度説明できるかを見ると，単純課題における業績の正確さの向上では平均0.30%，複雑課題における業績低下では1～3%であり，目に見えて他者の存在による影響が認められるというわけではない。

（c）他者の単なる存在と評価懸念を比較したところ，他者の単なる存在だけでも業績への影響は認められた。必ずしも他者が評価者もしくは専門家である必要はないということである。

これらの結果を見ると，社会的促進という現象の存在を否定することはできないが，その効果は期待するほど，あるいは，目立って大きくはないということである。ただし，上記（c）に関連していえば，実験室にいる他者の存在に対する実験参加者の解釈を操作して，「単なる存在」の状態を実験的に作り出すことは難しいといえよう。マーカス（Markus, 1978）や末永ら（1981）が指摘しているように，単なる存在条件の場合であっても，実験参加者は，その他者が自分に対して何らかの評価をする存在であると解釈することは可能だからである。その意味では，コットレル（Cottrell, 1968）の評価懸念仮説を全面的に否定することは，現段階ではできないと考えられる。

さらに，ザイアンスの動因モデルにおいて，課題の複雑度は重要な変数であるが，課題の複雑度についても共通の基準が作成されているわけではない（Uziel, 2007）。ボンドら（Bond et al., 1983）のメタ分析においては，もとの研究において設定されている（単純と複雑の）分類に基づいて上記のメタ分析を行っているにすぎず，課題の分類の仕方によっては，上記の分析結果も異なってくる可能性がある。

### 4．行為者のパーソナリティによる影響

ウズィール（Uziel, 2007）は，課題の複雑度よりも行為者のパーソナリティによって，社会的促進の生じ方が異なるのではないかという観点からメタ分析を行っている。つまり，個人の反応傾向（ポジティブ志向とネガティブ志向）によって他者の存在による影響の受け方が異なるのではないかということである。ポジティブ志向とは社会的環境に対する自信と熱中であり，外向性と高自尊心に反映される。他方，ネガティブ志向は脅威，懸念，注意散逸であり，内向性と低自尊心に反映される。

ウズィール（Uziel, 2007）は，26の研究を対象にメタ分析を行い，ポジティブ志向者の場合は他者の存在によって課題遂行量が上昇し，逆に，ネガティブ志向者の場合は課題遂行量が低下したことを見出した。ネガティブ志向者は，自己評価（自尊心）が低いため，社会的状況では相対的に他者に注意が向きやすく，それが課題遂行との注意葛藤状態を作り出し，課題遂行量の減少につながったと考えることができる。対象とした研究数が十分多いとはいえないが，行為者のパー

第 6 章 社会的促進と社会的抑制

ソナリティが社会的促進に影響を及ぼしている可能性も否定できないことを示している。

## II 社会的手抜き

### 1. 社会的手抜きとは

　社会的促進においては課題遂行量が低下する側面も確認されているが，他のアプローチからの研究も存在する。すなわち，社会的手抜き（social loafing）として，複数の個人がほぼ同一の課題を遂行し，（各個人の業績は評価されずに）集団全体の業績が評価されるような加算的課題において，課題遂行の人数が増えるにつれて，平均課題遂行量（一人当たりの遂行量）が低下する現象が研究されている（図 2，表 1）。

　この現象を最初に科学的に検討したのは，フランスの農業技師であったリンゲルマン（Ringelmann, 1913）であると言われ，リンゲルマン効果とも呼ばれている（Kravitz et al., 1986）。インガムら（Ingham et al., 1974）は，リンゲルマンの実験に準拠して綱引きを課題に用いて 1 人から 6 人までの条件を設定し，牽引力を測定した。その結果，1 人条件の牽引力を 100％とすると，2 人ではその 91％に低下し，3 人では 82％，6 人では 78％になることが見出された。

　このような場合，複数人で課題を遂行すると，力を合わせる際に息が合わなかったり，力を入れる方向がずれたりして力の損失（協調ロス）が生じてしまう。ラタネら（Latané et al., 1979）は，できるだけ大きく拍手をする，もしくは，大声を出すという課題において，イヤフォンを用いて実際には単独で音を出しているにもかかわらず，実験者からの教示とあらかじめ録音した他者の出す音を実験参加者に聞かせることによって，擬似的なペア条件を設定して協調ロスも測定できるようにした。そして，協調ロスを考慮してもさらに社会的手抜き（動機ロス）が生じることを示している。

　また，カラウら（Karau et al., 1993）のメタ分析によれば，社会的手抜きは女性（Kugihara, 1999）や東洋文化圏においてやや生じにくいようであるが，ほとんど性差，文化によらずに生じる，頑健な現象であることを指摘している。日本では，山口ら（Yamaguchi et al., 1985）が，キーボードのボタン押し課題を用いて，社会的促進と社会的手抜きを比較している。その結果，社会的促進は認められたが（単独条件に比べて共行動条件における業績が高かった），社会的手抜きは認められなかった（共同作業条件と独立作業条件の業績に有意差は認められなか

加算的課題（例：綱引き）

1人あたりの牽引力（平均）を比較
59kg（100%） ＞ 145kg/3人＝48.4kg（82%）
（注）平均牽引力は Ingham et al.（1974）に基づく。
図2　社会的手抜き

った）。なお，日本人中学生を実験参加者にして，拍手，大声を出す課題を用いた川名ら（1982）では社会的手抜きが認められているが，同じ課題を用いた白樫（1991）では認められていない。日本における社会的手抜きについては，種々の課題を用いてさらにデータをとり確認していく必要があるようである。

## 2．社会的手抜きの防止策

社会的手抜きは，社会にとって困る現象である。釘原（2013）は，生活保護不正受給のような社会的福祉や選挙における投票行動においても社会的手抜きが関連していることを指摘している。社会的手抜きが生じないようにするにはどのようにしたらよいのであろうか。カラウら（Karau et al., 1993）のメタ分析の結果に基づいて，以下のような方策が考えられる。

①課題遂行量の識別性

各行為者の業績が識別されないことが社会的手抜きの大きな原因であると考えられるので，業績評価の識別性を高めることである。課題によっては，あらかじめ課題遂行範囲を行為者間で分担し，割り当てられた課題範囲について，各行為者に責任をもたせる，あるいは，可能であれば行為者ごとに異なる課題を割り当てることも考えられる。

②課題の自己関連度や課題遂行の意味

意味のない課題を集団（複数のメンバー）で行うと社会的手抜きが生じやすいということであるから，当該の課題が行為者にとって意味のあるものになるよう，自己関連度が高くなるようにする。単純課題は得てして意味が見出しにくくなるので，その課題を遂行することが将来的に行為者の能力，スキルとどのように結びつく可能性が高いのかを説明することが必要であろう。たとえば，小窪（1996）

は，課題（折り紙で奴を作る）の遂行量が行為者の能力指標になると伝えて動機づけを高める条件，あるいは，課題遂行量が低い場合にはさらなる負担（コスト）が増える条件を設定し，そのような誘因のない統制群に比べて遂行量の高いことを明らかにしている。

③課題遂行目標の明示

たとえば，インガムら（Ingham et al., 1974）の綱引きの実験において，実験参加者は実験者から「6秒間，できるだけ強い力で綱を引くように」と教示されている。「できるだけ強く（大きく，早く）」というような教示ではなく，実際の課題遂行量を提示しながら，具体的な数値目標を示した方が社会的手抜きは生じにくくなると考えられる。

④集団メンバー間の人間関係

見知らぬ人同士であると社会的手抜きが生じやすいというのは，その背景には，将来的な人間関係が予期されていないからであると考えられる。今後もこの人間関係が維持されることが期待されれば，手を抜きにくくなるであろう。集団内の凝集性（まとまり具合）を高めることも1つの方法である。

⑤他メンバーへの依存度

集団場面において，とくに一所懸命努力しているメンバーを認識すると，自分が努力しなくても目標を達成できると認識されやすく，他メンバー任せになりやすい。その結果として，目標達成が困難になることを考えられる。あるいは，ウィリアムズら（Williams et al., 1991）が明らかにした社会的補償効果が生じると，このような状況になりやすい。社会的補償効果というのは，集団内に怠けているメンバーを認識すると，自分が頑張らなければ目標を達成できなくなると判断した行為者が，他メンバー分も努力するようになることである。メンバー全員が一様に能力を発揮することを強調することが必要である。

⑥行為者の努力の必要性

上記の項目とも関連するが，全行為者の努力が目標達成のためには必要であることを明示することによって，1人でも手を抜くと目標が達成できなくなってしまうことを強調することである。そのためには，集団にとって挑戦的な目標を設定することが1つの方策である。

社会的手抜きに及ぼす個人差変数（パーソナリティ）を明らかにしているのが，シッパーズ（Shippers, 2014）である。彼は，社会的手抜きを防止するという観点から，集団メンバーのパーソナリティに注目し，ビッグファイブ・パーソナリティのうち誠実性（conscientiousness）と温和性（agreeableness）が重要であることを見出している。日本においては，阿形ら（2008）が，マーカスら（Markus et al., 1991）の相互独立的自己観と相互協調的自己観を比較している。相互独立的自己観とは，とくに西欧文化圏で認められる自己観とされ，自己は他者と区別された存在として捉えられ，個人の望ましい能力やパーソナリティなどの個人的属性が重視される。それに対して，相互協調的自己観とは，東洋文化圏で顕著な自己観とされ，他者との関係性を重視し，自己を社会的つながりの構成要素として捉え，他者との協調的な関係性が重視される。両自己観を比較すれば，相互協調的自己観をもっている個人の方が，他方よりも集団としての業績を重視すると考えられ，相対的に手抜きをしないと予測される。阿形ら（2008）は，12色の色鉛筆セットの袋詰め作業を用いて実験を行い，その予測を検証している。

# III　社会的抑制

## 1．社会的抑制とは

前節までの課題遂行における遂行量の低下という現象に対して，近年，単独状況において発現される行動が，他者が周囲に存在することによって，その行動の頻度や強度が低下する傾向を総称して社会的抑制（social inhibition）と呼ばれている（McCarty et al., 2017）。たとえば，1人で自室にいるときには鼻歌を歌ったり，大声を出してストレスを発散したりするが，人前ではそうしたことを行わない，周囲に人がいると援助しようとしない，自分の感情（笑い，困惑，悲しみなど）を表出しないなどである。こうした現象は，いままで必ずしも社会的抑制という1つの概念で研究されてきたわけではない。マッカーティらは社会的抑制を社会的影響の一形態と捉え，援助行動における傍観者効果，情動表出，社会的承認を促す行動などの現象を包括的に捉える概念としている。

ただし，ディノレット（Denollett, 2005）が提唱している，不安を覚えやすく，情動表出が少なく，引っ込み思案な傾向を示すタイプDの構成要素である「社会的抑制」とは異なる概念である。また，すでに見てきた社会的促進や社会的手抜き，あるいは，脱個人化（大きい集団において匿名性が顕著になり，自己利益的，反社会的行動がとられやすくなること）やグループシンク（groupthink；第8章

第6章 社会的促進と社会的抑制

参照）とも異なる概念である。

　社会的抑制の現象について以下のようなものがある。まず，援助行動における傍観者効果というのは，困っている人がいても，その周囲に他者（傍観者）が多くいるほど，援助行動がとられにくくなる，抑制されることである（Latané et al., 1968；第5章参照）。多くの研究において，傍観者の人数が増えるにつれ（実験では最大5～6人であるが），援助率が低くなり，反応時間も長くなることが見出されている。

　第2に，情動表出に関しては，単独状況に比べて，周囲に他者がいると，痛みや困惑の表情，笑いが少なくなることが見出されている。その背景には，人前ではきちんとしているべきであるという社会的学習や他者からどのように評価されるかを気にするという評価懸念があると考えられる。その意味で，セルフ・モニタリングや社会的規範への同調とも関連している。

　同様に，単独状況に比べて，他者が存在している状況では，ステレオタイプ的認知や偏見的な反応が抑制されることも指摘されている（Castelli et al., 2008）。これらは，社会的に多少問題とされる行動を控え，周囲の他者からの承認を得るための行動であるといえる。

　こうした社会的抑制をもたらす要因として，マッカーティら（McCarty et al., 2017）は，次の6要因を挙げている。すなわち，①生理的覚醒，②状況の曖昧性，③多元的無知（個人的には拒否する規範を他の集団メンバーが支持していると考え，自分もその規範を支持すること），④責任の分散，⑤能力感，⑥評価懸念と自己呈示である。したがって，ある状況に1人でいる場合に比べて，他者が周囲に存在することによって，生理的覚醒状態となり，どのように行動することが期待されているのか曖昧な状況において，ある行動をとる責任が自分1人だけにあるのではなく，その行動をとる能力が自分にあるとは思わず，周囲の他者から自分の行動が評価されると懸念される場合に，行動が抑制されやすいということである。

## 2．社会的促進や社会的手抜きとは異なる社会的抑制

　マッカーティら（McCarty et al., 2017）によれば，社会的促進と社会的抑制とは2つの点で異なっている。第1に，社会的促進では，上記のように課題遂行（量）に焦点が当てられているが，社会的抑制においては，課題遂行というよりも，食べる，歌う，他者を助ける，感情表出する，発言するなど一般的な行動の抑制に関心がある。第2に，社会的促進では他者の存在によって習熟された行動が増

加する点を捉えるのに対し，社会的抑制においては，単独のときにはとられていた行動が他者の存在によって抑制されることに焦点が当てられている。社会的抑制では，社会的促進とは逆方向に生じる行動を扱っており，また，社会的抑制の方がより広い状況で確認される現象を対象にしているといえる。

社会的手抜きと社会的抑制とを比較してみると，両者の背景には責任の分散という共通の規定因は存在している。どちらの現象においても，他者が周囲にいることによって，ある行動（たとえば，人を助ける，綱を引く）をとる責任が分散し，そのために当該行動の遂行が低下する。しかし，マッカーティらは両者が異なる現象であると主張している。第1に，社会的手抜きは，加算的課題を集団で行うことによる課題遂行動機の低下であるが，社会的抑制では，行為者が他者と同じ行動をとっているわけではなく，他者の存在が行為者の行動の発現に影響を及ぼしているのである。第2に，社会的手抜きの場合は，各行為者の貢献度が評価されるようになれば，他者が存在していても課題遂行の減少は消失すると考えられるが，社会的抑制の場合は，評価懸念や生理的覚醒が低下すると，抑制が減少すると考えられる。たとえば，周囲にいる他者が友人であったり，集団の凝集性が高かったりすると，社会的抑制は消失しやすい（当該の行動が発現されやすくなる）のである。

このように，社会的抑制においては，周囲に他者が存在することによって，単独の場合では発現されていた行動が抑制されることを対象にしている。今後，抑制される行動の分類，行為者と周囲にいる他者との関係性，行為者の認知プロセスなどを精査していくことが必要であろう。

◆学習チェック
□ 社会的促進（抑制）について理解した。
□ ザイアンス（Zajonc, 1965）が提唱した社会的促進の動因理論について説明できる。
□ 社会的促進において行為者の動因を喚起する要因を挙げることができる。
□ 社会的手抜きを防止する方法について説明できる。
□ 社会的抑制と社会的促進，社会的手抜きとの相違を説明できる。

より深めるための推薦図書
　今井芳昭（2006）依頼と説得の心理学―人は他者にどう影響を与えるか．サイエンス社．
　釘原直樹（2011）グループ・ダイナミックス―集団と群集の心理学．有斐閣．
　釘原直樹（2013）人はなぜ集団になると怠けるのか―「社会的手抜き」の心理学．中央公論新社

## 文　献

阿形亜子・釘原直樹（2008）相互独立的自己観・協調的自己観が社会的手抜きに及ぼす影響．対人社会心理学研究，**8**; 71-76.

Allport, F. H.（1920）The influence of the group upon association and thought. *Journal of Experimental Psychology*, **3**; 159-182.

Bond, F. C.（1982）Social facilitation: A self-presentational view. *Journal of Personality and Social Psychology*, **42**; 1042–1050.

Bond, F. C. & Titus, L. J.（1983）Social facilitation: A meta-analysis of 241 studies. *Psychological Bulletin*, **94**; 265–292.

Carver, C. S. & Scheier, M. F.（1981）The self-attention induced feedback loop and social facilitation. *Journal of Experimental Social Psychology*, **17**; 545–568.

Castelli, L. & Tomelleri, S.（2008）Contextual effects on prejudiced attitudes: When the presence of others leads to more egalitarian responses. *Journal of Experimental Social Psychology*, **44**; 679-686.

Cottrell, N. B.（1968）Social facilitation of dominant responses by the presence of an audience and the mere presence of others. *Journal of Personality and Social Psychology*, **9**; 245-250.

Denollett, J.（2005）DS14: Standard assessment of negative affectivity, social inhibition, and type D personality. *Psychosomatic Medicine*, **67**; 89-97.

Duval. S. & Wicklund. R. A.（1972）*A Theory of Objective Self-Awareness*. Academic Press.

Guerin, B. & Innes, J. M.（1982）Social facilitation and social monitoring: A new look at Zajonc's mere presence hypothesis. *British Journal of Social Psychology*, **21**; 7–18.

Ingham, A., Levinger, G., Graves, J. & Peckham, V.（1974）The Ringelmann effect: Studies of group size and group performance. *Journal of Experimental Social Psychology*, **10**; 371-384.

Karau, S. J. & Williams, K. D.（1993）Social loafing: A meta-analytic review and theoretical integration. *Journal of Personality and Social Psychology*, **65**; 681-706.

川名好裕・Williams, K.・Latané, B.（1982）社会的怠惰効果（日本の中学生での場合）．日本心理学会第 46 回大会予稿集，428.

Kravitz, D. & Martin, B.（1986）Ringelmann rediscovered: The original article. *Journal of Personality and Social Psychology*, **50**; 936-941.

Kugihara, N.（1999）Gender and social loafing in Japan. *The Journal of Social Psychology*, **139**; 516-526.

小窪輝吉（1996）パフォーマンスへの内的誘因が社会的手抜きに及ぼす効果．実験社会心理学研究，**36**; 12-19.

釘原直樹（2013）社会問題と社会的手抜き．対人社会心理学研究，**13**; 1-7.

Latané, B. & Darley, J. M.（1968）Group inhibition of bystander intervention in emergencies. *Journal of Personality and Social Psychology*, **10**; 215-221.

Latané, B., Williams, K. & Harkins, S.（1979）Many hands make light the work: The causes and consequences of social loafing. *Journal of Personality and Social Psychology*, **37**; 823-832.

Markus, H. R.（1978）The effect of mere presence on social facilitation: An unobtrusive test. *Journal of Experimental Social Psychology*, **14**; 389-397.

Markus, H. R. & Kitayama, S.（1991）Culture and the self-implications for cognition, emotion, and motivation. *Psychological Review*, **98**; 224-253.

McCarty, M. K. & Karau, S. J.（2017）Social inhibition. In: S. G. Harkins, K. D. Williams & J. M. Burger (Eds.): *The Oxford Handbook of Social Influence*. Oxford University Press, pp. 165-181.

大平英樹・丹治哲雄（1992）社会的促進における媒介要因としての生理的覚醒水準．心理学研

究，62; 369-372.

Ringelmann, M.（1913）Recherches sur les moteurs animes: Travail de l'homme. *Annales de l'institut National Agronomique*, 2e serie, 12; 1-40.

Sanders, G. S., Baron, R. S. & Moore, D. L.(1978). Distraction and social comparison as mediators of social facilitation effects. *Journal of Experimental Social Psychology*, 14; 291-303.

Shippers, M. A.(2014)Social loafing tendencies and team performance: The compensating effect of agreeableness and conscientiousness. *Academy of Management Learning & Education*, 13; 62-81.

白樫三四郎（1991）社会的手抜き．In：三隅二不二・木下冨雄編：現代社会心理学の発展Ⅱ．ナカニシヤ出版，pp. 155-176.

Spence, K. W.（1956）*Behavior Theory and Conditioning*. Yale University Press.

Strube, M. J.(2005)What did Triplett really find? A contemporary analysis of the first experiment in social psychology. *The American Journal of Psychology*, 118; 271-286.

Stroebe, W.（2012）The truth about Triplett (1898), but nobody seems to care. *Perspectives on Psychological Science*, 7; 54–57.

末永俊郎・安藤清志・大島尚（1981）社会的促進の研究―歴史・現状・展望．心理学評論，24; 423-457.

Triplett, N.（1898）The dynamogenic factors in pacemaking and competition. *American Journal of Psychology*, 9; 507–533.

Uziel, L.(2007)Individual differences in the social facilitation effect: A review and meta-analysis. *Journal of Research in Personality*, 41; 579–601.

Williams, K. D. & Karau, S. J.（1991）Social loafing and social comparison: The effects of expectations of co-worker performance. *Journal of Personality and Social Psychology*, 61; 570–581.

Yamaguchi, S., Okamoto, K. & Oka, T.（1985）Effects of coactor's presence: Social loafing and social facilitation. *Japanese Psychological Research*, 27; 215-222.

Zajonc, R. B.（1965）Social facilitation. *Science*, 149; 269-274.

Zajonc, R. B. & Sales, S. M.（1966）Social facilitation of dominant and subordinate responses. *Journal of Experimental and Social Psychology*, 2; 160-168.

# 第 7 章

# 社会的影響

白岩祐子

**Keywords** 同調，集団規範，服従，権威，代理状態，研究倫理，説得，精緻化見込みモデル，説得技法

## 1 社会的影響とは

　人々の判断や行動が他者の存在やコミュニケーションに影響されて変化することを，社会的影響という。

　社会的影響というのはきわめて包括的な概念であり，同調，服従，説得，社会的促進・抑制もすべて社会的影響と見なすことができる。このうち同調とは，個人がみずからの行動を他者や集団に合わせることをいう。影響を受ける側の視点に立っており，また影響する側が相手の行動変容を意図していない点で，同調は社会的促進・抑制（第 6 章）とよく似た現象だといえるだろう。服従は，他者や集団の下した命令に従うことであり，命令する側の明確な意図が存在している点で同調とは区別される。これに対し説得は，他者の態度を変化させるために意図して行われるコミュニケーションであり，同調や服従とは反対に，影響する側の視点に立つものである。このように社会的影響は，①影響する側／される側どちらの視点をとるか，②影響する側に意図があるか，という 2 つの軸から相互関係を理解することができる（表 1）。

　なお，実験者が意図せず実験参加者に影響を及ぼしてしまう実験者効果や，教師の期待がはからずも生徒の成績向上をもたらすピグマリオン効果は，影響する側から見た意図されない現象であり，表 1 でいえば右上のグループに分類される。

　本章ではここから，社会的影響の中でもとくによく知られている同調，服従，説得を取り上げて，それぞれの現象と理論を概説していこう。

第 11 巻　社会・集団・家族心理学

表 1　社会的影響に含まれるさまざまな理論の分類（柿本，2005 を改変）

| | 影響する側の意図 | |
|---|---|---|
| | ある／強い | ない／弱い／曖昧 |
| 影響する側の視点 | 説得<br>リーダーシップ | 実験者効果<br>ピグマリオン効果 |
| 影響される側の視点 | 服従<br>態度変容 | 同調<br>社会的促進・抑制 |

# ‖ 同　　調

　同調とは，個人が他者や所属集団の成員と同じように行動することをいう。より狭義には，個人が他者からの期待や集団規範を意識して，みずからの行動をそれらに合わせることをいう。

　集団規範はこのように同調への圧力をもたらすものであるが，これはどのようにして形成されるのだろうか。集団規範の形成プロセスをはじめて明らかにしたのが，次に示すシェリフ（Sherif, 1936）の実験であった。

## 1．シェリフの実験

　シェリフは実験の中で，自動運動現象という，暗室で 1 つの光点を見つめているとさまざまな方向に動いて見える現象を利用した。暗室に入れられた実験参加者は，光点がどれだけ移動して見えたかをまず 1 人で判断し，ついで 2 人か 3 人の集団の中で声に出して報告する作業を繰り返し行った。個人条件において各参加者が報告した移動距離はまちまちであったが，集団条件ではそうした個人差がしだいに収束していき，最終的にはほぼ一致していく様子が明らかになった（図 1）。この実験が捉えたのは，客観的な基準というものが存在しない状況において，個々人の判断が共有されるとしだいに集団の基準らしきものが形成されていき，これが一種の集団規範となって各人に受け入れられていくプロセスだといえるだろう。

## 2．アッシュの実験

　シェリフが着目したのは，物理的な正しさというものが存在しない状況における人々の判断であった。これに対しアッシュ（Asch, 1951, 1955）が示したのは，

第 7 章　社会的影響

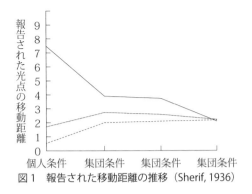

図 1　報告された移動距離の推移（Sherif, 1936）

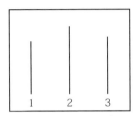

図 2　アッシュの実験で使われた課題例（Asch, 1955）

物理的な正答が存在する状況においても，人は他者の明らかな誤判断につられてしまうということであった。

　この実験で用いられたのは，図 2 の左（基準）と同じ長さの線分を右から 1 つ選ぶという，ごく簡単な知覚課題であった。8 人程度の参加者が，線分を描いた同一のスライドを見せられて，1 人ずつ自分の選んだ線分を声に出して報告していく課題が，合計 18 回行われた。じつはこれらの参加者のうち，最後から 2 番目の参加者を除く全員が実験協力者（サクラ）であった。サクラはあらかじめ実験者から指示されていた通り，18 回のうち 12 回で誤った選択を行ったのである。

　男子大学生が参加した実験（Asch, 1951）では，サクラが選んだ明らかな誤答を，12 回のうち少なくとも 1 回は選んでしまった参加者の割合は 74％に上った。一方で，各自の判断を口頭ではなく紙に書いていった統制群では，この比率は 5％強にとどまった。同調した人数ではなくのべ回数で見ても，実験群では全選択中 32％で誤った選択がなされたのに対し，統制群における誤選択は 0.7％弱と大きな差が生じていた。この結果は何を意味しているのだろうか。他者の判断が明らかに間違っている場合でも，またその集団が即席で作られたその場限りのものであったとしても，集団における他者の振る舞いは一種の基準となって個人の判

断を左右することを，この実験は鮮やかに示したのだといえるだろう。

　アッシュはさらに，同調強度を左右するさまざまな要因を検討し，最終的に次のような効果があることを見出した。①集団サイズ：サクラの人数を1人から16人まで増やしていったところ，3～4人に達するまでは同調率も高くなるが，それ以上増えても効果はなく，同調率はわずかながら下がっていく頭打ち傾向が見られた（Asch, 1951）。②支持者の存在：自分と同じ意見をもつ他者が1人いると同調率が大幅に低下する，「もう1人の味方」効果が見られた（Asch, 1955）。たった1人でも自分の「味方」がいれば，集団規範から逸脱した行動であっても人は躊躇なくそれを選べるようになるのだろう。この知見はのちにアレン（Allen, 1975）によって拡張され，社会的支持者という概念に発展していった。

　ところで，①集団サイズの効果に関連して，その後ラタネ（Latané, 1981）がソーシャルインパクト理論を提唱し，集団の影響力は集団サイズの増加とともに増えていくことを示唆している。上記したアッシュの実験で頭打ち傾向が見られたのは，正答が明らかな課題において多くの他者が一致して誤答するという状況が，参加者に実験そのものへの疑いを抱かせたためではないか，という解釈が現在では提起されている（吉武，2004）。

### 3．情報的影響と規範的影響

　同調は，さらに情報的影響と規範的影響とに区別することができる。ドイッチュら（Deutsch et al., 1955）によれば，同調には，①客観的判断が難しい状況で「正しい選択をしたい」という欲求がもたらす情報的影響と，②「他者や集団から受け入れられたい」という欲求に基づく規範的影響とがあるという。この分類に基づくならば，シェリフの実験とアッシュの実験は，それぞれ①情報的影響と②規範的影響の典型例だということになるだろう。

## III　服　　従

　権威者の命令に従うことを服従という。ネガティブな意味で語られることの多い概念であるが，服従は組織・集団活動を支える基盤であり，秩序の維持という観点から見ればむしろポジティブな機能を有しているといえるだろう。服従がネガティブな意味を帯びてくるのは，権威者の下す命令が反社会的なものだった場合である。

　ミルグラム（Milgram, 1974）の服従実験が明らかにしたのは，権威者の命令

第7章　社会的影響

が，罪のない他者に電気ショックを与えるという非人道的な内容であっても，多くのごく普通の人々はその命令に従ってしまうということであった。研究の発端が，ドイツ・ナチス政権によるユダヤ人などの大量虐殺（ホロコースト）はなぜ起きたのか，というミルグラムの問題意識にあったことから，この実験は1人のナチス親衛隊員の名前をとってアイヒマン実験とも呼ばれている。

　実験に参加したのは，イェール大学による「記憶と学習に関する科学実験」の参加者募集広告に応募してきた，年齢も職業もさまざまな男性市民であった。この実験は「学習者」「教師」「実験者（権威者）」という3つの役割から構成され，参加者が学習者役になるか教師役になるかはクジで決定された（このクジには細工がされており，実際には全参加者が教師役に割り当てられた）。表向き，実験目的は対連合学習に及ぼす罰の効果を調べることだと説明され，学習者は別室の椅子に着席して手首に電極を取り付けられた（この学習者はじつはサクラであった）。教師役を務める参加者が課されたのは，所定の語句リストを読み上げて，学習者（サクラ）が誤答するたびに罰として電気ショックを与えることであった。

　参加者の前には，学習者の手首に巻いた電極に電気ショックを送り込む送電器が置かれていた。送電器には，15ボルトから450ボルトまで15ボルト刻みのスイッチが並び，それぞれ「軽いショック」や「危険：過激なショック」などの説明が付されていた。実際には電流が流れることはないものの，参加者は，自分がスイッチを押せば学習者に電気ショックが与えられるものと信じ込まされたわけである。参加者は，15ボルトからスタートして，学習者が誤答するたびに1段階ずつ強度を上げていくよう実験者から指示された。これに対し学習者は，あらかじめ定められた通りに一定の割合で誤答し，そのつど電気ショックを受けているように振る舞った。そして強度が増すにつれて，壁を叩く，苦痛を訴える，絶叫するなどの激しい反応を示していった。

　参加者がためらったり実験中止を訴えたりすると，実験者はしだいに強制力の増していく4段階の命令を順に下し，参加者が最終段階の命令をも拒否した場合，実験はそこで終了となった。このような状況で，参加者は学習者にどこまで強い電気ショックを科したのだろうか。事前に行われた社会調査では多くの人が，そのような実験は自分ならとても続けられないだろうと回答した。しかし，こうした予想に反して実際には参加者40名中26名（服従率65％）が，最高強度である450ボルトにまで到達したのである（実験1）。

　ミルグラムはさらに服従率や平均ショック強度を左右するさまざまな要因を検討した。実験1で設定されていたのは，学習者が別の部屋にいて，その声も参加

第 11 巻　社会・集団・家族心理学

表 2　各条件における平均ショック強度と服従率（Milgram, 1974 より作成）

| | 実験条件 | 平均ショック強度 | 服従率 |
|---|---|---|---|
| 実験 1 | 学習者の姿は見えず音声も聞こえない（別室・音声なし条件） | 405 | 65% |
| 実験 2 | 学習者の姿は見えないが音声は聞こえる（別室・音声あり条件） | 375 | 63% |
| 実験 3 | 学習者の姿が見え音声も聞こえる（同室条件） | 315 | 40% |
| 実験 4 | 学習者の腕にみずから金属板を押しつける（接触条件） | 270 | 30% |

者には聞こえない条件であったが，同じく別室にいて学習者の声だけ聞こえる条件（実験 2），同室にいて声も聞こえる条件（実験 3），電気ショックを伝える金属板に参加者みずから学習者の腕を押さえつける条件（実験 4）でも同様の検証が行われた。その結果は表 2 に示した通りである。学習者との物理的距離が近くなるほど，服従率は低下していくことが見て取れるだろう。

　ミルグラムはこのほかにも，女性が実験参加者を務めた場合でも服従率は 65％と高い水準にあること（実験 8），場所を大学の敷地から町のオフィスビルに移し，大学ではなく民間企業を名乗った場合でも服従率は 48％となお高水準であること（実験 10），実験者が部屋を不在にすると服従率は 20％にまで低下すること（実験 7）などを明らかにした。

　こうした一連の実験に参加したのは，さまざまな社会階級に属するごく普通の市民であった。彼ら／彼女らは強い心理的葛藤を示しながらも，その多くは求められた役割を最後まで遂行した。そのような人々は自身のことを，他者の要求を実行する代理人と見なしており，ミルグラムはこれを「代理状態」と呼んだ。人々がこの状態にある場合，自分はただ命令通りに行動しただけであるとして，みずからの行為の結果に責任を感じにくくなる。実際，この実験名称のもとになった元ナチス親衛隊員のアイヒマンは，数百万人の人々の組織的虐殺に関わりながら，自分はただ命令に従っただけだとして裁判で無罪を主張した。残虐な行為には必ずしも責任の自覚や罪悪感が伴うわけではないことを，ミルグラムの実験は明らかにしたのだといえるだろう。

　この実験は，結果として倫理的にも重要な論点を提起することとなった。服従実験の参加者たちは，実験後に真の目的を説明されるまで，自分の行為が他者を傷つけていると信じ込まされており，そのせいで非常に強い心理的苦痛を感じていたからである。研究のためとはいえ参加者に苦痛を与えることは正当化できる

のか，という問題が提起されたのも当然のなりゆきであっただろう。研究倫理の理念と手続きが確立しつつある現代では，もはやこうした研究を行うことは困難であり，仮に実施できたとしても多くの制約を受けるであろうことが予想される。

# Ⅳ　説　　得

　他者の態度を一定の方向へ導くために行われるコミュニケーションを説得という。説得が生じるのは個人間のコミュニケーションにとどまらない。消費者心理に訴えようとする企業の広告活動や，行政機関による啓蒙活動もまた，個人の態度変容を導く説得の一種と位置づけられるからである。

## 1．精緻化見込みモデル

　態度変容のプロセスは，受け手がその内容をどれほど精緻に吟味するかによって異なるルートを辿ると考えられている。ペティら（Petty et al., 1986）が提唱した精緻化見込みモデルでは，精緻化の程度によって異なる2つの経路が仮定されている。1つは中心ルートと呼ばれ，ここではメッセージの内容が深いレベルで入念に吟味されるのに対し，周辺ルートと呼ばれるもう1つの経路では，メッセージの本質とは関連性の薄い表層的な手がかりに沿って，自動的で簡便な情報処理が行われる。

　受け手に高い動機づけと情報処理能力があるときには中心ルートを通りやすく，そこで変容した態度は安定的で変わりにくいと考えられている。一方，周辺ルートでは表面的な要因（たとえば送り手，つまり宣伝している人物の魅力など）に左右されやすく，ここで形成された態度は一時的なものとなりやすい（第3章参照）。

## 2．説得効果の規定因

　説得効果を規定する要因としては，①外見的魅力（Chaiken, 1979）など送り手の要因，②恐怖感情を喚起する内容（Leventhal, 1970）など説得的メッセージの要因，③パーソナリティや性別といった受け手の要因，④他者の反応や妨害刺激といった状況要因の効果が検討されてきた。

　当初はこうした要因がもつ単独の説得効果が想定されていたが，態度変容は現在では，各要因の交互作用によってもたらされることが明らかになっている。

## 3．さまざまな技法

説得を効果的にするための方法を説得技法といい，主として以下の4種が知られている。

①段階的要請法（フット・イン・ザ・ドア・テクニック）
　はじめにごく小さな要請で受け手の承諾を引き出した後，さらにもっと大きな要請を行う方法である（Freedman et al., 1966）。受け手ははじめの要請を受け入れていることから二度目の要請を断りにくく，そのため説得効果は上がると考えられている。

②譲歩的要請法（ドア・イン・ザ・フェイス・テクニック）
　段階的要請法とは逆に，まず受け手が拒否するような大きな要請を出しておいて実際に拒否させた後，真に目的としていた相対的に小さな内容を要請する方法である（Cialdini et al., 1975）。要請レベルを引き下げたことが一種の譲歩と見なされて，返報性の規範，つまり相手が譲歩したのだから自分も譲歩しなければ，との意識が生じ，要請を受け入れやすくなると考えられている。

③特典除去法（ロー・ボール・テクニック）
　はじめによい条件や特典をつけて受け手に承諾させたうえで，二度目以降の要請ではそうした条件や特典をつけないやり方である（Cialdini et al., 1978）。受け手はもはや自分に有利な条件ではない要請でも受け入れてしまう。はじめに受け手が承諾しやすそうな低いボールを投げるという意味から，この技法はロー・ボール・テクニックとも呼ばれている。

④特典付加法（ザッツ・ノット・オール・テクニック）
　要請を承諾するか迷っている受け手に対し，さらによい条件や特典を提示することで承諾率を高める方法（Burger, 1986）を指す。「今回だけ特別に値引きします」「もう1つ同じ商品をおつけします」など，後から有利な条件や特典を提示するやり方は通販番組でもおなじみだろう。

　これらはみな受け手に複数回の働きかけを行うことで，送り手の意図する方向に態度変容をもたらそうとする試みである。

第 7 章　社会的影響

◆学習チェック

☐ 本章で扱った同調，服従，説得に加えて社会的促進や社会的抑制が，社会的影響の中でそれぞれどう位置づけられるのかを理解した。

☐ 同調に関する 2 つの有名な実験の概要を説明することができる。

☐ 服従実験の結果と，同研究が提起した倫理的な問題を説明することができる。

☐ 態度変容に至る 2 つの経路があることを理解した。

☐ 主たる 4 つの説得技法を挙げることができる。

より深めるための推薦図書

ブラス Blass, T.（野島久雄・藍澤美紀訳）（2010）服従実験とは何だったのか—スタンレー・ミルグラムの生涯と遺産．誠信書房.

吉武久美子（2004）多数者影響．In：原田純治編著：社会心理学—対人行動の理解．ブレーン出版，pp. 213-219.

甲原定房（2004）少数者影響．In：原田純治編著：社会心理学—対人行動の理解．ブレーン出版，pp. 220-227.

チャルディーニ Cialdini, R. B.（社会行動研究会訳）（2014）影響力の武器—なぜ，人は動かされるのか 第 3 版．誠信書房.

文　　献

Allen, V. L.（1975）Social support for nonconformity. In: L. Berkowitz (Ed.): *Advances in Experimental Social Psychology*, Vol. 8. Academic Press, pp. 1-43.

Asch, S. E.（1951）Effects of group pressure upon the modification and distortion of judgements. In: H. Guetzkow (Ed.): *Groups, Leadership, and Men*. Carnegie Press.（1963 Reprinted in Russell, pp. 177-190.）

Asch, S. E.（1955）Opinions and social pressure. *Scientific American*, 193; 31-35.

Burger, J. M.（1986）Increasing compliance by improving the deal: The that's-not-all technique. *Journal of Personality and Social Psychology*, 51; 277-283.

Chaiken, S.（1979）Communicator physical attractiveness and persuasion. *Journal of Personality and Social Psychology*, 37; 1387-1397.

Cialdini, R. B., Cacioppo, J. T., Bassett, R. et al.（1978）The low-ball procedure for producing compliance: Commitment then cost. *Journal of Personality and Social Psychology*, 36; 463-476.

Cialdini, R. B., Vincent, J. E., Lewis, S. K. et al.（1975）Reciprocal concessions procedure for inducing compliance: The door-in-the-face technique. *Journal of Personality and Social Psychology*, 31; 206-215.

Deutsch, M. & Gerard, H. B.（1955）A study of normative and informational social influences upon individual judgement. *Journal of Abnormal and Social Psychology*, 51; 629-636.

Freedman, J. L. & Fraser, S. C.（1966）Compliance without pressure: The foot-in-the-door technique. *Journal of Personality and Social Psychology*, 4; 195-202.

柿本敏克（2005）社会的影響．In：白樫三四郎編著：社会心理学への招待．ミネルヴァ書房，pp. 101-127.

Latané, B.（1981）The psychology of social impact. *American Psychologist*, 36; 343-356.

Leventhal, H.（1970）Findings and theory in the study of fear communications. In: L. Berkowitz (Ed.): *Advances in Experimental Social Psychology*, Vol. 5. Academic Press, pp. 119-186.

Milgram, S.（1974）*Obedience to Authority: an Experimental View*. Harper and Row.（山形浩生訳（2012）服従の心理．河出書房新社．）

Petty, R. E. & Cacioppo, J. T.（1986）The elaboration likelihood model of persuasion. In: Berkowitz, L. (Ed.): *Advances in Experimental Social Psychology*, Vol. 19. Academic Press, pp. 123-205.

Sherif, M.（1936）*The Psychology of Social Norms*. Harper & Brothers.

吉武久美子（2004）多数者影響．In：原田純治編著：社会心理学―対人行動の理解．ブレーン出版，pp. 213-219.

第8章 集団過程

# 集団過程

山口裕幸

**Keywords** グループ・ダイナミックス，心理学的「場」，社会的アイデンティティ，内集団バイアス，対人関係構造，集団規範，リーダーシップ，社会的勢力，プロセス・ロス，集団極性化

## ■ I 集団過程とは

### 1．集団過程を心理学的に理解することの意味

集団過程（group processes）とは，小規模な集団（一般的には 3 人〜 10 数人程度）で，課題を遂行したり，話し合って意思決定したりする過程で見せる人間の行動や心理を総称する概念である。人間は集団で生活することで，生命をつなぎ，子孫を育み，進化してきた。人間が集団生活において見せるさまざまな心理や行動には，集団に適応しつつ，進化させてきた人間の社会性の特徴が反映されている。その内容は非常に多様であり，そうした行動や心理が変容していくプロセスをも含む概念である。また，成員同士の相互作用によって集団に全体的な心理学的特性が創発されるプロセスをも含む概念でもあり，社会心理学の中核をなす研究領域である。

### 2．心理学的「場」の形成

集団過程を心理学的に理解する基盤となるのが，レヴィン（Lewin, 1947）が提唱したグループ・ダイナミックスの理論である。彼は，個人は他者に対して影響を及ぼす存在であると同時に，他者から影響を受ける存在であって，集団が形成されると，成員が互いに影響を及ぼし合うことによって，そこに心理学的「場」が生まれると指摘した。心理学的「場」は，成員間の相互作用のあり方によって，その特徴が生まれると同時に，その特徴によって，成員個々の行動や心理が影響を受ける循環的相互影響の関係を形成している。心理学的「場」の代表的なものは，集団場面における雰囲気や「空気」と表現される特性である。

101

心理学的「場」は，時に集団の心を表す概念として捉えられることもあるが，それは誤解であり，注意が必要である。集団は人間によって構成されている存在であるため，集団としての判断や行動が，個人同様に集団の心を反映するものと考えられやすい。しかし，個人の心に相当する機能を集団に見出すことはできない。心理学的「場」は，個人が保持する心とは異なるものであり，あくまでも成員の相互作用によって生じる集団全体の特性であって，複雑系科学における創発特性に該当する。

### 3．集団に生まれるさまざまな構造と集団の発達

集団は形成からの時間経過とともに，成員間の関係性や心理学的「場」の特性に変化が生まれ，しだいに発達し成熟していく様相を呈する。集団には好き－嫌いの感情に基づく対人関係構造であるソシオメトリック構造や，影響力の強弱関係に基づく勢力構造，さらには集団目標達成のために割り振られる役割構造等ができあがる。また，雰囲気や「空気」と呼ばれ，一時的で曖昧なものだった心理学的「場」は，しだいに集団規範へと成長する。そして，成員が自分の行動や判断を決めるときに参照する基準になり，さらに長期間にわたり継承され保持されることで，その集団における文化や「常識」として，成員がいちいち意識することのないほどに深く浸透した行動と判断の基準にまで発達する。

集団の発達は，成員間の意思疎通や連携の円滑化や人間関係の成熟，さらには集団生産性の向上，効率性の向上のようなプラス方向の成長だけでなく，一定の時間経過とともに，前例や慣例への固執，変化への心理的抵抗，縄張り意識の強まりといった硬直化現象を伴うマイナス方向への成長も表れる。成熟し老齢化して過度に硬直化現象が見られる集団であれば，適切な介入を行って所属集団を再活性化するマネジメントが必要となることも多い。

## II　集団の中の個人過程

### 1．集団成員の自己過程と対人行動

#### ①集団過程と成員の自己過程との関係性

自己に関する知識を得たり，自己を意識したりするのは，さまざまな社会過程を通じてである。集団で生活する場面は，最も身近で頻繁に経験する社会過程の1つといえるだろう。集団の成員各自がさまざまな経験を通して自分自身を意識する心的過程である自己過程と集団過程とは密接に関連しながら推移すると考え

られる。

　集団発達とともに生まれてくる集団凝集性は，集団のまとまりの良さを示す概念である。ただし，その測定は，個々の成員に対して，所属する集団の一員でありたいと願う気持ちの強さを尋ね，その強さの程度を数値化して集計することで行う。集団凝集性は，集団の成員である自分を意識する過程に注目した概念であり，集団過程の進展を示すものである。

### ②社会的アイデンティティと自己カテゴリー化

　自己過程を通して，個人は「自分はいかなる人間であるのか」という問いと向き合いながら，その答えである自己概念を自分なりに導き出す。そして，さまざまな経験をしながら自己概念を確認することで，自分と他者を区別し，自分が自分であることを継続的に確信できる状態を得ることにつながる。この状態が自己アイデンティティの確立である。自己アイデンティティは2つの要素から成り立っている。1つは，みずからがいかなる個性や信念，価値観をもつ存在であるのかという自己完結的な定義に基づく個人的アイデンティティであり，もう1つは，所属する集団・組織や国籍，人種，性別，宗教といった社会的カテゴリーとの関係性に基づく社会的アイデンティティである。

　社会的アイデンティティ理論を提唱したタジフェルら（Tajfel et al., 1979）は，そもそも個人は自己評価をよりよく維持しようとする自己評価維持動機をもっていると考えた。そして，自己が所属していると認知している集団である内集団を，それ以外の外集団との比較を通して評価しようとするときにも，内集団の方を肯定的に評価しようとする内集団バイアスが働くことを実験で明らかにしていった。そしてターナーら（Turner et al., 1987）は，その研究を発展させて自己カテゴリー化理論を提唱した。彼は，いかなるときも自己が所属する集団を肯定的に評価するわけではなく，個人が自己をその集団の一員として認知する自己カテゴリー化が行われるときにはじめて，内集団バイアスが生じることを指摘した。この理論に基づく諸研究によって，自己カテゴリー化は，直面する状況で集団やカテゴリーの境界が明瞭になる顕現化によって促進されることが明らかにされている。

### ③内集団バイアスと集団間関係

　内集団バイアスは内集団ひいきとも呼ばれる。自己カテゴリー化は内集団と外集団の識別を導くが，そのとき，内集団バイアスと併せて，外集団を攻撃して差別したり，偏見をもって評価したりする行為が随伴して発生することも多い。と

いうのも，個人は，内集団と外集団を識別すると同時に，ほぼ自動的に，内集団は自己と類似した特性をもつ者から構成されており，外集団は自己とは異質な特性をもつ者から構成されているという推測に陥りやすい。しかも，内集団の成員は多様な特性をもっていると見なされるのに対して，外集団に関しては，ある典型的な特性を皆が均質的に共有していると認知するステレオタイプ的認知が生じやすい。この外集団に対する認知傾向は，外集団同質性効果と呼ばれる。

　内集団を肯定的に評価しようとすることが，外集団を相対的に否定的に評価することにつながることに加え，外集団は自己とは異質な特性を共有する者ばかりであるというステレオタイプ的認知も，外集団への攻撃や偏見・差別を生み出す根源として考えられる。国籍や民族，宗教，皮膚の色等のカテゴリーは，もともと顕現性が高く，自己カテゴリー化を強く誘発してしまう。さらに，集団間の関係は，利害の対立やイデオロギー・教義の相違による葛藤に起因する紛争が起こることも多い。紛争の勃発は，集団間の境界の顕現性を高め，自己カテゴリー化を促進する。そのことは，自己の社会的アイデンティティを強く意識させ，内集団をひいきして外集団を差別・攻撃する行為を助長してしまう。集団間関係はマクロ現象であり，個人の自己過程は心内のマイクロ現象であるが，この両者は密接に連関しながら相互に影響し合う関係にある。

## 2．コミュニケーション行動と認知共有

### ①コミュニケーションの成立モデル

　集団過程が進むなかで，成員同士は，お互いに思ったり感じたりしている事柄を伝え合うコミュニケーション行動をとるようになる。コミュニケーションは，図1に示すような形で成立する。ここで鍵を握るのは，表象（イメージ）として自分の心の中に存在する伝えたい思いや事柄を，的確な記号（言葉やしぐさ，表情，行動等）に変換することである。ここで的確であるとは，コミュニケーションを交わす者同士が，記号が意味することを共通に理解できることを意味する。

　我々は，発達の過程で，自分の身のまわりにある1つひとつの記号と，それぞれがもつ意味とを結びつけるコードを学習していく。共通のコードをもつ者との間では，言葉やしぐさのもつ意味が共通して理解できるため，伝え手側が伝えたいことが，適切に相手にも伝わりやすく，コミュニケーションは成立しやすい。集団が形成されて日が浅い段階では，コードの共有が未熟な状態にあり，コミュニケーションが成立しなかったり，誤解を招いたりすることもある。しかし，集団過程が進むと，さまざまな共通体験を通して，成員同士はコードの共有度を高め，

第8章 集団過程

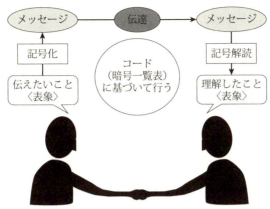

図1 コミュニケーションの成立過程モデル

またその内容も拡充していく。円熟した集団では，成員同士だけに理解し合える記号も多様に生成されるようになる。

②成員間の認知共有

　コードの共有によってコミュニケーションの成立が促進されると同時に，それは成員のさまざまな認知共有をも促進する。ある場面に遭遇したときの知覚情報に刺激されて瞬時に想起するイメージはメンタルモデルと呼ばれるが，円熟した集団の成員たちの間には，共有メンタルモデルが構築されていることがある。たとえば，十分な訓練を積んだ消防士のチームでは，直面する火災現場の特性に応じて瞬時に想起するメンタルモデルの共有度が高く，優先して取り組むべき対応の判断を共通に行える。これは効果的チームワークの存在を示すものである。

　成員個々が保持する価値観や社会的態度も成員間のコミュニケーションを通して共有化が進むことがある。先述した成員同士の影響力の相互作用によって，集団内で強い勢力をもつ個人の価値観や社会的態度がしだいに集団全体に広がり浸透するパターンもある一方で，互いの価値観や社会的態度を認め合い，自分のそれを修正し，譲り合いながら，集団独自の共有された価値観や社会的態度が形成されるパターンもある。そして，ひとたび共有された価値観や社会的態度は，規範となり，成員個々の判断や行動の基準となって，集団を特徴づける特性となる。

### 3．リーダーシップ行動

①リーダーシップとは

　リーダーシップに関しては，心理学のみならず，社会学，政治学，経営学等，多様な領域で豊富な研究が蓄積されてきている。ストッジル（Stogdill, 1974）は，それまでのさまざまな研究成果を精査したうえで，リーダーシップとは，集団目標の達成に向けた活動に（促進的な）影響を与える過程であると定義している。この定義に基づけば，リーダーの地位につくことが，リーダーシップが備わったことを保証するわけではなく，リーダーのみならず成員の誰であっても集団目標の達成に促進的な影響を及ぼしたとき，リーダーシップが発揮されたことになる。

　初対面の成員が集団を形成し活動するなかで自然発生的にリーダーが生まれることも少なくない。その場合，リーダーシップを発揮しているからこそ，リーダーの役割を任せられるといえるだろう。他方，目標をもって集団活動を行うときには，リーダーが必要であることは自明のことであると考えられ，あらかじめリーダーを選出あるいは指名しておくことも多い。この場合，成員間にリーダーの指示や命令，要請には従うべきであるとする暗黙の合意が働いて，リーダーの勢力行使が機能する特異性効果（idiosyncratic effect）が見られることがある。また，リーダーの役割に懲罰や報酬，情報保持など一定の権限が付与される場合もある。このようにリーダーの地位に影響力の源泉となる資源が付随する場合，集団目標の達成のために，それらの影響力を適切に行使することが効果的にリーダーシップを発揮することにつながる。

②影響力を決める資源

　リーダーが及ぼす影響力はどのようにして決まるのであろうか。フレンチら（French et al., 1959）は，影響力を社会的勢力の概念で説明し，個人の保持する社会的勢力を5つの類型に分類している。それは，報酬を与えることによって他者に影響を及ぼす「報酬勢力」，逆に懲罰を与える可能性によって他者に影響を及ぼす「強制勢力」，要請や指示が権限やルールに基づく正当なものであることに基づいて他者に影響を及ぼす「正当勢力」，影響の受け手側が及ぼす側を自己の模範として同一視し，その指示や要請に対して敬意をもって受け入れるような形で影響を及ぼす「準拠勢力」，そして，重要な情報に精通していることによって他者に影響を及ぼす「専門勢力」および「情報勢力」の5類型である。

　それぞれの勢力を行使するには，その基盤となる資源を保持している必要があ

第8章　集団過程

る。報酬勢力や強制勢力には，具体的に報酬や懲罰を与える権限や能力の後ろ盾が必要である。また，正当勢力には，明確なルールや論理性が基盤として必要であるし，専門勢力および情報勢力には，専門的で価値の高い知識や情報を保持していることが勢力の基盤となる。これらに対して，準拠勢力は，影響の受け手からの信頼や尊敬，同一視によって生まれる影響力であり，人間的な魅力が基盤となる点が特徴である。

### ③優れたリーダーシップに備わる要件

　リーダーシップ研究の初期においては，過去あるいは現存する優れたリーダーに備わる能力や人格を明らかにしようとする特性論アプローチが主流であった。このアプローチは偉人論とも呼ばれることもあり，一般の人々が自己のリーダーシップを育成し強化しようとするときの参考にはなりにくい一面があった。そこで，優れたリーダーはどのように行動しているのかを明らかにする行動論アプローチが台頭した。これは活発な研究潮流を引き起こし，多様な理論が提唱された。そうしたなかで，いずれの理論にも共通しているのが，優れたリーダーは，集団目標の達成を目指す意欲的な取り組みと，成員の意欲や感情を思いやる人間的配慮を両立しているという点であった。代表的な理論に三隅（1978）のPM理論やブレイクら（Blake et al., 1962）のマネジリアル・グリッド理論がある。

　PM理論は，リーダーシップの集団目標達成を目指す側面をP（performance）機能，成員を思いやって人間的配慮を行う側面をM（maintenance）機能と呼び，その両者を高度に達成していると部下や同僚が評価するとき，優れたリーダーシップが発揮されていると考える理論である。またマネジリアル・グリッド理論は，目標達成を目指す側面を「業績に対する関心」，成員を思いやる側面を「人間に対する関心」と呼び，それぞれに低い達成度を1，最高の達成度を9として，1段階ずつマス目を設けることで，$9 \times 9 = 81$の碁盤の目のグラフ（マネジリアル・グリッド）を作成する。その碁盤上の位置でリーダーシップの5つの類型を分類した。すなわち，最小限の努力しか払わない1・1型，業績重視の9・1型，人間関係重視の1・9型，目標達成と成員の士気や人間関係のバランスをとる5・5型，そして，成員が自律的に仕事に打ち込み目標を達成し，成員との信頼と尊敬に基づく人間関係を作り上げる9・9型の5類型である。そして，管理者に，職場で部下がとる行動に対して自分ならばどのように対応するのかを尋ね，5類型のそれぞれを反映した管理者としての対応行動を記述した文章の中から1つを選択するように求める。選択した回答の中で，どの類型が多いかによって，回答者は自

分のリーダーシップ傾向を知ることができるのである。PM 理論の場合，部下の評価によって測定されるので客観性の高いリーダーシップ評価ができるメリットがある反面，調査にかかる労力や時間は非常に大きなものになる。他方，マネジリアル・グリッド理論は，自己評価による回答に基づくため，容易に調査を実施できるメリットがある反面，自己擁護的バイアスや理想論的バイアスによって結果が影響を受けることを避けられない。

　2 要因理論は他にも多種多様に提示されたが，それぞれに克服すべき課題も抱えていた。そうした研究上の課題を克服する取り組みが進むなかで，集団目標達成志向行動と人間的配慮志向行動は，矛盾する側面もあり，同時に実践することは現実的にはできない問題も看過できないという指摘が行われるようになった。そうした批判に応える形で，状況に応じて適切に選択して実行する必要があることを視野に入れた状況即応論的アプローチへの発展へとつながった。

　その後も今日に至るまで多種多様な研究と理論が提示されてきている。リーダーシップは影響過程である以上，成員のリーダーに対する認知が重要な鍵を握ることに着目した「目標－達成理論」や「暗黙のリーダーシップ理論」，集団は形成から時間が経過すると前例や慣例にこだわって保守的になる硬直化現象が見られるようになるため，集団を変革する必要に迫られることに着目した「変革型リーダーシップ」論，さらには成員が気持ちよく課題遂行に取り組み，成長することを支援することの重要性に着目した「サーバント・リーダーシップ」論などが，理論と実践の両面で多くの刺激をもたらしている。

　シンプルに整理すれば，優れたリーダーシップを発揮するためには，集団目標の達成を追求する強い意欲と，成員を思いやる人間的配慮の両面を備えていることが基盤の要件だといえる。そのうえで，状況を適切に判断する広い視野と柔軟な判断力を備えていることも大切な要件となる。このとき留意すべきことがある。強制勢力や報酬勢力の行使は，即座に相手を動かす効果がある一方で，繰り返し行使しようとすると，以前よりもいっそう強力な懲罰や報酬を与える必要が出てくる。また，懲罰や報酬を与える力が失われると同時に効果も失われる。さらには，懲罰に依存した勢力の行使は，心理的反発を引き起こして，行使者の意図とは異なる反応を引き起こすこともありうる。正当勢力や専門勢力，情報勢力に関しても，その後ろ盾となる職位やルール，情報の価値が失われたとたんに勢力は減衰する。勢力を行使する際には，場合によっては意図とは異なる副作用的反応を引き起こすことがあるので慎重な判断が必要である。

第8章　集団過程

## Ⅲ　集団過程が育む集団としての心理学的特性

### 1．集団過程において形成されるさまざまな構造

#### ①対人関係性に基づく構造

　集団成員間の対人関係の基盤となるものは多様に存在する。最も基本的なもの
は好き‐嫌いの感情に基づく対人関係であり，三者間の情緒的関係性については，
ハイダー（Heider, 1946）の認知的バランス理論が適切に説明する（この理論の
詳細については第2章を参照されたい）。三者以上の規模の集団については，モレ
ノ（Moreno, 1941）が提唱したソシオメトリー理論が参考になる。たとえば，職
場集団の成員に対して，協力してやらねばならない仕事をこれから残業してやる
となったら，誰と一緒にやりたいか考え，決められた人数の好ましい同僚を選び，
順位をつけて回答するように求める。その回答を集計して，誰が誰を選択してい
るのかソシオグラムに整理し，それを図式化することで，集団の情緒的対人関係
の構造，すなわちソシオメトリック構造を可視化して把握することを可能にした。
　ソシオメトリック構造の他にも，勢力関係に基づく勢力構造，役割関係に基づ
く役割構造，コミュニケーションを交わす頻度や時間の多さに基づくコミュニケ
ーション構造等，集団過程は多様な対人関係構造を形成するとともに，それらの
変動をも生み出している。これらの対人関係構造のありようは，その集団で生活
し活動する人々の心理や行動に強い影響をもたらすことがある。

#### ②規範の形成とその影響

　成員間の認知共有に関連して先に述べたように，集団での生活や活動を通して，
成員は相互作用を経験し，しだいにお互いの考え方や価値観を知り，その相違も認
知するようになる。そして，自己の考えを修正したり，他者に修正を求めたりし
て，しだいに集団成員のほとんどが共通して保持する考え方や価値観，社会的態
度ができあがる。これは集団規範と呼ばれる集団に備わる構造の1つである。規
範は必ずしも明文化して成員たちに示されるものではないが，暗黙のうちに従う
べきルールの機能を果たすことが多い。時には，成員個人としては違和感を覚え
るような規範であっても，自分が集団の一員であり続けるために，あえて自己本
来の考えとは異なる集団の規範に併せて行動することもある。これは同調行動の
一種であり，くわしくは第7章を参照されたい。
　規範は明瞭に目に見えるものではないが，その測定と可視化に関して，ジャク

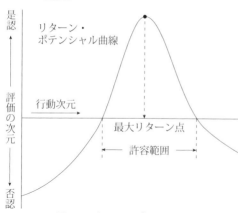

図2　リターン・ポテンシャル・モデルのグラフ（佐々木，2000より）

ソン（Jackson, 1965）が提示したリターン・ポテンシャル・モデルの技法が有効な方法として注目されてきた。この手法では，たとえば，工場勤務の従業員を対象にして，自分の持ち場に就くタイミングを始業時よりも20分前着席のケースから5分刻みで20分遅刻するケースまでそれぞれ提示して，それぞれのケースについて，それを許容・支持する程度←→否定・批判する程度を回答してもらう。それぞれのケースに対する回答の平均値をグラフ化すると図2のようになる。こうして測定した結果のグラフの特徴として，しだいに許容度が高くなっていくが，最も許容されるタイミングを超えると急速に否定の方向へと転換する様相を示すことである。この技法では，回答者は繰り返し同様の回答を多数行うことを求められ，高い負荷がかかる点で困難な課題を抱えているが，特定の規範に絞ってその特性を把握するのには有効な手法であり，佐々木（2000）による優れた一連の実証研究が報告されている。

## 2．集団の生産性

### ①ホーソン研究によるブレイクスルー

集団の生産性を高める条件の究明は，今日でも産業界における重要課題であり続けている。20世紀はじめの頃まで，集団の生産性を高めるには，基本的に報酬を高めたり，作業環境を快適にしたりする方略が中心に検討されていた。しかし，メイヨー（Mayo, 1949）が行ったホーソン研究によって，集団成員同士の連帯感や責任感といった，対人関係や情緒的な要素が集団の生産性に強く影響することが指摘された。ホーソン研究に関しては，その研究方法の妥当性をめぐって批判

第8章 集団過程

もあるが，集団成員を機械の歯車のような感情をもたない存在として見なし，報酬や職務環境の変数を調整することで集団の生産性の促進を試みるそれまでのアプローチに対して，対人関係や情動等の人間性を考慮した集団マネジメントの重要性について説得力のある議論を展開して，組織コミットメント，職務満足感等の心理学的視点に立つ研究を切り開き，活性化したパイオニアとして高く評価されている。

②社会的手抜きとプロセス・ロス

集団で課題遂行した方が生産性は高まるのか，それとも低下してしまうのか，という疑問をめぐっては，さまざまな研究と議論が行われてきた。その中心的な役割を担ったのが，ラタネら（Latané et al., 1979）による社会的手抜きに関する一連の研究である（くわしくは第6章を参照されたい）。ラタネは，社会的手抜き現象が生まれる原因として責任性の拡散と呼ばれる心理現象を指摘した。社会的責任を感じる場面で，周囲に自分と同じ立場の人がいることで，その責任を分け合えるという期待が働くと，自分が負うべき責任を小さく感じてしまうのである。集団の中で成員が個別に評価される可能性が低くなるほど，社会的手抜き現象は起こりやすい傾向がある。社会的手抜きを回避するには，個人のパフォーマンスを評価して，その優劣に応じて適切な報酬を与えるシステムが有効であることがわかっている。

集団過程では，責任性の分散のみならず，互いのコミュニケーションをとるための労力がかかるためにパフォーマンスが阻害されるメカニズムが働くこともある。また，責任性の分散の認知は，緊張感や注意力の低下を引き起こして，パフォーマンスの低下を導くこともある。これらを総称して，スタイナー（Steiner, 1966）はプロセス・ロスと呼んでいる。

3．集団意思決定

①話し合いの目的と効果

集団として意思決定を行う際には，成員による話し合いがなされることが一般的である。集団ではじつに頻繁に話し合いが行われるが，そこで期待されている事柄は以下のように整理できる。第1に，特定の個人の独裁を避け，民主的な決定を行うことができるという期待が挙げられる。第2には，成員が個別にもっている情報を皆で共有し，全員が同じ情報に基づいて判断できるという期待である。第3には，皆で話し合うことでより的確な判断ができるという期待であり，第4

には，1人で考えるよりも皆で考えた方が創造的なアイディアが生まれやすいという期待である。

　これらの期待に叶う話し合いの効果を得ることは可能なことも多いが，必ずしも容易なことばかりではないことがわかってきている。第1の民主的合意の期待に関しては，話し合いの手順を工夫することで結論を操作できる場合があることが示されている。また，情報共有に関しても，ステイサーら（Stasser, 1985）の「隠されたプロフィール」研究によって，個人の認知過程で無自覚に発動する係留と調整のヒューリスティックの働きもあって，せっかく話し合って情報を得ても，個人は話し合い以前にもっていた情報や知識に強く依存した判断をしてしまうため，情報共有は実現されにくい場合もあることが明らかになっている。第4の集団の方が創造的であるという期待に関しては，オズボーン（Osborn, 1953）が提唱したブレーン・ストーミングの技法の効果が広く知られ，今日でも実践されているが，これについても科学的研究では十分な効果性は実証されるには至っていない。

②集団極性化とグループシンク

　第3の的確な判断への期待については，叶えられることが多いものの，一定の条件が揃うと話し合いは非常に偏った結論を導く場合があることも明らかにされている。たとえば，話し合うことで，各メンバーがもともともっていた個人的意見や態度の平均よりも，より極端な決定を行う場合があり，集団極性化現象と呼ばれている。この現象は，ストーナー（Stoner, 1961）が行ったリスキー・シフト研究を契機に多様な研究が行われ，類似した態度や選好をもつ個人が集まって話し合いを行う際に発生しやすいことが明らかにされている。社会的地位や専門性が高く，態度や選好が類似する人々たちが話し合うと，愚かな決定を導くこともよく知られている。ジャニス（Janis, 1972）は，過去に起こった深刻な政策決定の過ちがどのようにして起こったのかを分析して，この現象を見出し，グループシンク（groupthink）と名づけた。彼は，政府中枢のように，社会的地位が高く，知識も見識も高いはずの権威者たちが集まって話し合ったにもかかわらず，およそ愚かしい決定がなされる危険性があることを指摘したのである。政策決定のみならず，企業の重役会議においてリコール隠しや情報隠蔽という愚かしい決定がなされた現実を思えば，グループシンクは珍しい現象ではなく，条件さえ揃えば身近なところでも起こりえる現象であると考えられる。

第8章　集団過程

◆学習チェック
□　社会的アイデンティティの獲得と自己カテゴリー化の関係を理解した。
□　内集団バイアスと外集団へのステレオタイプ的認知が発生するプロセスを理解した。
□　対人的コミュニケーションの成立過程を理解した。
□　リーダーシップの概念と優れたリーダーシップを発揮するための要件を理解した。
□　集団極性化現象について理解した。

より深めるための推薦図書
　　ホッグ Hogg, M. A.・アブラムス Abrams, D.（吉森護・野村泰代訳）（1995）社会的ア
　　　イデンティティ理論―新しい社会心理学体系化のための一般理論．北大路書房．
　　山口裕幸（2008）チームワークの心理学―よりよい集団づくりをめざして．サイエン
　　　ス社．
　　亀田達也・村田光二（2010）複雑さに挑む社会心理学―適応エージェントとしての人
　　　間 改訂版．有斐閣．
　　釘原直樹（2011）グループ・ダイナミックス―集団と群集の心理学．有斐閣．
　　本間道子（2011）集団行動の心理学―ダイナミックな社会関係の中で．サイエンス社．

文　　献

Blake, R. R., Mouton, J. S. & Bidwell, A. C.（1962）Managerial grid. *Advanced Management-Office Executive*, 1; 12-15.

French, J. R. P. & Raven, B.（1959）The bases of social power. In: D. Cartwright (Ed.): *Studies in Social Power:* Institute for Social Research, pp. 150-167.

Heider, F.（1946）Attitudes and cognitive organization. *The Journal of Psychology*, 21; 107-112.

Jackson, J. M.（1965）Structural characteristics of norms. In: I. D. Steiner & M. Fishbein (Eds.): *Current Studies in Social Psychology*. Holt, pp. 301-309.

Janis, I. L.（1972）*Victims of Groupthink: A Psychological Study of Foreign-Policy Decisions and Fiascoes*. Houghton Mifflin.

Latané, B., Williams, K. & Harkins, S.（1979）Many hands make light the work: The causes and consequences of social loafing. *Journal of Personality and Social Psychology*, 37; 822-832.

Lewin, K.（1947）Frontiers in group dynamics: Concept, method and reality in social science; social equilibria and social change. *Human Relations*, 1; 5-41.

Mayo, E.（1949）Hawthorne and the Western Electric Company. *Public Administration: Concepts and Cases*, 149-158.

三隅二不二（1978）リーダーシップ行動の科学．有斐閣．

Moreno, J. L.（1941）Foundations of sociometry: An introduction. *Sociometry*, 4; 15-35.

Osborn, A. F.（1953）*Applied Imagination*. Scribner's.

佐々木薫（2000）集団規範の実証的研究―拡充されたリターン・ポテンシャル・モデルの活用．関西学院大学出版会．

Stasser, G. & Titus, W.（1985）Pooling of unshared information in group decision making: Biased information sampling during discussion. *Journal of Personality and Social Psychology*, 48; 1467-1478.

Steiner, I. D.（1966）Models for inferring relationships between group size and potential group productivity. *Behavioral Science*, 11; 273-283.

Stogdill, R. M.（1974）*Handbook of Leadership: A Survey of Theory and Research*. Free Press.

Stoner, J. A. F.（1961）A comparison of individual and group decisions involving risk (Doctoral dissertation, Massachusetts Institute of Technology).

Tajfel, H. & Turner, J. C.（1979）An integrative theory of intergroup conflict. In: W. G. Austin & S. Worchel (Eds.): *The Social Psychology of Intergroup Relations*. Brooks/Cole, pp. 33-37.

Turner, J. C., Hogg, M. A., Oakes, P. J., Reicher, S. D. & Wetherell, M. S.（1987）*Rediscovering the Social Group: A Self-Categorization Theory*. Basil Blackwell.

第9章

# 社会的相互作用

大坪庸介

**Keywords** 相互依存性理論，ゲーム理論，社会的価値志向性，共同関係／交換関係，和解，囚人のジレンマ，応報戦略，社会的ジレンマ，共有地の悲劇

## I 相互依存性理論

### 1. 相互依存状況と利得行列

　社会的相互作用とは，2人以上の者がコミュニケーションや行為を通じてお互いに影響を与え合う過程である。その意味で，社会的な状況では多かれ少なかれ社会的相互作用が生じることになる。社会的相互作用は，愛情・好意・尊敬といった市場では交換されない社会的資源のやりとり，すなわち社会的交換として分析することができる。このような立場から，社会的相互作用の多様な側面を包括的に分析する枠組みとして相互依存性理論が提唱されている（Kelley et al., 1978; Rusbult et al., 2003）。相互依存性理論では，ゲーム理論[注1]に基づき，2人の行為者（プレイヤーと呼ばれる）の関係性をゲームの利得構造として表現する。具体的には，プレイヤーの行為（選択）の組み合わせごとに，それが各プレイヤーにとってどれくらい望ましい結果であるかを考える。たとえば，2人のプレイヤーがそれぞれAとBという2つの行為を選択肢としてもっているようなゲームの利得構造は，図1に示すような2×2の4つのセルをもつ利得行列という形にまとめることができる。そして，この利得行列の中に入っている得点が高いほど，それぞれのプレイヤーにとってその結果が望ましいということになる。

　図1の利得行列には，例として「男女の争い」と呼ばれる利得構造に対応する得点を入れている。これが男女の争いと呼ばれるのは，この状況が次のようなス

---

注1）複数の人々が関わる状況（相互依存状況）を，複数のプレイヤーが自己の得点を最大化しようとしているゲーム状況と見なし，そこでの合理的意思決定を数理モデルを用いて分析する研究分野。

第11巻　社会・集団・家族心理学

| 行プレイヤー ＼ 列プレイヤー | A | B |
|---|---|---|
| A | 2 ＼ 1 | 0 ＼ 0 |
| B | 0 ＼ 0 | 1 ＼ 2 |

図1　2人のプレイヤー（行プレイヤーと列プレイヤー）がそれぞれA，Bという2つの選択肢もつ場合の利得行列の例（各セルの左下は行プレイヤーの利得，右上は列プレイヤーの利得）

トーリーによって理解されるからである。あるカップルが，その晩にフットボールの試合（A）を観戦に行くかオペラ（B）に行くかを検討している。この場合，2人の選択の組み合わせは4つ（2人ともA，2人ともB，男性はA・女性はB，男性はB・女性はA）である。ここで，男性はBよりもA（フットボール）に行きたいと思っており，女性はAよりもB（オペラ）に行きたいと思っているとする。ただし，2人とも相手と一緒にその夜を過ごしたいのであって，フットボールを観るにせよオペラを観るにせよ，1人でそれを観るのは最悪だと考えているとしよう。図1の利得行列の行プレイヤーを男性，列プレイヤーを女性，行列の各セルの左下の得点を男性の満足度，右上の得点を女性の満足度と考えると，図1が上のストーリーと対応していることがわかる。行列の対角要素に2人ともA，2人ともBを選んだ場合の満足度が示されており，それ以外は2人が違う選択をした場合である。2人が異なる選択をしたときには，2人とも満足度が0となっていて，両者にとって最悪の結果である。一方，2人ともがAを選ぶ場合の行プレイヤー（男性）の満足度は2で，2人ともがBを選んだときの1よりも良い結果となっている。ところが，列プレイヤー（女性）にとっては，2人ともがBを選んだときが2で，2人ともがAを選んだ場合は1である。

　男女の争いゲームのような状況では，1人でその晩をどのように過ごすかを決めるときと違って，いずれのプレイヤーも自分の選択だけで結果に対する満足度を決めることができない。つまり，相手の選択に自分自身の満足度が依存している。これが2人のプレイヤーに当てはまるため，この状況は相互依存状況であるといえる。この状況のもう1つの特徴は，2人の利害が完全には一致していないが，それでいて完全に対立しているわけでもないということである。このような状況は，混合動機ゲームと呼ばれる。

第 9 章　社会的相互作用

## 2．所与の利得行列から実効的利得行列への変換

　図 1 の利得行列は，2 人の好みをそのまま反映させたものであって，客観的に見た場合の利得構造である。一般的なゲーム理論の分析では，人々はこのような状況で自分自身の満足度を最大化するように行動すると仮定して，両プレイヤーにとっての最適な行動を分析する。それに対して，相互依存性理論は，人々が客観的に与えられた利得行列（所与の利得行列）に基づいて行動するとは考えない。所与の利得行列は，行為者の個人特性，相手との関係性，その状況に関連する社会規範によって，実効的利得行列に変換される。たとえば，相手の女性を愛している男性は，女性が喜ぶことにも満足を見出すだろう。つまり，男性は女性と一緒にオペラを観ることで，オペラを楽しむだけでなく女性が喜ぶことにも満足する。そのため，男性の主観的な状況理解（実効的利得行列）では，オペラを一緒に観ることが最も満足度の高い結果になっているかもしれない。相互依存性理論によれば，人々は所与の利得行列ではなく，実効的利得行列（主観的状況理解）に基づき行動するのである。以下，上記の 3 つの要因（個人特性，相手との関係性，社会規範）が，どのように利得行列の変換に関係するかを検討する。

### ①個人特性と利得行列の変換

　利得行列の変換に関わる個人特性としてはアタッチメント・スタイル（本シリーズ第 12 巻『発達心理学』参照）と社会的動機がある。たとえば，安定したアタッチメント・スタイルをもつ者は相手への依存状況を安全であると見なしやすいのに対して，回避型の者は同じ状況を相手から搾取される可能性のある危険な状況と見なしやすい（Collins et al., 2000）。相互依存性理論で重視される社会的動機としては社会的価値志向性が知られており（Messick et al., 1968; Van Lange et al., 1997），所与の利得行列の各結果のどこに着目するかによって 3 種類の動機があると考える。向社会的な動機をもつ者は，自分と相手の満足度の和を最大化しようとし，かつ両者の満足度の差を小さくしようとする。つまり，向社会的な者は，2 人の満足度の和が大きく，その差が小さい結果ほど望ましいものとして利得行列の変換を行うと考えられる（他者の福利を考慮する向社会的な動機を社会的選好ともいう）。それに対して自分自身の満足度だけにしか関心がない者は個人主義的な動機をもつとされる。また，できるだけ相手と自分の満足度の差を大きくしようとする者は競争的な動機をもつとされる。競争的な者は，自分の方が相手よりも相対的に有利になる結果をより望ましいものとして利得行列の変換

をすることになる。

## ②相手との関係性と利得行列の変換

　相手との関係性については，関係へのコミットメントと相手に対する信頼が利得行列の変換に関わることが知られている。相互依存性理論では，利害に対立が生じているときほど相手の振る舞いから相手のことがわかると考える。たとえば，両者ともオペラを観たいと思っているときには，男性がオペラを選んだとしても，たんに自分が観たいものを選んだのか，女性に配慮したのかわからない。一方，フットボールを観たいのにあえてオペラを選んだのであれば，男性の女性に対する配慮が感じられる。親密な関係において利害が対立する場面としては，一方が相手に迷惑をかけた状況が考えられる。このような葛藤状況での被害者の対応は大きく次の4つに分類される（Rusbult et al., 1991）。①関係を絶ってしまったり，関係を絶つぞと相手を脅すような積極的・破壊的な行動である退去。②問題について話し合うことで積極的に建設的な問題解決を図る対話。③関係・状況が好転することを望みつつ現状を見守る，消極的だが建設的な待機。④話し合いを避けたり，相手に対して不機嫌に接したりする消極的・破壊的な無視。これらの4つの対応の中では，対話・待機といった建設的な対応が相手との関係の修復，つまり和解のために重要である。ところが，相手から迷惑をかけられた状況とは衝動的に相手に怒りをぶつけたくなる状況であり，客観的な利得行列では関係破壊的な行為の満足度の方が高くなっている。そのため，建設的な対応のためには，相手の気持ちにも配慮した利得行列の変換が必要とされる。実証研究の結果，相手との関係へのコミットメントが高く，相手を信頼している者ほど建設的な対応をすることが明らかになっている（Rusbult et al., 1991）。

## ③規範と利得行列の変換

　規範も利得行列の変換に影響すると考えられている。たとえば，男女の争いゲームの状況で，レディーファーストという規範が浸透しており，男性が我を通したら周囲から非難されるとしたら，男性が女性に合わせてオペラを観に行くことになるだろう。あるいは，お互いに交代で相手に合わせるという規範があれば，前回譲った方が今回は自分の観たいものを選ぶことになるだろう。また，親密さの程度に応じて2種類の異なる社会的交換の規範が存在することが知られている。具体的には，家族，恋人，親友といった親しい間柄は共同関係といって，相手の必要性に応じた交換がなされることが期待されている。一方，それほど親しくない

第 9 章 社会的相互作用

仕事上のつき合いの相手とは交換関係にあり，相手から何かしてもらったらそれ相応のお返しをすることが期待される（Clark et al., 1979）。たとえば，相手が病気で看病を必要としているしよう。病気の相手を看病することには時間や労力といったコストがかかるが，共同関係の相手であれば，相手の必要性に応じて看病してあげるべきである。一方，交換関係の相手であれば，これまで相手から何をしてもらったか，看病することがそれに対するふさわしい返報になっているかに応じて看病するべきかどうかが決まってくる。

### 3．相互依存性理論からわかること

相互依存性理論によれば，社会的相互作用をよりよく理解するためには，まず行為者（プレイヤー）がおかれた客観的状況を所与の利得行列として理解する必要がある。利得行列が相互依存的になっている状況では，行為者は自分自身の選択だけで満足度を決めることができない。相手の決定と自分の決定の組み合わせにより，その結果に対する満足度が決まるからである。しかし，行為者はこの所与の利得行列に直接的に反応するわけではない。相手の満足度，相手との関係性，社会規範などを反映した主観的な状況の理解（実効的利得行列）に応じて行動を決定するのである。したがって，客観的に利害の不一致がある状況は，各行為者の特性や態度に関して診断的な状況となる。自分の満足度より相手の満足度を優先する者は，向社会的な特性をもっている，相手との関係に強くコミットしている，相手を優先させるような社会規範に従っているのいずれかであろう。しかし，さらに踏み込んで，その行為が行為者の特性，関係性，規範のいずれによって引き起こされたのかという推論は，原因帰属研究の範疇に含まれる問題である（第2章を参照）。相互依存性理論の提唱者であるケリー Kelley が,帰属研究でも大きな足跡を残しているのはそのためである。

## II 囚人のジレンマ

### 1．囚人のジレンマの利得構造

ここまで，男女の争いゲームを例に相互依存性理論について説明してきた。しかし，混合動機の相互依存状況として最も重要なものは，囚人のジレンマと呼ばれる状況である。この利得構造の説明のために 2 人の囚人に対する司法取引のストーリーがしばしば用いられるために，囚人のジレンマと呼ばれる。ある犯罪で捕まった 2 人の囚人が別々の部屋で取り調べを受けているとしよう。検察官は 2

|  行プレイヤー \ 列プレイヤー | 協力（C） | 非協力（D） |
|---|---|---|
| 協力（C） | R=2, R=2 | T=3, S=0 |
| 非協力（D） | S=0, T=3 | P=1, P=1 |

図2　囚人のジレンマの利得構造（T＞R＞P＞S, 2R＞T＋Sが満たされていなければならない）

　人が犯罪に関わったことは確実だと思っているが，決定的な証拠をもっていない。もし2人とも黙秘すれば，2人とも余罪で懲役3年くらいの罪にしかならないだろう。そこで，検察官は，2人の囚人それぞれに「自白すれば罪を軽くしてやる」と取引をもちかける。「お前だけが自白すれば本来懲役8年のところを懲役1年にしてやる。しかし，2人とも自白したときには2人とも6年だ」。このとき，2人の囚人にとってはお互いに黙秘する（そして3年服役する）ことが相互協力となる。しかし，囚人たちは相手が自白して自分だけが重い罪（8年）に問われるのは割に合わないと思うだろう。また，相手が黙秘しているときに，自分だけ自白すれば軽い罪（1年）ですむので，相手が自白していようが黙秘していようが個人的には自白した方が得になる。しかし，2人ともがそのように考えて自白すると，決定的な証拠がなかったはずの犯罪に関わったことが明らかになってしまい，2人ともより長く（6年）服役することになってしまう。2人の囚人は，個人的には自白（非協力）した方が得になるにもかかわらず，2人ともが自白してしまうくらいなら2人ともが黙秘（協力）した方がよいというジレンマ状態におかれているのである。囚人のジレンマが混合動機ゲームの中でもとくに注目されるのは，裏切り（非協力）への誘引があるなかでいかにして相互協力が達成可能であるかを探るために適した状況だからである。

　図2は，この囚人のジレンマの利得構造を行列の形で表したものである。お互いに協力したときの得点（満足度）は相互協力への報酬（reward）の略でR，お互いに非協力を選択したときの得点は相互非協力への罰（punishment）の略でP，相手が協力しているのに非協力を選択したときの得点はただ乗りの誘惑（temptation）の略でT，相手が非協力を選択しているのに協力するというのは搾取されるということであるから，この場合の得点はカモ（sucker）にされることの略でSと書かれている。図2には，この4つの得点（R, P, T, S）にそれぞれ2点，1点，

第9章 社会的相互作用

3点,0点を割り振っているが,この4つの得点がT＞R＞P＞S,2R＞T＋Sという2つの条件を満たしていれば,そのゲームは囚人のジレンマとなる。囚人のジレンマの特徴の1つは,相手の選択が協力であろうと非協力であろうと自分自身は非協力を選択する方が望ましい結果となるということであった。この利得行列で見ても,相手が非協力を選択しているのであれば,協力してSを得るより非協力を選択してPを得る方がよい。相手が協力してくれていても,協力してRを得るより非協力を選択してTを得る方がよい。したがって,囚人のジレンマ状況では,非協力が合理的な選択である。ところが,囚人のジレンマの得点に応じてお金を稼ぐことができる実験を行ったとしても,必ずしも全員が非協力を選択するわけではない(たとえば,向社会的な動機をもつ人は協力する)。

## 2．繰り返しのある囚人のジレンマと応報戦略

囚人のジレンマ状況において協力はたしかに非合理的である(相手の選択によらず非協力を選ぶよりも低い得点に甘んじることになる)が,それは囚人のジレンマを1回だけプレイする場合である。同じ2人の間で繰り返し囚人のジレンマを行う場合には,協力は必ずしも非合理的な選択とは限らない。政治学者のアクセルロッド(Axelrod, 1984)は,繰り返しのある囚人のジレンマにおいて,どのような戦略(行動規則)によって協力・非協力を決定するのが有効であるかをコンピュータ・シミュレーションによって検討した。具体的には,ゲーム理論にくわしい研究者にこれぞという戦略を作って応募してもらい,応募された戦略同士に繰り返しのある囚人のジレンマをプレイさせ,どの戦略が平均して高い得点をあげるかを調べたのである。

アクセルロッドのシミュレーション研究の結果,初回は協力し,2回目以降は相手の前回の手(協力・非協力)をそのまままねする戦略が平均して最も高い得点をあげることが示された。この戦略は応報戦略(またはTit-for-Tat, TFT, しっぺ返しとも)と呼ばれる。アクセルロッドによれば,応報戦略が有効であるのは,次の4つの特徴をもっているためである。①自分から先には裏切らない善良性(または上品さ)。②相手の裏切りにはすぐに非協力で対応する報復性。③一度裏切った相手でも再び協力してくればすぐに赦してやる寛容性。④どのような戦略を用いているかが相手からわかりやすい明快性。

繰り返し囚人のジレンマをプレイしてもらう実験でも,実験参加者は応報戦略(もしくはそれに近い戦略)を使うことが示されている。友人関係,恋愛関係のような現実の社会的相互作用を考えても,相手と1回限りしかやりとりしないこと

121

第11巻 社会・集団・家族心理学

はほとんどなく，同じ相手と繰り返しつき合いがある。そのような状況では，相手が協力的な限りは自分も協力するが，相手が自分を裏切ったときには自分も協力をやめてしまうのではないだろうか。政治学者であるアクセルロッドは，その著書の中で，第一次世界大戦中のイギリスとドイツの塹壕戦の記録を検討している。イギリス，ドイツという国単位で見ると，戦争は一方が勝てば他方が負けるという利害が完全に対立する状況（ゼロサム状況）である。ところが，長期的に塹壕戦の最前線に立たされている兵士にとっては，お互いに殺し合うよりも手加減し合う方がよいという繰り返し囚人のジレンマ状況になっている。そして，兵士たちはさまざまな方法で相手が何もしなければこちらも何もしないという応報戦略に基づく相互協力関係を達成していた。つまり，応報戦略は，日常的な対人的相互作用場面だけでなく，戦争のような国際紛争場面での人々（兵士）の行動にも見出されるのである。

## III　社会的ジレンマ

### 1．共有地の悲劇

これまで二者間の社会的相互作用を扱ってきたが，集団レベルでも囚人のジレンマと同様の利害の不一致が生じることがある。つまり，利害が完全に対立するわけではなく協力の余地はあるが，ただ乗りの可能性もあるような状況である。このような状況は社会的ジレンマと言われる（山岸，2000）。その代表的な例は，ハーディン（Hardin, 1968）によって共有地の悲劇として報告された状況である。複数の羊飼いが共有の牧草地で羊を育てているとしよう。羊が適正な数に収まっていれば，牧草地は将来にわたって利用できる。しかし，羊の数を増やしすぎると，羊たちが牧草を根こそぎ食べてしまい，それ以降は牧草が生えてこなくなってしまう。したがって，放牧する羊を適正な数にとどめておくことが集団に対する協力行動となる。その一方，1頭でも多くの羊を飼うことで個人的には利益を大きくすることができる。囚人のジレンマの場合と同様に，集団の全員に非協力的に振る舞う（羊の数を増やす）誘引があるため，過剰放牧により共有地は荒廃することになる。

このような社会的ジレンマ状況を，心理学者のドウズ（Dawes, 1980）は次の2つの特徴により定義している。①社会の各成員は，他の成員がどのような選択をしているとしても，協力的な選択をするよりも非協力的な選択をすることで得をする。②全員が非協力を選択している状態よりも，全員が協力している状態の

122

第9章 社会的相互作用

方が誰にとっても望ましい。この定義は，適正な羊を飼うことを協力，過剰な数の羊を放牧することを非協力とすると，上記の共有地の悲劇にも当てはまる。他者が羊の数を適正な範囲に収めていようが過剰な数の羊を放牧しようが，自分自身は1頭でも多くの羊を放牧することでより多くの収入を得ることができる。その一方，全員が過剰な数の羊を放牧して牧草地を荒廃させてしまうより，全員が適正な数の羊を放牧し牧草地が末永く使えるようにする方が誰にとっても望ましい。

## 2．社会的ジレンマとただ乗り問題

共有地の悲劇に見られるような資源の共同管理問題以外にも，現実的な社会的ジレンマ問題の例として公共財供出問題，集合行動問題，環境問題などが挙げられる。公共財とは経済学の用語で，誰でも使うことができ，誰かが使ったからといって他の人が使えなくなってしまわないような財のことである。たとえば，公共放送のニュースは誰でも見ることができるし，誰かがそれを見ているからといって他の人がそれを見ることができなくなったりしない。このような財は，あれば便利だが，誰かがそのコストを支払ってくれるのであればそれにただ乗りする方が得である。集合行動とは，革命のように自分たちの地位の改善のために集団で取り組む行動のことである。専制君主の圧政に苦しんでいる人々は革命で政治をよりよくしたいと思うだろう。しかし，みずから革命に参加するのは処罰されるリスクもあり躊躇される。誰かが革命を起こして政治を良くしてくれるのであれば，それにただ乗りした方が安全で楽である。現代社会が直面する環境問題として地球温暖化の問題がある。どの国も企業も地球温暖化を防いだ方がよいことはわかっている。しかし，二酸化炭素の排出を抑えるためには高額な設備への投資が必要になるとしたら，他国や他の企業の努力にただ乗りして自分たちは排出を続けた方が得である。もう少し身近な例として，グループで特定のテーマについて調べて発表するような，集団による課題遂行場面を考えてみるとよいだろう。発表内容がグループ単位で評価されるとすれば，発表準備に真面目に取り組んだ学生もそうでない学生も同じ成績になる。このような状況では，真面目な学生の努力にただ乗りする学生は楽をして良い成績をとることができる。このように集団単位で評価される課題遂行場面でのただ乗りは，とくに社会的手抜きとも呼ばれる（Latané et al., 1979；第6章参照）。

## 3．罰による社会的ジレンマの解決

社会的ジレンマが集団版の囚人のジレンマであるなら，応報戦略によって解決

できないのだろうか。残念ながら，応報戦略の集団版は有効ではない。たとえば，グループで発表の準備をしている状況で，誰かが手抜きをしているとしよう。それを見た別の学生も手抜きを始めたとしたらどうだろうか。彼らが非協力者に思い知らせるためにわざと手抜きをしているのか，それとも自分たちも少しでも楽をしようとしているのか，区別がつかない。つまり，集団場面では応報戦略の重要な特徴であった明快性が損なわれるのである。そのため，社会的ジレンマの解決には，非協力に非協力で返すのではなく，非協力者に対して罰を与えることが有効である（Fehr et al., 2002; Yamagishi, 1986）。つまり，手抜きをしている学生へのあてつけに自分も手抜きをするのではなく，直接注意をすればよいのである。ところが，知り合い同士で手抜きを指摘して注意をすることは，あまり気持ちのよいことではない。場合によっては相手から反論されたり，攻撃されたりするかもしれない。つまり，社会的ジレンマでの非協力者への罰行動にも，誰かがやってくれるのであればそれにただ乗りした方が得になるという利得構造が存在している。そのため，社会的ジレンマ状況で誰が非協力者を罰するのかという問題は，二次の社会的ジレンマと呼ばれる。

　社会的ジレンマの解決がそもそも難しいのであれば，二次の社会的ジレンマの解決も難しいのではないだろうか。ところが，社会的ジレンマ状況を模した実験では，非協力者への罰は集団での協力の維持に効果的であることが示されている。罰がない状況での実験では，集団の協力率は社会的ジレンマ・ゲームを繰り返すうちに下がっていく。最初は協力していた人たちも，他の人たちが協力しないのを見て協力をやめてしまうのである。ところが，多少のコストを支払えば非協力者を罰することができるようにしてやると，集団の協力率は高いまま維持される。非協力者を罰することは，コストを払って集団全体のために役立とうとする行為であるため利他的罰と呼ばれる。社会的ジレンマ問題は，私たちが日常的に経験する集団での手抜きから地球規模の環境問題まで広く見られる問題であるが，社会心理学の実験はその解決の糸口を考えるきっかけともなっている。

◆学習チェック
- □ 相互依存性理論が想定する利得行列の変換に影響する3種類の要因を，それぞれについて具体例を挙げて説明することができる。
- □ 囚人のジレンマ状況の利得構造を，相互協力の利得R，相互非協力の利得P，ただ乗りの利得T，搾取されたときの利得Sを使った2つの不等式で表すことができる。
- □ 応報戦略が繰り返しのある囚人のジレンマ状況で有効な理由を4つ挙げることができる。

第 9 章　社会的相互作用

☐　共有地の悲劇が，ドウズによる社会的ジレンマの定義に合致していることを理解した。

---

**より深めるための推薦図書**

アクセルロッド Axelrod, R.（松田裕之訳）（1998）つきあい方の科学—バクテリアから国際関係まで．ミネルヴァ書房．

大渕憲一（2015）紛争と葛藤の心理学—人はなぜ争い，どう和解するのか．サイエンス社．

山岸俊男（1990）社会的ジレンマのしくみ—「自分 1 人ぐらいの心理」の招くもの．サイエンス社．

---

**文　　献**

Axelrod, R.（1984）*The Evolution of Cooperation*. Basic Books.（松田裕之訳（1998）つきあい方の科学—バクテリアから国際関係まで．ミネルヴァ書房．）

Clark, M. S. & Mills, J.（1979）Interpersonal attraction in exchange and communal relationships. *Journal of Personality and Social Psychology*, 37; 12-24.

Collins, N. L. & Feeney, B. C.（2000）A safe haven: An attachment theory perspective on support seeking and caregiving in intimate relationships. *Journal of Personality and Social Psychology*, 78; 1053-1073.

Dawes, R. M.（1980）Social dilemmas. *Annual Review of Psychology*, 31; 169-193.

Fehr, E. & Gächter, S.（2002）Altruistic punishment in humans. *Nature*, 415; 137-140.

Hardin, G.（1968）The tragedy of the commons. *Science*, 162; 1243-1248.

Kelley, H. H. & Thibaut, J. W.（1978）*Interpersonal Relations: A Theory of Interdependence*. Wiley.（黒川正流訳（1995）対人関係論．誠信書房．）

Latané, B., Williams, K. & Harkins, S.（1979）Many hands make light the work: The causes and consequences of social loafing. *Journal of Personality and Social Psychology*, 37; 822-832.

Messick, D. M. & McClintock, C. G.（1968）Motivational bases of choice in experimental games. *Journal of Experimental Social Psychology*, 4; 1-25.

Rusbult, C. E. & Van Lnage, P. A. M.（2003）Interdependence, interaction, and relationships. *Annual Review of Psychology*, 54; 351-375.

Rusbult, C. E., Verette, J., Whitney, G. A. et al.（1991）Accommodation processes in close relationships: Theory and preliminary empirical evidence. *Journal of Personality and Social Psychology*, 60; 53-78.

Van Lange, P. A. M., Otten, W., De Bruin, E. M. N. et al.（1997）Development of prosocial, individualistic, and competitive orientations: Theory and preliminary evidence. *Journal of Personality and Social Psychology*, 73; 733-746.

Yamagishi, T（1986）The provision of a sanctioning system as a public good. *Journal of Personality and Social Psychology*, 51; 110-116.

山岸俊男（2000）社会的ジレンマ—「環境破壊」から「いじめ」まで．PHP 研究所．

第 11 巻 社会・集団・家族心理学

### 第 10 章

# 対人関係の形成と発展

金政祐司

**Keywords** 対人関係，対人魅力，強化理論，社会的交換理論，認知的斉合性理論，社会的スキル，社会的感情，自己開示，返報性と互恵性，関係葛藤

　私たちは，他者と出会い，関係を結び，時に別れ，時にお互いをかけがえのない存在と見なすようになる。私たち人間は，太古から他者と関係を築くことで過酷な環境を生き延びてきた。私たちは他者との関係の編み目に包まれながら，また，その中で守られながらこれまで生きてきたのである。それでは，私たちは，どのようにして他者と関係を形成し，それを発展させていくのであろうか。表面的なもので終わってしまう関係と親密な間柄に発展していく関係とでは，いったい何が異なっているのであろうか。本章では，対人関係の形成と発展に焦点をあて，それらに影響を及ぼす要因について探っていこう。

## I　対人魅力に関する理論

　対人関係で相手と関係を形成し，関係を発展させていくためには，その相手に対して何かしらの関心や好意を感じる必要がある。このような他者に対して抱く関心や好意（あるいは，嫌悪）のことは，対人魅力と呼ばれる。私たちが，どのような相手に対して魅力を感じ，また，どういった相手と関係を進展させていくのかといった対人魅力に関する理論にはさまざまなものがあるが，その代表的なものとしては，強化理論と認知的斉合性理論を挙げることができる。

### 1．強化理論

　強化理論とは，人は自分に対して報酬を与えてくれる相手を好みやすく，逆に自分に罰を与える相手を嫌うというものである（Berscheid et al., 1969）。たとえば，私たちは，自分にご飯をおごってくれる相手や優しく接してくれる先生のことは好意的に評価しやすいが，自分を邪険に扱う相手や厳しい先生のことは否定

的に評価しやすい。このように自分にとって報酬の予期と結びついた他者に対しては好意的な感情を抱きやすく，罰の予期と結びついた他者には否定的な感情が生じやすいのである。

　この強化理論を拡張させた理論の1つに，社会的交換理論がある。社会的交換理論では，経済学的な取引あるいは個人間の資源のやりとりという観点から対人関係の形成や発展を説明しようとする。つまり，経済活動と同様に，私たちは対人関係においても報酬（利益）とコスト（損失）を勘案し，報酬からコストを差し引いた成果を最大化しようと動機づけられるというのである。それゆえ，自分にとって成果が大きいと考えられる関係は魅力的なものとなり，その関係に満足しやすい。逆に成果の小さい（あるいは，マイナスの）関係からは，私たちはあまり満足を得ることができず，その関係を重要視しなくなる。ただし，ここでいう報酬とは，相手からもらう金銭や物品といった物理的な報酬のみを指すのではなく，相手と一緒にいることによる快感情や相手との信頼感などの心理的な報酬をも含んでいる。また，コストには，相手に合わせるための心理的な負担や相手にかける時間的なコストも含まれる。では，実際の親密な関係においても，成果の最大化が満足につながるのかといえば，必ずしもそうではない。恋愛関係を対象とした研究では，成果がかなり大きい場合の関係満足度は比較的低く，報酬とコストがほぼイコール，もしくは報酬の方がコストよりも若干上まわっている場合に，関係満足度が最も高くなることが報告されている（Walster et al., 1978）。

### 2．認知的斉合性理論

　対人魅力に関するもう1つの代表的な理論である認知的斉合性理論は，私たちは自身の感情的，行動的，認知的要素間の斉合性（一貫性）をできる限り保とうと動機づけられているという前提の上に成り立つ。つまり，私たちの好き嫌いは，自分の感情や行動，認知間のバランスがうまくとれているか否かによって左右されるというのである。第2章で解説されているバランス理論や第3章の認知的不協和理論等は，対人魅力の文脈では，この認知的斉合性理論に包含されるものといえる。たとえば，バランス理論の観点からは，私たちは，事物や第三者に対する評価が自分と共通している他者（同じ野球チームを応援している相手や同じ上司を嫌っている相手）に対して好意を抱きやすくなる。また，認知的不協和理論の観点からは，私たちは，自分の行動と感情の斉合性を保とうとして（自分が相手を援助した〔行動〕のは，もともと相手に対して好意〔感情〕を抱いていたからだと考えることで），援助した相手に対して好意を抱きやすくなるのである

（Jecker et al., 1969）。

## Ⅱ　対人関係の進展段階と対人魅力を規定する要因

　対人関係の進展に関する理論はいくつかあるが，それを段階的に捉えようとしたものの1つにSVR理論がある（Murstein, 1970）。SVR理論によると，対人関係の進展は大きく3つの段階に分けることができるとされており，各段階で関係の進展にとって重要となる要因は異なってくる（図1）。関係の初期段階は，相手から受ける刺激（Stimulus），つまり，相手の外見や声，行動等に魅力を感じることができるかどうかが重要となってくることから「S段階」と呼ばれる。関係の中期では，相手と考え方や態度，趣味等が似ているかどうかという価値観（Value）が重要な要因となるため「V段階」，また，関係の後期では，片方が聞き役，もう片方が話し役というようにお互いに役割（Role）を分担し補え合えるかどうかが重要となってくることから「R段階」と呼ばれる。それらの刺激（Stimulus），価値観（Value），役割（Role）の頭文字をとってSVR理論というのである。

　このSVR理論に，この後に紹介していく対人魅力を規定する要因をあてはめてみると，物理的近接性，外見的魅力，錯誤帰属，社会的スキルや自己呈示，社会的感情等は「S段階」から「V段階」にかけて重要となりやすい要因と考えることができる。また，「V段階」から「R段階」にかけて重要となりやすい要因としては，相手との類似性や自己開示，好意の返報性，報酬の互恵性等を挙げることができるだろう。

## Ⅲ　関係の初期から中期にかけて重要となる対人魅力の規定因

　さまざまな他者との出会いの中で，私たちはどのような相手に対して魅力を感じ，また，どういった相手と関係を形成しようと思うのだろうか。ここでは関係の初期から中期にかけて比較的重要となりやすい対人魅力の規定因について触れていこう。

### 1．物理的近接性と単純接触効果

　私たちは，一般に物理的・空間的に近しい相手に対して好意を抱きやすい。中学校や高校のことを思い出すと，仲のよかった友達はクラスや部活が一緒だった，あるいは名簿の順番が近かったという経験をもつ者も多いのではないだろうか。

第10章 対人関係の形成と発展

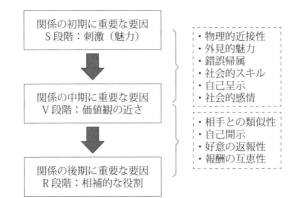

図1 SVR理論と関係の進展段階によって重要となる魅力の規定因

それは，そのような相手とは顔を合わせる機会が多くなるためであり，第2章で解説されている単純接触効果によるところが大きい。私たちはある対象（人物や物）に対する接触頻度が増すだけで，その対象に対する好意度を高める傾向があるのである。

このように相手との接触頻度の多さが魅力につながるのは，何度も顔を合わせることで熟知性（あるいは，親近性〔familiarity〕）が高まり，相手に対する警戒心が薄れる，あるいは相手に関する情報処理が容易になるためであるとされる。テレビでよく見かける芸能人やラジオで頻繁に流れる楽曲などを好意的に評価しやすいのもこの単純接触効果の影響ということができるだろう。

## 2．外見的魅力とハロー効果

外見や身体的特徴は，関係の初期段階においては，かなり強力な対人魅力の規定因となる。外見的魅力が高い人ほど，他者からの好意を獲得しやすいというのは，普段テレビのCMやドラマを見ているだけでも容易に推測できるだろう（ただし，どのような外見や身体的特徴が魅力につながるかは，文化や時代によって異なる）。このような外見的魅力の影響はダンスパーティーを模した実験においても確認されている（Walster et al., 1966）。実験参加者は，パーティー前に自身の性格や属性等に関するアンケートに回答するが，その際，本人たちには気づかれないように外見的魅力が評価される。実験参加者は，コンピュータが選定したとされる異性とペアを組んでダンスパーティーに参加し（実際にはランダムにペアが組まれていた），パーティー終了後に，その相手に対する好意度を回答した。実

験の結果，外見的魅力の高い人ほど，ペアを組んだ相手から好意を抱かれやすく，性格や能力といった内面は相手からの好意度に対してほとんど影響を及ぼしてはいなかった。さらに，実験参加者自身の外見的魅力の高低にかかわらず，相手の外見的魅力が高いほど，その相手に対する好意度は高くなる傾向があったのである。

　外見的魅力の高い人が他者から好意を抱かれる1つの理由には，ハロー効果が挙げられる。ハロー効果とは，他者がある望ましい（もしくは望ましくない）特徴をもっていると，その特徴への評価が全体的な評価にまで影響を及ぼすことをいう。すなわち，外見的魅力の高い人は，性格もよく，能力も高いと推測されやすく，そうであるがゆえに，他者から好意を獲得しやすいというのである。ただし，実際につき合っているカップルを対象にした研究においては，カップル間で外見的魅力の釣り合いがとれているというマッチング仮説が支持されるという報告もある（Feingold, 1988）。これは，自分よりも外見的魅力の高い人からは拒絶される可能性が高いため，自分のことを受け入れてくれそうな相手，すなわち，自分と外見的魅力が同程度の相手に対して選択的にアプローチをしやすいためであるとされる。

### 3．錯誤帰属

　ある種の勘違いも関係の進展要因となりうる。とくに恋愛関係においては，生理的覚醒（心拍数の増加など）によるドキドキ感が，時に恋のときめきに変わってしまうことがある。このような現象は，自身の生理的覚醒の原因を，実際にそれを引き起こした事柄とは異なるものに求めてしまうといった錯誤帰属によって生じるとされる。

　錯誤帰属については，有名な"吊り橋実験"によってその検討がなされている（Dutton et al., 1974）。実験では，不安定で恐怖を喚起させるような吊り橋，もしくは頑丈な固定橋を渡ってきた男性に対して，同一の女性（実験協力者）が話しかけ，絵を見て物語を作る心理テスト（TAT）を実施した。その後，実験協力者の女性は，実験結果を知りたいようであれば電話をくださいと男性に電話番号を書いたメモを渡した。実験の結果（表1），固定橋条件では，電話番号を受け取った人のうち実際に電話をしてきた人の割合は12.5%だったのに対して，吊り橋条件でのそれは50%であった。この結果は，吊り橋条件の男性参加者が，吊り橋を渡った際の恐怖によるドキドキ感（生理的覚醒）を実験協力者の女性への恋心によるときめきだと勘違いしたためであると考えられている。同様の結果は，ラン

表1 吊り橋実験の結果 (Dutton et al., 1974 より作成)

| 橋の種類 | 電話番号を受け取った人数とその割合 | 電話をしてきた人数とその割合 | TATの性的イメージ得点 |
|---|---|---|---|
| 固定橋条件 | 16/22 (72.7%) | 2/16 (12.5%) | 1.41 |
| 吊り橋条件 | 18/23 (78.3%) | 9/18 (50%) | 2.47 |

(注) TATの性的イメージ得点とは,実験参加者の男性が曖昧な絵を見て語った物語にどの程度性的なものが投影されているかを得点化したものであり,この得点も吊り橋条件の方が高かった。

ニングによって生理的覚醒水準が高められた場合にも生じることが確認されている (White et al., 1981)。

### 4. 社会的スキルと自己呈示,社会的感情

　自分の周りの他者とうまく関係を形成し,それを上手に維持していくというのはなかなか難しい。たとえば,相手の気持ちや感情に配慮しながら,自分の考えや意見をうまく主張するという作業は,多くの人にとって困難なものといえるのではないだろうか。このような対人関係を円滑にするための学習可能な能力のことは,社会的スキルと呼ばれる。社会的スキルがどのような要素によって構成されているのかについては,議論の余地はあるものの,相川 (2000) は,その主要な要素として,相手の話に耳を傾け,その思いを受け止める傾聴スキル,自分の思いを相手に適切に伝える自己主張スキル,相手と対立したときにそれを解決するための対人葛藤処理スキルの3つを挙げている。社会的スキルが,シャイネスや孤独感といった対人的な不適応と関連することはこれまでいくつかの研究において示されており,また,抑うつ傾向や生活満足度といった個人の適応状態にも社会的スキルは影響を及ぼすことが知られている。

　方略という観点から見た場合,自己呈示も対人関係の円滑さを促すものとなる。自己呈示とは,自分が他者からどう見られているのかを気にかけながら,他者に対して与える自分の印象をコントロールしようとすることである。自己呈示にはいくつかの種類があるが,表2に示すように,相手にどのような印象を与えたいかによって自己呈示の方法は異なり,また,それが失敗した場合のリスクについても多様である。シュレンカーら (Schlenker et al., 1982) は,このような自己呈示の観点から対人関係における不安や緊張 (対人不安) を捉えようとしており,対人不安は,相手に対して何かしら特別な印象を与えたいと思っているにもかかわらず,それがうまくいかないかもしれないという懸念を抱くことで,さらに,自

表2　自己呈示の種類とその説明（Jones et al., 1982 より作成）

| 種類 | 与えたい印象 | 行動の例 | 相手に喚起される感情 | 失敗した場合の評価 |
|---|---|---|---|---|
| 取り入り | 好感のもてる | 親切な行為をする<br>相手に同調する<br>お世辞を言う | 好意 | ごまをすっている<br>こびへつらっている |
| 威嚇 | 危険な<br>冷酷な | 脅す，怒る | 恐怖 | うるさい<br>無能な |
| 自己宣伝 | 有能な | 能力や業績を主張する<br>能力や業績を説明する | 尊敬 | うぬぼれている<br>嘘つきな |
| 示範 | 立派な<br>献身的な | 他人のために犠牲になる，他者を助ける，大義のために戦う | 罪悪感<br>恥 | 偽善的な<br>聖人ぶっている |
| 哀願 | 頼りない<br>不幸な | 自分を卑下する<br>援助を懇願する | いつくしみ<br>義務感 | 怠惰な<br>要求の多い |

分の印象について相手から満足のいく反応を得ることができないのではないかと思い込むことによって生じるとされる。

　対人関係を円滑に運営するためには，社会的感情も重要な要因となる。社会的感情とは，他者との関係性において生じる感情，あるいは他者から見た自分を意識すること（自己意識）によって経験される感情のことを指す（それゆえ，社会的感情は自己意識的感情と呼ばれることもある）。社会的感情としては，罪悪感や恥，誇り等を挙げることができるが，それらは喜びや悲しみ，怒り，恐れ，嫌悪，驚きといった基本的な感情と比較して，対人的影響の大きい，より複雑な感情ということができる（Lewis, 1995）。このような社会的感情が対人関係においてうまく機能しなければ，円滑な対人関係を築くことは難しくなる。たとえば，自分が何らかの過ちや間違いを犯した際に，罪悪感や恥といった感情が適切に生じなければ，相手に謝罪をして関係を修復するといった行動をとることはできなくなってしまうだろう。また，自分に対してある程度の誇りを感じることができなければ，不安や緊張に苛まれ，対人関係でうまく振る舞えなかったり，あるいは，嫉妬や妬みが肥大化して，他人を理由なくこき下ろしたり，他人の足を引っ張ったりするといった行動をとってしまうことになるかもしれない。社会的感情は，対人関係において他者から受容されやすい，適切な行動を促すことから，親密な関

係の形成や維持において大きな役割を果たすのである。

## IV 関係の中期から後期にかけて重要となる対人魅力の規定因

　関係がより進展していくためには，いくつかの重要となる要因がある。ある関係が，表面的なものにとどまるのか，より深い関係になるのかは，それらの要因が関係の状態や進展段階に応じてうまく機能するかどうかによるところが大きい。関係の中期から後期にかけて対人魅力に影響を及ぼしやすい要因とは何か。そのいくつかを取り上げ，説明を加えていく。

### 1．類似性-魅力仮説と仮定された類似性

　私たちは一般に自分と似たような意見や態度をもっている相手に好意を抱きやすい。類似性が魅力につながる（類似性-魅力仮説）のは，似ている相手と一緒にいると，自分の考えや意見に対する支持や賛同を相手から得やすくポジティブな感情を経験する機会が多くなるため，また，相手の考えや行動を予測する際にあれこれと考えを巡らさなくてもよくなる（認知的な負荷が少なくてすむ）ためである。

　このような意見や態度の類似性が魅力につながることは，バーンら（Byrne et al., 1965）の行った古典的な実験においても示されている。実験参加者はさまざまな事柄に関する自分の態度や意見を問う質問紙に回答した後，これから会うことになる他者が回答したとされる同様の質問紙を見せられた。じつは，この実験参加者が見せられた回答は，態度や意見の類似度を操作するために実験者が作成した架空の回答であった。つまり，実験者は，実験参加者の態度や意見と非常に類似した回答，あるいはまったく類似していない回答をランダムに作成し，実験参加者に見せていたのである。しかし，実験参加者は，架空の回答とは知らずに，その回答を見て「これから会う他者」に対して自分がどの程度好意を抱くかの評価を行った。その結果，これから会う他者との態度や意見の類似度が高くなるほど，その相手に対する好意度が全般的に高くなることが示されたのである（図2）。このような類似性と魅力との関連は，態度や意見のみならずパーソナリティや身体的魅力，感情状態，社会・経済的地位や学歴においても認められる。

　また，私たちは，一般に自分と他者との類似性を実際以上に高く見積もる傾向があり，この現象は仮定された類似性と呼ばれる。仮定された類似性は，とくに親しい相手や好意を抱いている相手に対して生じやすい。つまり，私たちは，仲

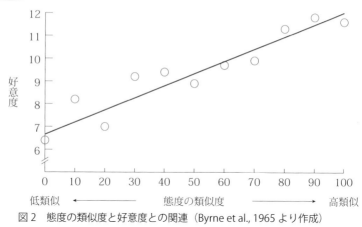

図2　態度の類似度と好意度との関連（Byrne et al., 1965 より作成）

（注）線分は最小二乗法による回帰直線である。

のよい相手や好きな相手と自分は諸側面で似ていると認知しやすく、さらに、このような認知バイアスは、単に個人内のバイアスにとどまるのではなく、親密な関係に対してポジティブな影響を及ぼすとされる。

## 2．自己開示

私たちは他者とコミュニケーションをとることでお互いに親密になっていく。その際、自分の考えや経験、あるいは現在の感情状態等を言葉によって相手に伝えようとするコミュニケーションのことを自己開示という。一般に自己開示を多く行うほど、他者から好意を獲得しやすくなるため（Collins et al., 1994）、自己開示は、他者と関係を形成し、関係を深化、維持していくうえにおいて重要な役割を果たす。

自己開示の機能の1つは、相手との関係の進展、発展を調整するというものである。私たちは、関係を進展させたいと思う相手には自己開示をしやすく、逆に、相手との関係をこれ以上発展させたくないと思った場合には、自己開示を控えようとする。つまり、自己開示の範囲や内容を調整することで、相手との親密度をコントロールしようとするのである。また、自己開示を行うことは、相手に対して信頼や親密さを示すことにもつながるため、自己開示を受けた側は、そのお返しとして自己開示をしやすくなる。このような現象を自己開示の返報性と呼ぶ。社会的浸透理論（Altman et al., 1973）によれば、自己開示の内容の広さや深さは関係の進展段階に応じて変わっていくとされ、初対面から知人、知人から親友へと

第10章 対人関係の形成と発展

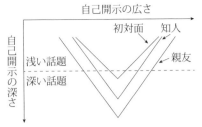

図3 社会的浸透理論（Altman et al., 1973 を改変）

　関係が進展するにつれて，自己開示の内容は広く，深くなっていく（図3）。このことは，上記のように自己開示が親密度をコントロールする機能があることを踏まえると，相手との親密さの程度に見合った自己開示を行うことが関係の良好さにつながることを示唆しているといえるだろう。

　自己開示のもう1つの機能は，自己開示を行う者の適応状態を良好なものにすることにある。一般に，周囲の人に自分の考えや悩み，感情状態等を打ち明けることは，本人の精神的健康をより良いものとし，孤独感を低減させる。つまり，自己開示は，他者との関係性のみならず，本人の適応状態とも関連するのである。

### 3．好意の返報性，報酬の互恵性

　私たちは，自分に好意を寄せてくれる相手や自分のことを高く評価してくれる相手に対して好意を感じやすい。このような現象は好意の返報性と呼ばれる。相手からの好意や高い評価は，他者から認められたいという私たちの社会的な承認欲求を満たしてくれる心理的報酬として機能するため，その報酬へのお返しとして相手を好意的に評価しやすくなる。実際，これまでの研究においても，私たちは，自分に好意を示してくれる，あるいは自分を高く評価してくれる相手に対して魅力を感じやすいことが報告されている（たとえば，Lowe et al., 1970）。

　また，返報性は好意に関してだけでなく，一般的に対人関係でやりとりされるサポートや自己開示についても認められる。さらに，そのような対人関係の諸側面での返報性が，個人の適応と関連することも知られている。つまり，お互いに好意やサポート，自己開示を提供し合うことで，双方の行動が相手にとっての心理的報酬となるといった報酬の互恵性（図4）は，対人関係を維持，継続していくうえにおいても，個人の適応状態を考えるうえにおいても重要なものとなるのである。

135

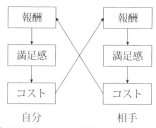

図4 親密な関係における報酬の互恵性（奥田, 1996）

（注）自分がコストを払って相手の報酬となる行動をとることで，相手の満足感は高まり，相手もコストを支払い自分に対して報酬を与えてくれるようになる。このような循環が成立することで対人関係は進展していく。

## V 関係の維持と関係葛藤への対処

親密な関係は，多くの場合，個人にとって重要なものであり，そうであるがゆえに個人の精神的健康や幸福感といった適応に対しても大きな影響を及ぼしやすい。それゆえ，親密な関係をいかにしてうまく維持，継続させていくのか，また，関係の破綻を避けるために相手との衝突にどのように対処するのかといった問題は，私たちの心の安寧を保つうえでも非常に重要なこととなる。ここでは，それらに対して私たちができることについて少し探っていくことにしよう。

### 1．投資モデル

親密な関係が継続していくか否かに影響を及ぼす要素とは何であろうか。ラズバルト（Rusbult, 1983）は，先に紹介した社会的交換理論の観点を踏まえ，関係の継続には，関係満足度，投資量，選択比較水準の質の3つの要素が重要であり，それらの要素が関係を継続しようとする意思（コミットメント）に対して影響を与えるという投資モデルを提唱している（図5）。

関係満足度とは，ネガティブ感情よりもポジティブ感情を経験する程度のことを指し，当該関係において，ポジティブ感情を経験しやすく，ネガティブ感情を経験しにくい場合に関係満足度は高くなる。投資量とは，それまでに関係に対して費やされた労力や時間のことを意味しており，関係が崩壊した場合に失われる資源もこの投資量には含まれる。また，選択比較水準の質とは，個人にとって現在の関係以外に他に魅力的な関係があるかどうか，また，その関係がどれくらい魅力的かということに関する要素である。投資モデルでは，関係満足度が高くな

第10章　対人関係の形成と発展

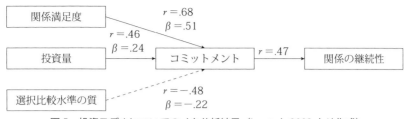

図5　投資モデルについてのメタ分析結果（Le et al., 2003 より作成）

（注）関係満足度が高くなるほど，投資量（とくに精神的，非物理的な投資量）が多くなるほど，また，選択比較水準の質が低くなるほどコミットメントは高まり，実際の関係の継続期間は長くなる。なお，図中の $r$ は相関係数を，$\beta$ は標準回帰係数を示したものであり，また，実線の矢印は正の相関あるいは正の影響を，破線の矢印は負の相関あるいは負の影響を意味する。

るほど，投資量が多くなるほど，また，選択比較水準の質が低くなるほど，関係を継続しようとする意思あるいは関係に対する関与度であるコミットメントが高まり，関係が継続しやすくなるとされる。実際，恋愛関係や友人関係，夫婦関係といったさまざまな関係を対象に投資モデルに関する研究は行われており，それら研究のメタ分析の結果からも，その妥当性は確認されている（図5）。

## 2．関係葛藤への対処法

どれだけ気心が知れた相手であっても，時には意見が合わずもめることもあるだろう。ささいなことから生じたすれ違いでも対処の仕方を誤れば，より大きな衝突につながる。相手との衝突，すなわち，関係葛藤にいかに対処するかは，よりよい関係を築き，それを維持していくためには重要な事柄となる。

ラズバルトら（Rusbult et al., 1982）は，関係葛藤の対処法を建設的‐破壊的と積極的‐消極的という2つの軸に基づいて4つに分類している。それら4つの対処法（図6）とは，積極的な建設的対処である「話し合い行動」，消極的な建設的対処である「忠誠行動」，積極的な破壊的対処の「別れ行動」，消極的で破壊的な対処の「無視行動」である。当然ながら，「話し合い行動」や「忠誠行動」といった建設的行動は，関係に対してポジティブな影響を及ぼしやすく，「別れ行動」や「無視行動」といった破壊的行動は，関係に対してネガティブな影響を与え，関係の破綻へとつながりやすい。また，関係の質とそれらの対処法との関連を見ると，関係への満足度が高い人や投資量が多い人は，建設的な対処行動をとりやすいのに対して，関係への満足度が低い人や投資量が少ない人は，破壊的な対処法をとりやすいことが知られている（たとえば，Rusbult et al., 1982）。

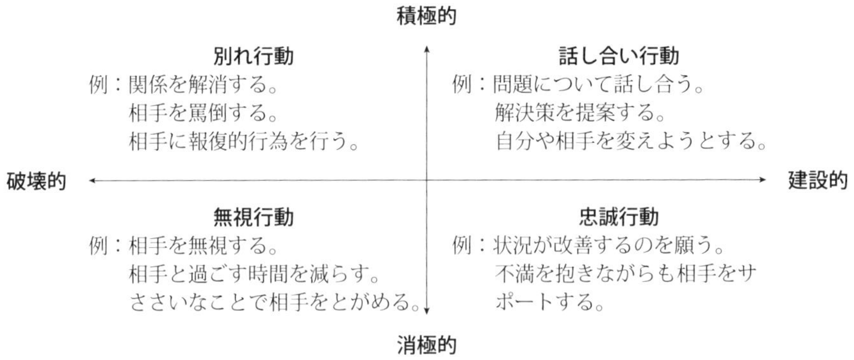

第 11 巻　社会・集団・家族心理学

積極的

**別れ行動**
例：関係を解消する。
　　相手を罵倒する。
　　相手に報復的行為を行う。

**話し合い行動**
例：問題について話し合う。
　　解決策を提案する。
　　自分や相手を変えようとする。

破壊的　←　　　　　　　　　　　　　　　　　　　　　　→　建設的

**無視行動**
例：相手を無視する。
　　相手と過ごす時間を減らす。
　　ささいなことで相手をとがめる。

**忠誠行動**
例：状況が改善するのを願う。
　　不満を抱きながらも相手をサ
　　ポートする。

消極的

図 6　関係葛藤への 4 つの対処法（Drigotas et al., 1995 より作成）

　これまでのいくつかの研究から，破壊的行動が関係に対して与えるネガティブな影響は，建設的行動のポジティブな影響よりも大きいことが知られている。このことは，よりよい関係を長く続けていくためには，関係によい影響を及ぼす建設的行動を積極的に行おうとするよりも，とにかく関係に対してネガティブなインパクトを与える破壊的行動をとらないようにすることが重要であることを示唆しているといえる。

　人は人との関係の中に生きている。それゆえに，私たちは人間関係に悩み，そして，時として傷つく。親密な関係を形成し，それを維持するという私たちの誰もが皆，普通に行っているはずのものが，何かにつまずいた途端，袋小路に迷い込み始める。自分のどこまでを相手に見せるのか，相手のどこまでに踏み込んでよいのか，考え始めると際限がない。人との関係に悩むというのは，おそらく私たち人間に課せられた業<sup>ごう</sup>のようなものなのであろう。本章でも紹介したように，対人関係を進展させる，あるいは阻害させる要因にはさまざまなものある。対人関係という天秤は，協調と対立のどちらにも傾きうる。本章が，そんな気まぐれな対人関係とどう向き合い，どうつき合っていくのかを考える際の一助になれば幸いである。

◆学習チェック
□　対人魅力に関する諸理論について説明することができる。
□　対人魅力と対人関係の進展段階との関係について理解した。
□　関係の初期から中期にかけて重要となる対人魅力の各規定因について理解し，それらを説明することができる。

第 10 章　対人関係の形成と発展

- □　関係の中期から後期にかけて重要となる対人魅力の各規定因について理解し，それ
　らを説明することができる。
- □　関係の維持に関わる要素と関係葛藤への対処法について説明することができる。

**より深めるための推薦図書**

大坊郁夫編（2012）幸福を目指す対人社会心理学─対人コミュニケーションと対人関
　　係の科学．ナカニシヤ出版．

池上知子・遠藤由美（2008）グラフィック社会心理学 第2版．サイエンス社．

松井豊編，海保博之監修（2010）対人関係と恋愛・友情の心理学（朝倉実践心理学講
　　座8）．朝倉書店．

谷口淳一・相馬敏彦・金政祐司・西村太志編（2017）エピソードでわかる社会心理学
　　─恋愛関係・友人関係から学ぶ．北樹出版．

和田実編（2005）男と女の対人心理学．北大路書房．

**文　　献**

相川充（2000）人づきあいの技術─社会的スキルの科学．サイエンス社．

Altman, I. & Taylor, D. A.(1973)*Social Penetration: The Development of Interpersonal Relationships*. Holt, Rinehart & Winston.

Berscheid, E. & Walster, E.(1969) *Interpersonal Attraction*. Addison-Wesley.（蜂谷良彦訳（1978）対人的魅力の心理学．誠信書房．）

Byrne, D. & Nelson, D.（1965）Attraction as a linear function of proportion of positive reinforcements. *Journal of Personality and Social Psychology*, 1; 659-663.

Collins, N. L. & Miller, L. C.(1994)Self-disclosure and liking: A meta-analytic review. *Psychological Bulletin*, 116; 457-475.

Drigotas, S. M., Whitney, G. A. & Rusbult, C. E.(1995)On the peculiarities of loyalty: A diary study of responses to dissatisfaction in everyday life. *Personality and Social Psychology Bulletin*, 21; 596-609.

Dutton, D. G. & Aron, A. P.（1974）Some evidence for heightened sexual attraction under conditions of high anxiety. *Journal of Personality and Social Psychology*, 30; 510-517.

Feingold, A.（1988）Matching for attractiveness in romantic partners and same-sex friends: A meta-analysis and theoretical critique. *Psychological Bulletin*, 104; 226-235.

Jecker, J. & Landy, D.(1969)Liking a person as a function of doing him a favour. *Human Relations*, 22; 371-378.

Jones, E. E. & Pittman, T. S.（1982）Toward a general theory of strategic self-presentation. In: J. Suls (Ed.): *Psychological Perspectives on the Self*, Vol. 1. Erlbaum, pp. 231-262

Le, B. & Agnew, C. R.（2003）Commitment and its theorized determinants: A meta-analysis of the investment model. *Personal Relationships*, 10; 37-57.

Lewis, M.（1995）*Shame: The Exposed Self*. Free Press.（高橋惠子監訳（1997）恥の心理学─傷つく自己．ミネルヴァ書房．）

Lowe, C. A. & Goldstein, J. W.(1970)Reciprocal liking and attributions of ability: Mediating effects of perceived intent and personal involvement. *Journal of Personality and Social Psychology*, 16;

291-297.

Murstein, B. I. (1970) Stimulus-value-role: A theory of marital choice. *Journal of Marriage and the Family*, 32; 465-481.

奥田秀宇（1996）生物的・社会的・心理的視座からみた対人関係．In：大坊郁夫・奥田秀宇編：親密な対人関係の科学．誠信書房，pp. 4-21.

Rusbult, C. E. (1983) A longitudinal test of the investment model: The development (and deterioration) of satisfaction and commitment in heterosexual involvements. *Journal of Personality and Social Psychology*, 45; 101-117.

Rusbult, C. E., Zembrodt, I. M. & Gunn, L. K. (1982) Exit, voice, loyalty, and neglect: Responses to dissatisfaction in romantic involvements. *Journal of Personality and Social Psychology*, 43, 1230-1242.

Schlenker, B. R. & Leary, M. R. (1982) Social anxiety and self-presentation: A conceptualization model. *Psychological Bulletin*, 92; 641-669.

Walster, E., Aronson, V., Abrahams, D. & Rottman, L. (1966) Importance of physical attractiveness in dating behavior. *Journal of Personality and Social Psychology*, 4; 508-516.

Walster, E., Walster, G. W. & Traupmann, J. (1978) Equity and premarital sex. *Journal of Personality and Social Psychology*, 36; 82-92.

White, G. L., Fishbein, S. & Rutstein, J. (1981) Passionate love and the misattribution of arousal. *Journal of Personality and Social Psychology*, 41; 56-62.

第11章

# 家族の人間関係

布柴靖枝

**Keywords** 家族ライフサイクル，結婚，夫婦関係，育児，養育信念，家族の情緒的風土，不適切な養育（虐待，ネグレクト），家庭内暴力，夫婦間暴力（DV, IPV），家族システム論，家族療法，生態学的システム論

## I 家族とは

### 1．家族心理学の視座

　家族は，子どもの命を守り，その健やかな成長を図るための安全基地として，また，個々の幸福を追求する第一次社会的集団として大きな機能を果たしている。親子関係，夫婦関係，きょうだい関係，祖父母，親戚などの拡大家族との関係のありようは，子どもの発達や，個々の家族成員のメンタルヘルスに大きな影響を与えているといっても過言ではない。とくに家族全体の情緒的風土がどの程度の「柔軟性を備えた秩序」をもち，家族員間でどれだけの「親密性が成り立ち」，「個としての情緒的自律性を促す傾向」が備わっているかという家族機能が重要になる（日本心理研修センター，2018）。

　家族心理学は，発達心理学，臨床心理学という2つの心理学を母体に誕生し，実証研究と実践研究を重ねて発展した学問である（中釜，2006）。さらに，ベルタランフィー（von Bertalanffy, 1968）の一般システム理論を家族に適用した「家族システム論」を基礎理論とし，家族全体を1つのシステムとして捉えた家族員の相互関係を重視している。たとえば，育児の問題を考える場合，母子関係のみに注目するのではなく，その背後にある夫婦関係のありよう，原家族[注1]も含めた家族全体の人間関係や相互作用などにも注目する。また，親が育児に携わる際にプラスにもマイナスにも影響を与えるといわれている養育信念（たとえば，「いい子に育てなければ母親失格」という信念）や自分自身の価値観や生き方に大き

---

注1）　英文の原文は family of origin であり，家族の起源という意味合いであり，また，家族は，資源＝リソースにもなるという観点から，「源家族」と記述することもある。

く影響を与える「家族神話」[注2)] が原家族の中でどのように世代間伝達されてきたかを理解し，必要に応じてより適応的なものに変えていく支援をすることもある。そして，症状や問題が，いかなる文脈（コンテクスト）の中で起こっているのかを読み解き，家族全体の相互作用を視野に入れた家族支援（家族療法）を行う。また他にも，家族ライフサイクル，多文化的視点，パワーの影響，ジェンダーの問題にも感受性を高くもち，夫婦関係，親子関係，きょうだい関係，三世代以上の多世代家族関係に関する研究や支援に取り組んでいる分野である。

## 2．多様化する家族――家族の変遷

　家族は，社会の変遷に伴い，形態，機能を大きく変化させてきた。とくに日本では，第二次世界大戦後に明治期以来続いていた家制度が実質廃止され，民主主義の導入とともに夫婦と子どもを中心とした家族形態が普及した。すなわち家を守るために絶対的権力をもった戸主を中心とする3，4世代同居の大家族から，夫婦と子どもを中心とした核家族へと変貌を遂げることになった。なかでも1960年頃～70年代前半の高度経済成長期には，転勤族が増え，核家族化が急速に進み，同時に地域共同体も弱体化した。またこの時期，急速な経済成長を支えるために，長時間労働に従事する父親が増え，家庭には母親と子どもが取り残されることになった。「登校拒否」（現在の不登校）が社会問題化したのもこの頃で，『母原病』（久徳，1979）という本がベストセラーになったことにより，過保護な母親の問題が批判されたこともあった。しかし，その背景には高度経済成長を支える労働力として父親が家庭から奪われたという社会経済的要因があったことを見逃してはならない。このように家族は，その社会のありようを反映して，その形態や機能も変化を強いられるため，その過程において家族関係のひずみや，機能不全が起こりやすくなることも認識する必要がある。

　また，日本は2007年から超高齢社会（満65歳以上の高齢者が21％以上）を迎えている。さらに人口動態統計によると，2016年には1人の女性が生涯に産む子どもの推計人数を示す合計特殊出生率は1.44を示し，出生数は100万人を初めて割った。また，晩婚化，非婚化の傾向が進み，高齢者の一人暮らし世帯も増加していることから，2016年は全世帯の26.9％が単身世帯となっている。

　近年は離婚による一人親家族や，再婚家族の増加も著しい。ちなみに2016年

---

注2) 布柴（2013）は，家族神話を「家族的無意識を引き受けて，多世代にわたり意識的，無意識的に世代間伝達されてきた家族の物語をさし，個人の行動や価値観，感情を規制し，独自の世界観を形成している家族の日々の営みを通して生成された物語」と定義している。

の離婚件数は約21万7,000件で,結婚件数は約62万件であることから,離婚件数が結婚件数の3分の1以上になっていることがわかる。なお,日本は母子家庭の相対的貧困率[注3]がOECD諸国の中でもきわめて高いのが特徴である。平成24(2012)年の国民基礎調査によると,母子家庭の相対的貧困率は50.8%を示している。つまり,女性は離婚をするとじつに2組に1組強が相対的貧困層に陥ってしまっていることがわかる。このことからも日本では,女性はいまだに社会的弱者となりやすいことが見て取れる。

　その他にも,子連れの再婚家族や,籍を入れない事実婚,LGBT(L:レズビアン,G:ゲイ,B:バイセクシュアル,T:トランスジェンダー)のカップルなど,近年は家族やカップルのあり方,居住形態なども多様化傾向を示している。ここで気をつけたいのは,新たな形のカップルのあり方を問題として捉えるのではなく,多様な生き方が認められるようになってきた証として理解することも重要であり,このような多様な家族が社会の中で守られ,支援が受けられる制度や体制を作り上げていくことも喫緊の課題となっている。

### 3. 現代の家族をどのように定義するか

　以上,家族の変遷を述べてきたように,家族は社会のありようを反映して大きく変化し,それに伴い家族の定義も変化していくことがわかる。中釜ら(2008)は,社会構成主義の考え方から,「家族とは人々の間に流布する言説(ディスコース)によって社会的に構築されるもの」と定義している。言説(ディスコース)とは,フランスの哲学者フーコーFoucault, M.によって提唱された概念である。つまり,その時代の文化や社会の中で,「人々の理解が家族という概念そのものをつくりあげ,つくり変えていく」(中釜ら,2008)と理解することが現代的家族を理解するうえで重要であることを示している。

　また一方で,現代家族の特徴として,ペットの存在も家族関係に大きく影響を与えており,コンパニオンアニマルとして無視できない存在になりつつある。ペットフード協会(2017)の平成29年の調査によると,過去10年間で何らかのペットを飼っている20代以上の人は44%に上っており,ペットも家族の一員であると認識する人も増加している。上野(1991,1994)は,誰が家族であるかは,個々人の認識であるとする「家族同一性(アイデンティティ)」という考え方を紹

---

注3)　相対的貧困率とは,OECDの定義によると,等価可処分所得(収入から税金・社会保険料等を除いた収入を世帯員の平方根で割った所得)の中央値の50%にあたるところを貧困線と呼び,貧困線に満たない世帯の割合を示すもの。

介している。多様な価値観が認められるようになってきた社会の中で，家族のあり方も多様化している。その中で，誰が家族であるか否かを決定するのも主観的，心理的基準の関与を認める考え方である。個人にもアイデンティティ確立が必要なように，個々の家族も，多様な家族のあり方を選び取り，家族同一性（アイデンティティ）を確立する必要がある時代になったことを示している。この考え方は，現代家族の多様なありようを説明，理解するうえで深い示唆に富む概念といえよう。

## II　家族ライフサイクルと結婚・夫婦関係

### 1．家族ライフサイクルと課題

個人にもライフサイクルがあるように家族にもライフサイクルがある。マクゴールドリック McGoldrick, M. らは，個人の発達と家族のライフサイクルは分かちがたく存在することを指摘し，双方の橋渡しをするモデルとして「家族のライフサイクル」を1999年に発表した。

「臨床アセスメントのための多文脈的枠組み」（図1）は，個人や家族の問題が，どういった背景から生じているのかを多文脈的視点から理解するために役立つモデル図となっている。私たちは1人ひとりが身体，心，精神性（sprit）をもつ存在として，家族（近親，親戚などの拡大家族を含む）や，社会文化的文脈（友人，コミュニティ，文化，より大きな社会システム）の中で，相互に影響を与え合いながら，水平的ストレッサーと，垂直的ストレッサーの影響を受けていることが示されている。時間の流れを表す横軸は，水平的ストレッサーを表し，その中には，予測できるもの（ライフサイクルの移行期における危機）と予測不可能なもの（不慮の死，病気，事故，トラウマ，失業など）が挙げられている。垂直的ストレッサーは，貧困，差別，家族の情緒パターン，家族神話，家庭内の暴力，宗教など，より大きなシステムからの影響や多世代的に引き継いだ負の遺産などが含まれている。

表1は，家族のライフサイクルの変遷を7段階のステージに分けて提示したものである。それぞれの段階で家族システムに求められる第二次変化についてまとめられている。第二次変化とは，言い換えれば家族に求められる発達課題ともいえる。とくに各ステージの移行期には，家族の構造，ルールや役割機能の変化が求められるため，どの家族でも大きくストレスがかかる時期である。そのため，これらのライフサイクルの移行期や，他の要因（水平的・垂直的ストレッサー）で

第11章 家族の人間関係

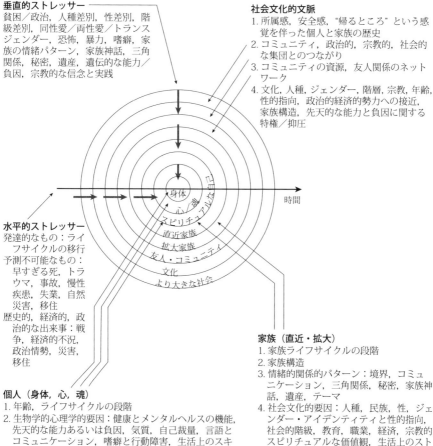

図1 臨床アセスメントのための多文脈的枠組み（McGoldrick et al., 2011; 野末, 2013）

家族に大きなストレスがかかった際に、家族システムの機能不全が起こりやすく、家族員の誰かが心理的な症状や問題を呈することがあることを示している。

第 11 巻　社会・集団・家族心理学

表 1　家族ライフサイクルの段階（McGoldrick et al., 2011; 野末, 2013）

| 家族ライフサイクルの段階 | 移行の情緒過程：基本原則 | 発達的に前進するために家族に求められる第二次変化 |
|---|---|---|
| 家からの巣立ち：新生の若い成人 | 自己の情緒的経済的責任を受け入れること | a. 原家族との関係における自己分化<br>b. 親密な仲間関係の発達<br>c. 職業における自己確立と経済的自立<br>d. コミュニティとより大きな社会における自己確立<br>e. スピリチュアリティ |
| 結婚による家族のつながり／結合 | 新たなシステムにコミットすること | a. パートナーシステムの形成<br>b. 新たなパートナーを包含するように，拡大家族，友人，より大きなコミュニティや社会システムとの関係を再編成すること |
| 幼い子どもがいる家族 | システムに新たなメンバーを受け入れること | a. 子どものためのスペースを作るよう，カップルシステムを調節すること<br>b. 子育て，経済的課題，家事における協働<br>c. 親役割と祖父母役割を包含するよう，拡大家族との関係を再編成すること<br>d. 新たな家族の構造と関係を包含するよう，より大きなコミュニティや社会システムとの関係を再編成すること |
| 青年期の子どもがいる家族 | 子どもの自立と祖父母の衰えを許容できるよう，家族境界をより柔軟にすること | a. 青年がシステムを出入りすることを許容できる親子関係に移行すること<br>b. 中年期のカップルとキャリアの問題に再度焦点を当てること<br>c. 高齢世代を世話する方向に移行し始めること<br>d. 新たな関係パターンを形成しながら青年と親という家族への移行を包含できるように，コミュニティやより大きな社会システムとの関係を再編成すること |
| 中年期における子どもの巣立ちとその後 | システムへのさまざまな出入りを受け入れること | a. 二者関係としてのカップルシステムの再交渉<br>b. 親と成人した子どもとの間で大人対大人の関係を発達させること<br>c. 親戚と孫を包含するよう，関係を再編成すること<br>d. 家族関係における新たな構造と布置を包含するよう，コミュニティやより大きな社会システムとの関係を再編成すること<br>e. 子育ての責任から解放され，新たな関心事／キャリアを探求すること<br>f. 親（祖父母）のケアの必要性，機能低下，死に対処すること |
| 後期中年期の家族 | 世代の役割の移行を受け入れること | a. 生理学的な衰えに直面しながら，自分自身および／あるいはカップルとしての機能と関心を維持すること：新たな家族役割と社会的な役割の選択肢を模索すること<br>b. 中年世代がより中心的な役割をとるようにサポートすること<br>c. この段階の家族関係のパターンが変化したことを認められるよう，コミュニティやより大きな社会システムとの関係においてシステムを再編成すること<br>d. 高齢者の知恵と経験をシステムの中に取り入れる余地を作ること<br>e. 高齢世代に対して，過剰に機能することなくサポートすること |
| 人生の終わりを迎える家族 | 限りある現実，死や自分自身の人生の完結を受け入れること | a. 配偶者，同胞，他の仲間の喪失に対処すること<br>b. 死と遺産への準備をすること<br>c. 中年世代と高齢世代の間の世代交代に対処すること<br>d. 変化しつつあるライフサイクルの関係を認めるよう，より大きなコミュニティや社会システムとの関係を再編成すること |

## 2．日本の夫婦関係の特徴

　日本における結婚・夫婦関係の特徴として，結婚満足度は結婚年数を経るごとに女性の結婚満足度が男性に比して減少する特徴がある。これは，日本の女性は育児，家事，仕事，介護など多重役割を担っており，過度な負担感が結婚満足度に影響を与えていると考えられる。また，最近は若い母親の育児不安が増えており，とくに，以下の2つの状況下にある母親に顕著に見られることが明らかになっている。1つが妊娠・出産を機に退職した無職の母親（小坂ら，2007），2つ目に育児を母親に一任して育児に関わらない夫をもっている妻である（柏木ら，1999）。これらの研究は，夫の育児参加の重要性と母親のアイデンティティに関する問題を示唆している。母親としてのアイデンティティは社会の変遷とともに大きく変化してきている。大正〜昭和初期・中期には「母親＝子育て」というアイデンティティで一生を終えた女性も，少子化と長寿化に伴い，子育て以外に関わる人生が延びたことから，母親だけのアイデンティティでは不安であると感じる若い母親が増えていることも不思議ではなく，現代社会における日本の特徴といえる。

# III　家族内で起こる不適切な養育と暴力

## 1．増え続ける家族内で起こる暴力・虐待

　家族の中で起こる暴力は，近年著しく増加している。とくに，①児童虐待，②少年による家庭内暴力，③夫婦間暴力（DV：Domestic Violence）・パートナー間の暴力（IPV：Intimate Partner Violence，DVとほぼ同義であるが籍が入っていない多様なカップルも含むことでIPVを使う場合もある），④高齢者虐待の増加は著しい。それぞれの件数を見てみよう。まず，①児童虐待であるが，全国の児童相談所における平成28（2016）年の児童虐待件数を見ると，12万2,578件で，前年比18.7％増になっている。その加害行為を行ったとされる者の約6割は実母である。②の少年による家庭内暴力の認知件数は，平成27（2015）年には2,531件となり，前年度に比べて21％増加していることがわかる。その暴力の対象の58.6％が母親であると報告されている（法務省，2017）。③のDVの相談件数は，警察庁の調べによると平成28（2016）年には6万9,908件で，前年比10.7％増となっており，その相談の約98％が女性によるものである。さらに，④の高齢者虐待判断件数は，厚生労働省による平成27（2015）年の調査報告によると，相談通報件数が2万6,688件に上り，そのうち家族や親族によるものが

1万5,976人になっている。加害行為を行ったとされる者の約4割は実の息子となっている。また加えて、平成28年度版『犯罪白書』によると、殺人事件864件中453件の犯人が親子、きょうだい、配偶者によるもので、殺人事件のじつに52.4％が親族によってなされていることがわかる。

このように家族内で起こる暴力は、右肩上がりで増加し続けている。命を安心安全に育む場であるはずの家族が、逆に命を脅かす密室になってしまうことを示している。つまり、家族であるがゆえに愛憎が入り混じった甘えとコントロール欲求が強くなり、期待通りにいかないと暴力性が引き出されやすくなるという特徴をもつ。また、恋人選択や夫婦関係は源家族からの影響を大きく受けており、未解決の世代間連鎖した課題が夫婦・カップル間の関係に投影されている場合も少なくない。

これらの家庭内で起こる暴力の中でも児童虐待、配偶者暴力に関しては、殺人事件に至らない限り、かつては民事不介入として警察をはじめとする公的機関も介入することは難しかった。そういった意味で、女子差別撤廃条約、児童の権利条約への日本政府の批准に後押しされて国内法が整えられ、平成12（2000）年に「児童虐待の防止等に関する法律（以下、児童虐待防止法）」が、平成13（2001）年に「配偶者からの暴力の防止及び被害者の保護に関する法律（以下、DV防止法）」が施行されたことの意味は大きい（表2）。これらの法律の施行によってようやく、通告・通報制度も整えられ、家庭という密室で起こる暴力に公的に介入できるようになった。

## 2．不適切な養育——児童虐待

不適切な養育とは、子どもの心身の健全な発達を阻害するもので、マルトリートメントといわれることもある。諸外国では「虐待（abuse）」と「ネグレクト（neglect）」のことを指し、日本では児童虐待防止法でいう児童虐待とほぼ同義になる。日本における児童虐待は、通告義務が制度化されたこともあいまって、児童相談所における認知件数が毎年、増加の一途をたどっている。児童虐待防止法では、児童虐待として表2のように①身体的虐待、②性的虐待、③ネグレクト、④心理的虐待の4つが挙げられている。また、平成16（2004）年の改正では、配偶者への暴力を子どもに目撃させることも心理的虐待の中に加えられた。なお、児童虐待を発見した際は、児童相談所、福祉事務所等への通告義務が明文化された。さらに、児童虐待かどうかはっきりわからなくても児童虐待のおそれがあると判断された場合は通告をすることや市町村も虐待通告先に追記された。

第11章 家族の人間関係

表2 児童虐待とDVに関する法律と内容

|  | 児童虐待の防止等に関する法律（児童虐待防止法） | 配偶者からの暴力の防止及び被害者保護に関する法律（DV防止法） |
|---|---|---|
| 施行 | 平成12（2000）年11月 | 平成13（2001）年10月（一部を除く） |
| 虐待・暴力の内容 | ①身体的虐待（殴る蹴る，タバコの火をおしつける，首を絞める，激しく揺さぶる，縛るなど）<br>②性的虐待（性的行為，性的行為を見せる，ポルノグラフィーの被写体にするなど）<br>③ネグレクト（家に閉じ込める，食事を与えない，通院させない，不潔にするなど）<br>④心理的虐待（「死ね」「いらない子」など言葉による脅し，DVの目撃など） | ①身体的暴力（叩く，髪を引っ張る，蹴るなど）<br>②心理的暴力（ののしる，何でも従わせようとする，侮辱など）<br>③性的暴力（性行為強要，避妊しないなど）<br>④経済的暴力（生活費を渡さないなど）<br>⑤社会的暴力（行動監視，交友の制限など） |
| 通告・通報先・相談先 | 市町村，児童相談所，福祉事務所など | 配偶者暴力相談支援センターなど<br>保護命令に関しては地方裁判所 |
| 概要 | 児童虐待の定義，通告義務，要保護児童対策地域協議会の法定化，立ち入り調査の強化，保護者に対する面会，通信などの制限強化，指示に従わない保護者の措置の明確化 | 各都道府県に相談支援センター設置義務，一時保護施設への入所，民間シェルターの委託設置，通報の努力義務，保護命令（接近禁止命令，退去命令） |
| おもな加害者 | 母親（約60％） | 夫，パートナー |
| 被害者 | 子ども，なかでも虐待死は6歳未満の子どもがハイリスク群 | 相談者の約98％は女性 |

なお，発見されにくい児童虐待に「乳幼児ゆさぶり症候群（SBS）」，「代理性ミュンヒハウゼン症候群」がある。乳幼児ゆさぶり症候群は，乳幼児が泣き止まないことへの苛立ちから衝撃的に激しくゆさぶり，硬膜下血腫や眼底出血などを引き起こし死亡させてしまうものである。外傷は少なく，軽症の場合はぐったりして風邪と誤診されることもある。また，代理性ミュンヒハウゼン症候群は健康なわが子に危害を加え，病気やけがをさせて，献身的に病院めぐりをする親を演じることで医療者をはじめ，他人から注目され，同情や賞賛を浴びたりする。このような虚偽を繰り返すことで自己満足を得るために子どもに危害を加える特殊なタイプの虐待である。

児童虐待が起こる背景要因として次のことが挙げられる。

親側の要因としては，①親の精神的な問題（パーソナリティ障害，うつ病，統合失調症などの精神疾患，発達障害，アルコール依存など），②経済的要因（経済的に窮している），③親の自己肯定感の低さ，④夫婦関係の不和，⑤親の生育歴・世代間連鎖（親も子どものときに不適切な養育を受けた経験がある），⑥地域からの孤立などが挙げられる。一方，子どもの側の要因として，①育てにくさ（発達障害など），②低体重児，③慢性疾患や障害が挙げられている（布柴，2008）。

これらの虐待を受けた子どもは，愛着障害や解離性同一性障害の症状を呈することがある。愛着障害は，感情コントロールが難しく，暴力的になったり，愛着の対象を適切に選択できないために，無差別な社交性を示したり，人間関係の構築に困難を示すことが多い。その他，学習障害，虚偽・狂言，動物虐待，火遊び（放火），自傷行為・異食などの問題行動を起こす場合もある。発達障害と似たような症状が出ることも多いためにアセスメントを丁寧に行う必要がある。

以上のように児童虐待はさまざまな複合的要因で発生していることから多職種連携で支援を行う必要がある。

### 3．夫婦間・パートナー間暴力（DV/IPV）

夫婦間・パートナー間の暴力は深刻な世界共通の社会問題の1つである。宗教，教育レベル，民族，地域性に関係なく起こっていると報告されている（WHO，2005）。暴力の内容には①身体的暴力，②心理的暴力，③性的暴力，④経済的暴力，⑤社会的暴力などが挙げられる（表2）。平成26（2014）年度の内閣府男女共同参画局の調査によると，配偶者（事実婚や別居中の夫婦，元配偶者も含む）から「身体的暴行」「心理的攻撃」「経済的圧迫」「性的強要」のいずれかを1つでも受けたことがある女性は23.7％，男性が16.6％を示している。4，5人に1人の割合でDV/IPVが発生していることになる。また，性別役割観とDV被害の相関関係が高いとの報告もある（WHO，2005）。つまり，男性はこうあるべき，女性はこうあるべきであると性別役割観が強いほど，DV関係に陥りやすい傾向があることを示している。加害者は自己愛性の問題を抱え，強い嫉妬心や所有欲をもっているケースが多い。また被害者は，高い不安症状と，トラウマによる回避行動，報復に対する恐れ，感情鈍麻，DVの過小視・否認，抑圧，解離，自責，恥，認知的ゆがみ，混乱などを特徴とするバタードウーマン症候群（Walker，1979，1984）を呈していることが多い。被害者の中には，パートナーの暴力を「愛しているからこそ」「この人は，私がいないとダメ」「自分さえ我慢すれば何とかやっていける」などと解釈することでDVを否認する傾向もあるためにDV/IPVは外から見

えにくいのが特徴である。また，DV/IPVにはサイクルがあり，暴力の後に加害者から優しくされるハネムーン期があることから，被害者自身も加害者から離れることが難しいケースもある。日本では，子どもの問題で相談機関につながったケースの背景に夫婦間のDV/IPVがあることが判明するケースも少なくない。

なお，DV防止法が施行されてから，DV/IPVは犯罪であることが法的に認められ，都道府県に配偶者暴力支援センターの設置が義務づけられた。それに伴い，一時保護施設への入所が可能となり，また地方裁判所で保護命令が出せることになった。保護命令には，①6カ月の接近禁止命令，②被害者宅から加害者を退去させる退去命令がある。しかし，この法律はまだ被害者の安全を守るには不十分であるとの指摘もある。

## Ⅳ　家族をシステムとして捉え支援する家族療法

### 1．個人から家族支援への視点の変遷

　家族療法の祖とされるアッカーマン（Ackerman, 1958）は，子どもを理解する手段として家族研究を始めた。家族メンバーの症状を治療するために「家族を一単位」として見なす意義を述べ，家族は有機体として統合性と求心性をもち，家族の同一性を維持していることを指摘した。また，多世代学派のボーエンBowen, M. は，子どもの問題は，母子の融合によって起こることを見出した。その背景には両親不和があることを発見し，母子融合は広い意味で家族システムの一片にすぎないとし，患者の家族全員を対象とした家族療法を実施した。ボーエンは，両親間葛藤に巻き込まれてきた子どもが最も精神的損傷を受けやすいと述べ，夫婦不和により親の一方と子どもの融合状態が発生し，それが世代間連鎖につながることを明らかにした。ボーエンは3世代以上の家系図であるジェノグラム（図2）を用いて，多世代的視点から原家族の家族関係の影響を明らかにして，そこから自律し，自己分化[注4]を高めるアプローチを行った。

　同じく多世代学派に分類される文脈療法のナージ Boszomenyi-Nagy, I. は，両親間の葛藤に巻き込まれてきた子どもは，父親，母親に対する忠誠心が分裂してしまい，さまざまな問題行動や心理的な症状を引き起こすことを明らかにした。

　このように多世代学派の家族療法家は，夫婦間に子どもが巻き込まれることによる子どもの精神的ダメージの大きさを指摘するとともに世代間連鎖のメカニズ

---

注4）　自己分化とは，感情システムと知性システムの分化の度合いを指し，源家族の影響から離れて自立できている状態を自己分化度が高いと捉える。

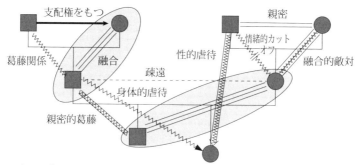

図 2　ジェノグラムの関係図の例（融合関係の世代間連鎖）（中釜ら，2008 より改変）
（注）　祖父母世代，父母世代，子世代の三世代のジェノグラムの例。表記のルールに従い，□は男性，○は女性を表す。

ムを明らかにした。

## 2．ダブルバインドの仮説——ベイトソン

　文化人類学者のベイトソン Bateson, G. の家族療法の発展への寄与も大きい。ベイトソンは，コミュニケーション学派のメッカ MRI の創始者であるジャクソン Jackson, D. らと共に，統合失調症の患者家族のコミュニケーション研究を通して 1956 年にダブルバインドの仮説を発表した。ダブルバインドとは，矛盾したメッセージを送ることで相手を拘束するコミュニケーションを指す。「……しなさい」という第一次命令と，矛盾した第二次命令（非言語が多い）が繰り返し出されることで，ダブルバインドをかけられた人は混乱してしまう。たとえば，子どものことを好きになれない親が，「抱っこしてあげるから，こちらへいらっしゃい」という言語メッセージ（第一次命令）を送った場合である。言語メッセージとは裏腹に，非言語（第二次命令）では，親の表情や態度が固く冷たいもので拒否的であった場合，「来なさい」というメッセージと，「来るな」という矛盾したメッセージが送られることになる。子どもは，どちらの命令に従えばいいのか混乱するばかりでなく，どちらの命令に従っても不快な思いをすることになる。これが何度も繰り返されると，ついには，第一次命令だけでダブルバインドをかけられた状態になってしまう。当初，このダブルバインドの仮説は，統合失調症の発症に関係すると発表されたが，後に否定された。しかし，ダブルバインドをかけ続けられた子どもは，無気力になったり，ある日突然「キレる」ということが起こったりしやすい。その背景要因となるダブルバインドのコミュニケーションを見出し，そこから抜け出せる支援をすることの有用性はいまなお重要である。

## 3．家族システム論と家族療法

　家族療法は，1950年前後の頃からアメリカで萌芽した。アッカーマンに始まり，多世代学派のボーエン，コミュニケーション学派のジャクソン，ヘイリーHaley, J.，構造学派のミニューチンMinuchin, S.などの貢献は大きい。

　先述したように家族療法はベルタランフィーの一般システム理論を家族に適用した家族システム論をベースに発展した。ここでいうシステムとは，「境界と階層性」をもち，「開放システム」として，外界の他のシステムとの情報のやりとりをしつつ，相互に影響を与えながら「円環的因果律」の中にあるという特徴をもつ。ちなみに家族は1つのシステムであるが，下位システムを見ると夫婦サブシステム，親子サブシステム，きょうだいサブシステムが存在する。また，上位システムを見るとそれぞれのメンバーは会社システム，学校システム，地域システム，国家システムの一員でもある。これらのさまざまな階層のシステムの相互作用を理解しつつ，家族を理解する支援を行う。その基本的考え方と方法は下記の通りである。

　まず，①家族は，家族員が相互に影響を与え合うシステムとして捉え，問題を抱える家族員をIP（Identified Patient）と呼び，IPの症状や問題は，家族の機能不全により生じていると捉える。また，②問題が起こった際に直線的因果論的見方を避け，円環的な見方をする（図3）。たとえば子どもが非行に走った場合，父親が原因，母親が原因，友達が原因というように原因と結果を直線的因果律で見ることは，結果的に犯人捜しをすることになる。家族療法では，そういう見方ではなく，原因と結果は円環的に相互作用を起こしていると見なす。コミュニケーションや関係性の悪循環の輪こそが家族の機能不全であると見立てる。③問題を維持してしまうコミュニケーションの悪循環を変化させる支援を行う。なお，コミュニケーションの悪循環は家族員個々の解決努力（問題を解決しようとする試み）から起こっていることも多い。④家族の相互作用はそれぞれの家族特有の型とパターンをもちバランスをとってシステムを維持（形態維持）している。そのためにすぐに家族システムに変化を起こそうとすると「抵抗」が起こる。⑤家族は，家族ライフサイクルの中で必ず変化を求められる時期がある。この時期は普通，苦痛を伴うが，健康な家族は柔軟性を示し，適応に成功する場合が多いのに比べ，不健康な家族は変化が妨げられ，家族員の誰かが心理的な症状や問題を呈する場合がある。⑥個人との面接においてラポール形成が非常に重要であるのと同様に，家族と会う家族療法では，家族システムに受け入れられるジョイニング

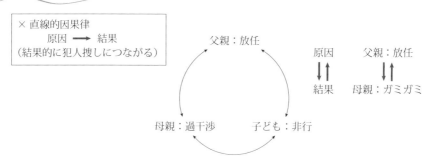

図3　円環的因果律の認識論

が大変重要になる。ジョイニングは，ミニューチンによって提唱された手法で，家族の暗黙のルール，言語・非言語のコミュニケーション・パターンを読み解き，それらを尊重しながら家族システムにうまく受け入れられることを意味する。⑦セラピストは，家族のルールを尊重しながらジョイニングし，家族のリソースを引き出しながら自然な変化を起こせるように援助する。⑧家族を問題解決のためのリソースと捉え，協働的に取り組む。リフレーミング技法，ミラノ派の症状そのものを肯定的に意味変換する方法など，変化への技法が豊富にあるのも家族療法の特徴である。

### 4．新たな家族療法の学派

家族療法はさまざまな変遷を経て，第三世代に入っているといわれている。おもなものとして下記が挙げられる。

①ソリューションフォーカスト・アプローチ

ソリューションフォーカスト・アプローチは，ドゥ・シェーザー de Shazer, S. によって提唱された。「問題」に焦点をあてるのではなく，問題解決の構築に焦点をあてて介入するため，解決志向アプローチともいわれている。ドゥ・シェーザーは，「人は問題を解決する技法をもっている。その能力と解決のためのリソース（資源）を引き出すサポートをすれば問題は解決する」と述べている。この考えに基づいて，例外的に問題が起こっていないとき，何が起こっているのかを尋ねて解決へのヒントを探し出す「例外探し」や，問題の程度を数字で表し可視化する「スケーリングクエスチョン」，解決後のイメージを質問する「ミラクルクエスチョン」などの質問を駆使し，解決構築に向けて支援を行うものである。比較的短

時間で具体的な支援ができるために，教育や医療，看護などの忙しい現場で，限られた時間の中で効果を上げられるアプローチとして注目されている。

### ②ナラティヴ・アプローチ

ナラティヴ・アプローチは，社会構成主義のポストモダニズムの新たな潮流の中で発展した家族療法である。ホワイト White, M. やエプストン Epston, D., アンデルセン Andersen, T., グーリシャン Goolishian, H. らによって発展した。

クライエントを苦しめている言説（ディスコース）やその人を支配する物語（ドミナント・ストーリー）を書き換えて，新たな物語であるオールタナティブ・ストーリーに書き換えていく作業を行う。グーリシャンらは，クライエントこそが自身の問題に対する専門家であると考えた。よって，セラピストは「無知の姿勢（not knowing position）」をとることで，クライエントに教えてもらう姿勢をとる。セラピストが問題を解決するのではなく，話を丁寧に聴いていくことで問題は解消するものだと述べている。また，ホワイトらは，「問題の外在化」などを通して物語の書き換え作業を行った。たとえば，「私はうつです」というと，「私＝うつ」になってしまう。そうではなく，うつ病という問題を外在化し，「私はうつ病に……という影響を受けています」と言い方をすることで問題に立ち向かう主体を取り戻し，家族で協力して取り組むことが可能になる。一方で，アンデルセンは，専門家チームが相談に来た家族について意見交換をするのを，その家族に逆に聞いてもらうリフレクティング・プロセスを導入するという画期的な手法を編み出した。

以上，主だった家族療法を紹介した。その他にも統合派や，認知行動療法的家族療法（CBFT），カップルの問題に有効な感情焦点化療法（EFCT），非行少年や薬物依存に適応されるマルチシステミック家族療法（MST）などがある。

### 5．生態学的システム論

ロシア系アメリカ人の発達心理学者ブロンフェンブレナー Bronfenbrenner, U. は，子どもの発達は，個人と生態学的環境との相互作用によって形成されると述べている。子どもを取り巻く多様な環境を1つのシステムをもった生態系として考え，マイクロ，メゾ，エクソ，マクロシステムという4つのシステムが入れ子構造になった生態学的システム論（bioecological model；Bronfenbrenner, 1979）を提唱した。マイクロシステムとは，自分を取り巻く最小単位の世界における親

子関係などの人間関係を指す。メゾシステムとは，家庭，保育園，幼稚園，学校，友達など自分が関係する複数の場が相互に関係し合うシステムを指す。エクソシステムとは，両親の職場や友人関係，きょうだいが通う学級であったり，自分が直接関わらない外のシステムであるものの間接的に影響を受けるシステムを指す。そして，マクロシステムとは国家や価値観，文化などのレベルで存在する信念体系を表す。子どもは成長に伴い，より上位の社会システムとの相互作用の中で生活するようになる。たとえば，きょうだいの誕生，幼稚園や学校への入学，進級，卒業，就職，結婚，子どもをもつこと，転職，転居，退職などの経験を通して必然的に役割の変化を求められ，社会的ネットワークの中で期待される社会的行動を身につけることで発達していく。彼はこれらを「生態学的移行」と呼び，生涯を通じた人間の発達においてきわめて重要であると主張している。

◆学習チェック
□　家族の変遷と現代家族の特徴について理解した。
□　家族ライフサイクルについて理解した。
□　家族内で起こる暴力（児童虐待とDV・IPV）について理解した。
□　家族を支援する家族療法について理解した。

---

より深めるための推薦図書

　　中釜洋子・野末武義・布柴靖枝・無藤清子（2008）家族心理学―家族システムの発達
　　　と臨床的援助．有斐閣．
　　日本家族研究・家族療法学会編（2013）家族療法テキストブック．金剛出版．
　　日本家族心理学会編（2018）家族心理学ハンドブック．金子書房．

---

　　　文　　　献

Ackerman, N. W.（1958）*Psychodynamics of Family Life*. Basic Books.（小此木啓吾・石原潔訳
　　（1970）家族関係の病理と治療．岩崎学術出版社．）
Bronfenbrenner, U.（1979）*The Ecology of Human Development: Experiments by Nature and Design*.
　　Harvard University Press.（磯貝芳郎・福富護訳（1996）人間発達の生態学．川島書店．）
久徳重盛（1979）母原病．教育研究社．
法務省法務総合研究所編（2016）平成28年度版犯罪白書．日経印刷．
柏木恵子・永久ひさ子（1999）女性における子どもの価値―今，なぜ子を産むか．教育心理学
　　研究，47; 170-179.
警察庁（2016）平成28年におけるストーカー事案及び配偶者からの暴力事案等への対応状況
　　について統計資料．
小坂千秋・柏木恵子（2007）育児期女性の就労継続・退職を規定する要因．発達心理学研究，18;
　　45-54.
厚生労働省（2013）平成24年国民生活基礎調査の概況．
厚生労働省（2017a）平成27年度高齢者虐待の防止，高齢者の養護者に対する支援等に関する

法律に基づく対応状況等に関する調査結果.

厚生労働省（2017b）平成 28 年国民生活基礎調査の概況.

厚生労働省（2017c）平成 28 年度児童相談所での児童虐待相談対応件数（速報値）. http://www.mhlw.go.jp/file/04-Houdouhappyou-11901000-Koyoukintoujidoukateikyoku-Soumuka/0000174478.pdf

McGoldrick, M., Carter, B. & Garcia-Preto, N.（2011）*The Expanding Family Life Cycle: Individual, Family, and Social Perspectives*, 4th Edition. Pearson.

中釜洋子（2006）家族心理学の立場からみた子どものこころの問題. 小児内科，**38**(1); 29-33.

中釜洋子・野末武義・布柴靖枝・無藤清子（2008）家族心理学―家族システムの発達と臨床的援助. 有斐閣.

日本心理研修センター監修（2018）公認心理師現任講習会テキスト 2018 年版. 金剛出版.

野末武義（2013）家族ライフサイクル. In：日本家族研究・家族療法学会編：家族療法ハンドブック. 金剛出版，pp. 57-58.

布柴靖枝（2008）子育てをめぐる問題と援助―次世代を誰がどう育てるかという問い. In：中釜洋子・野末武義・布柴靖枝・無藤清子：家族心理学―家族システムの発達と臨床的援助. 有斐閣，pp. 193-212.

布柴靖枝（2013）クライエントの歴史性と物語生成に関する心理臨床研究―多世代的視点からみた症状の意味と家族神話. 京都大学博士論文.

ペットフード協会（2017）平成 29 年全国犬猫飼育実態調査. http://www.petfood.or.jp/data/chart2017/11.pdf

上野千鶴子（1991）ファミリーアイデンティティのゆくえ. In：上野千鶴子ら編：家族の社会史（シリーズ変貌する家族 1）. 岩波書店，pp. 2-38.

上野千鶴子（1994）近代家族の成立と終焉. 岩波書店.

von Bertalanffy, L.（1968）*Organismic Psychology and Systems Theory*. Clark University with Barre Publishers.

Walker, L. E. A.（1979）*The Battered Woman*. Harper &Row.

Walker, L. E. A.（1984）*The Battered Woman Syndrome*. Springer.

WHO（2005）Summary report WHO multi-country study on women's health and domestic violence against women. World Health Organization.

第 11 巻 社会・集団・家族心理学

第 12 章

# ソーシャル・サポート

浦　光博

**Keywords**　ストレス緩和効果，直接効果，親密な関係，安全基地，避難場所，サポートの可視性，サポート提供の規範化

## I　対人関係のポジティブ効果

　普段から良好な対人関係の中で生活している者は，そうでない者と比較して心身ともに健康に過ごすことができる。このような対人関係の質と人の心身の健康との関連を扱った研究はソーシャル・サポート研究と総称される。この対人関係の質が心身の健康に及ぼす影響にはストレス緩和効果と直接効果の 2 種類があるとされている。

　ストレス緩和効果とは，文字通り良好な対人関係がストレッサー（ストレスフルな出来事）の心身への悪影響を緩和するというものである。人はストレッサーにさらされると心身の不調を来しがちである。しかし，普段から良好な対人関係にある者はそうでない者よりもこのストレッサーの悪影響が弱く，比較的心身の健康が維持されやすいということである。

　また，直接効果とは，良好な対人関係が直接人の心身の健康に影響するというものである。言い換えれば，個人の経験するストレッサーの程度がどの程度であれ，良好な対人関係にある者はそうでない者よりも健康であるというものである。

### 1．ソーシャル・サポートのストレス緩和効果

　ソーシャル・サポートのストレス緩和効果はまずホメオスタシスの観点から説明できる。生体にはホメオスタシス，すなわち心身の平衡状態を維持する機構が備わっている。しかし生体がストレッサーにさらされるとこの平衡状態が崩れる。そのような場合，生体は自身の内外の資源を用いて平衡状態を回復しようとする。人においては，自身の外部にある資源の供給源として周囲の人々との関係性が重

第 12 章　ソーシャル・サポート

図1　ストレスフルな出来事から心身の不調に至る過程でのソーシャル・サポートの影響（Cohen et al., 1985 より作成）

要な役割を演じる。良好な対人関係を広くもつ者ほど，そこから有益な資源を引き出しやすいため，ストレッサーの悪影響が緩和されるのである。

　また，コーエンら（Cohen et al., 1985）はストレスから心身の不調に至る一連の過程の2つの点でサポートが機能することで緩和効果が生じると主張している（図1）。第1に，潜在的にストレスフルな出来事を評価する段階である。普段から良好な対人関係を築いている者はそうでない者と比較して，この評価段階でより多くのサポートが得られるだろうと期待できる。そのため，そのような人は出来事のストレスの程度を過大評価することなく比較的適切に評価するだろう。まず，このようなストレスの再評価によってそれが心身の健康に与えるインパクトが弱まるのである。

　第2に，ストレスフルであると評価された出来事に対する心身の反応の段階である。ここでは，良好な関係にある他者から実際にサポートを受け取ることによって問題解決が促進されたり，問題を深刻に捉えることが抑制されたり，健康的な行動が促進されたりすることによって，ストレスの悪影響が緩和される。

　コーエンらの主張する一連のストレス緩和過程においては，周囲の対人関係から提供されるサポートの利用可能性が重要な役割を果たす。まず，上述のストレス評価過程におけるサポートの効果は，周囲の対人関係からそれが提供されるであろうという利用可能性認知によって生じる。また，心身の反応の抑制のためには，直面している出来事への対処に利用できるサポートが提供される必要がある。逆にいえば，ストレスフルな出来事の問題解決に利用できないサポートが提供されたとしても，その悪影響は緩和されにくいのである。

　求められているサポートと提供されるサポートの一致 - 不一致の影響を考える際，サポートの種類としてどのようなものがあるかを理解しておくことが重要である。サポートを何種類に分類し，それぞれをどう呼ぶかについては研究者によってさまざまである（浦，1992）。しかし，少なくとも道具的サポートと社会情緒

的サポートの2種類に大別できることについては，コンセンサスが得られていると考えられる（Vaux, 1988）。このうち道具的サポートとは，何らかの問題を抱えて苦しんでいる他者に対して，その問題の解決に必要な資源を提供したり，苦しむ他者がみずからその資源を手に入れることができるような情報を提供したりすることである。また社会情緒的サポートとは，苦しんでいる他者に寄り添い，傷ついた自尊心や情緒に働きかけて心の傷を癒やそうとする働きかけのことである。

このように分類したうえで，上記のサポートの一致‐不一致の影響を考えると，その意味がよりよく理解できるだろう。たとえば，何らかの問題解決のために具体的なアドバイス（道具的サポート）がほしいと思っている人に対して，ただ寄り添ったり慰めたり（社会情緒的サポート）しても，あまり役には立たない。逆に，ただ自分の悩みに共感してほしい（社会情緒的サポート）と願っているだけの人に対して，問題解決のためのアドバイス（道具的サポート）をすることは，ありがた迷惑になりかねない。必要とされるサポートが利用できて初めて，有益な効果が生まれるのである。

## 2．ソーシャル・サポートの直接効果

サポートの直接効果とは，上述のストレス緩和効果とは異なり，個人の経験するストレッサーの程度にかかわらず，良好な対人関係をもつことが人の心身の健康に直接的な影響を及ぼすというものである。この直接効果は，サポートを社会的統合度などの構造的な測度で捉えた場合に認められやすいことが指摘されている（Cohen et al., 1985）。つまり，配偶関係の有無や友人・知人の数，社会的ネットワークサイズなどの人々のもつ関係性そのものの豊かさ‐乏しさが人の心身の健康を直接的に左右するということである。

この直接効果については，対人関係が豊かであることのポジティブな効果というよりも，むしろ対人関係が乏しいことのネガティブな効果の視点から捉えた方が理解しやすい。人には何らかの関係性に所属することへの基本的な欲求が備わっているとされている（Leary et al., 2000）。このような所属欲求をもつ人間にとっては，対人関係が乏しいことそのものがストレッサーとなりうる。そのため，対人関係の乏しい人はそれの豊かな人と比較して心身の健康を損ないやすいのである。

実際，対人的なネットワークが心身の健康に及ぼす効果についての研究は，その多くがネットワークの乏しさの悪影響に焦点を当てたものである。古くは，バークマンら（Berkman et al., 1979）によるものがある。この研究では，カリフォ

ルニア州アラメダ郡の住民 4,725 名を，その対人的なつながりの豊かさの程度によって 4 群に分け，それぞれの群の人々の 9 年間での死亡率を比較している。結果は，最も豊かな対人的つながりをもつ群と最も乏しいつながりしかもたない群を比較すると，後者の死亡率は前者のそれのおよそ 2 倍になることを示していた。

　このバークマンらの研究では，調査対象者の健康状態や病歴，生活習慣などの剰余変数の交絡が十分に統制されていないという問題がある。この点に配慮したものとしては，エングら（Eng et al., 2002）の研究がある。この研究では，アメリカで医療関連の専門職に就いている 2 万 8,369 名の男性を対象とした縦断調査を行い，年齢，職業，健康行動，普段の体調，冠状動脈系のリスク因子，ダイエット習慣等，多くの剰余変数の交絡を統制した分析を行っている。詳細な分析の結果，社会的つながりの最も豊かな群とそれの最も乏しい群とを比較すると，後者の死亡リスクは前者の 1.19 倍であることが示されている。

　さらに，パンテルら（Pantell et al., 2013）の研究では代表性の高い男女のアメリカ人 16 万 8,449 名のデータを分析し，孤立と臨床的なリスク要因それぞれの死亡率に対する予測力を比較している。その結果によると，社会的に孤立することは，喫煙習慣や高血圧といった従来から指摘されているリスク要因と同じ程度の予測力をもつことが示されている。

　対人関係の乏しさが心身の健康に及ぼすネガティブな直接効果については上記の通りである。一方で，対人関係の豊かさのポジティブな直接効果についても，ストレス緩和効果の集積という観点からの説明が可能だろう。対人関係が豊かであることは，いざというときに頼れる友人・知人を多くもつことを意味する。そのような頼れる他者が多いほど，多様なサポート資源を手に入れやすくなる。一方，サポートのストレス緩和効果は，上述の通り，受け手の必要とするサポートの種類と提供されたサポートの種類が一致しているときに，高くなる。このようなことから，対人関係の豊かな者ほど日常的に経験するより多くのストレッサーに対してより適切なサポートが得られるようになるため，心身の健康が維持されやすいと考えることができる。

### 3．親密な関係のポジティブ効果

　以上に見てきた研究知見は，やりとりされるサポートがどのような特徴をもつかによってその心身への影響が異なることを示したものである。ソーシャル・サポート研究では，このような研究とともに，親密な関係性の健康への影響を扱ったものも少なくない。

たとえば上述のバークマンら (Berkman et al., 1979) とエングら (Eng et al., 2002) の研究はいずれも結婚の有無と死亡リスクとの関連を分析し, 結婚していることが死亡リスクを低めることを明らかにしている。また, 日本で行われた研究 (国立がん研究センター, 2016) では, 非婚による脳卒中リスクが分析されている。2,014名の対象者に対する平均約15年間の追跡調査の結果, 調査開始時期に婚姻状況に変化のある人（既婚から離別もしくは死別した人）ほど, 脳卒中を発症するリスクが高い傾向（男女ともに1.26倍）にあることが確認されている。これらの結果は, 親密な関係をもつことの健康へのポジティブ効果, 逆にいえばそれを失うことのネガティブ効果を示すものである。

このような親密な関係のもつ効果について, 成人アタッチメント理論 (adulthood attachment theory) から説明することができる。この理論では, 恋愛関係や婚姻関係といった親密な関係性は避難場所と安全基地としての機能をもつと考える。この理論のもととなるアタッチメント理論 (Bowlby, 1988) では, 子どもはみずからの環境内で行動しているときに何らかの脅威を感じると「避難場所」である養育者のもとに逃げ帰り, またみずからの環境を探索するための「安全基地」としても養育者を利用すると考える。養育者との関係がこれら2つの機能を十全に果たすことによって, 子どもはしだいに環境の中で自立し, 積極的に適応行動をとるようになるというのである。

成人アタッチメント理論では, このような養育者とのアタッチメント関係の機能が成長とともに親密な他者との関係に移行すると主張する。つまり, 成人もまた, 親密な他者との関係を避難場所として, あるいは安全基地として利用し, 環境の中で自律的に適応を図ろうとするということである。フィーニー (Feeney, 2004) は, このような主張に基づき, 恋愛関係にある男女の相互作用場面を観察し, 恋愛パートナーからの適切なサポートが人の目標達成への動機づけを高め, 積極的な探索的な行動を促すことを明らかにした。さらに同様の研究で, 恋愛パートナーへの依存性が適切に満たされることが人の独立的な対処行動を促進することも示している (Feeney, 2007)。

## II 対人関係のネガティブ効果

以上のように, 良好な対人関係は, ストレス緩和効果として, あるいは直接効果として人の心身にポジティブな影響を及ぼすことが示されてきた。一方で, 良好な関係性を築こうとする個々人の試みが意に反して, あるいは良好であるべき

# 第12章　ソーシャル・サポート

関係がその規範性ゆえに，ネガティブな効果を引き起こすことも少なくない。以下では，そのような対人関係のネガティブ効果に関する研究知見を概観する。

## 1．ソーシャル・サポートのネガティブ効果

人をサポートしようとする試みが意に反してネガティブな効果を生じさせることもある。

このようなサポートのネガティブ効果について，ボルガーら（Bolger et al., 2000）はサポートの可視性の観点から検討している。サポートの可視性とは，他者から与えられたサポートがその受け手によってはっきりとサポートとして認識される程度のことである。あからさまなサポートかそうでないかを示すものと言い換えることもできる。このサポートの可視性の効果について検討した諸研究は，あからさまなサポートは多くの場合，ストレッサー下にある受け手の心理的な苦痛を弱めないか（Bolger et al., 2000; Shrout et al., 2006），あるいは逆に苦痛を強める効果をもつこともある（Bolger et al., 2007）ことを示している。

このようなサポートの可視性のネガティブ効果は上方比較の観点から説明できる。あからさまなサポートは，その受け手に自分はサポート提供者よりも能力の低い人間であるという上方比較を生じさせる。このような上方比較は，サポートの受け手の自己評価を低下させる。このことが，サポートを受けることによるポジティブな効果を打ち消したり，時にはそれを上まわるネガティブな効果となって現れたりするのである。

また菅沼ら（Suganuma et al., 2001）は，サポート提供者のもつ正当性の低さの影響を検証し，正当性の低いサポートはポジティブな効果をもたないか，あるいは逆にネガティブな効果をもつことを明らかにした。サポートの提供は，他者の直面する課題の解決に向けて提供者がみずからの影響を行使することと捉えることができる。このような行使された影響力が受け手に受け入れられるためには，課題遂行への高い動機づけと有能さが必要である（Hollander et al., 1969, 1970）。菅沼ら（Suganuma et al., 2001）は，道具的サポートの提供者に，その影響力行使のための正当性がない場合には，受け手はそれに対して反発を感じたり，ネガティブな情動を経験したりするだろうと予測した。そしてこの予測を友人関係同士にある2名の参加者間のサポート授受を題材として検証した。結果は，正当性の低い友人からの道具的サポートの提供が受け手の状態不安を高め（図2のa），課題遂行量を低下させる（図2のb）ことを示していた。

この菅沼らの実験結果は，サポートの受け手と提供者との関係性の観点から説

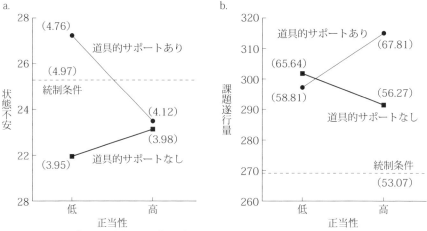

図2 道具的サポートの有無とサポート提供の正当性が状態不安（a）と課題遂行量（b）に及ぼす効果（Suganuma et al., 2001 より）
（注）（　）内は標準偏差。

明できる。一般に友人関係は勢力の差のない対等な関係である。このような対等であるはずの関係であっても，サポート提供者である友人が，提供するサポートに関して十分に有能で高い動機づけももっていることが明らかであれば，受け手はそのサポート提供を当然のことと認識でき，関係の対等性は崩れない。しかし逆に，友人の能力も動機づけも自分自身のそれらと変わらないのであれば，そのような友人からのサポートは関係の対等性を崩すものであり，恩着せがましいお節介と受け取られかねないのである。

## 2．親密な関係のネガティブ効果

すでに説明した通り，親密な関係をもつことは一般にポジティブな効果を人にもたらす。しかし一方で，親密な関係性にあるがゆえに生じるネガティブな効果もある。

相馬ら（2007）によれば人は恋愛パートナーをもつことによって，そのパートナー以外の他者からサポートを得ることをためらうようになるという。それは第1に，恋愛・配偶関係を性的所有関係と捉える社会規範があるからである。人はその規範を内在化しているために，恋愛・配偶関係以外の関係に対して排他的に振る舞うようになるのである。第2に，進化心理学的な観点からの説明も可能である。人が恋愛・配偶関係のパートナーと排他的に情緒的資源を交換するのは，

#  第12章 ソーシャル・サポート

そのことが究極的に子孫の生存可能性を高めることになるからだということである。

　これらどちらの観点からも，恋愛関係にある人たちはその関係の外部からのサポート取得をためらうことが予測できる。実際，大学生136名を対象とした調査（相馬ら，2007）によって，恋愛パートナーをもつ大学生は，自身のパートナーからのサポートは進んで得ようとするけれども，パートナー以外の人々からサポートを受けることにはためらいがちであることが明らかにされている。さらに興味深いことに，恋愛パートナーはいないけれども，信頼できる異性の友人をもつ人は，その友人からであれ，それ以外の人々からであれ，サポートを得ることにさほどためらいを覚えないことも示されている。このことは，親密な関係性をもつことでむしろ受けることのできるサポート資源が制限される可能性を示唆している。

　このような関係外部にサポートを求めることへのためらいは，関係内部で問題が生じた際の対処を損なわせる可能性がある。典型的には，ドメスティックバイオレンス（以下DV）への対処が遅れる可能性である。DVは比較的ダメージの小さなものから大きなものへとしだいにエスカレートすることが多い。とすれば，たとえ恋愛・配偶関係内でDVが生じたとしても，その初期段階で関係外部の人々からのサポートを求めるなどの対処ができていれば，被害を小さく抑えることができるだろう。しかし，恋愛・配偶関係にあるがゆえに関係外部からのサポート取得がためらわれるとすれば，初期段階での十分な対応ができなくなる可能性がある。しかも，人は恋愛・配偶関係の外部からの十分なサポートが期待できない場合，その関係内部での毅然とした態度をとることができなくなる。相馬ら（2004）によれば，恋愛・配偶関係外部からのサポートが利用しにくい場合に，人はパートナーの反社会的な行為に対して毅然とした態度で反論，あるいは反撃したり，相手との間に距離をおいたりといった行動がとれなくなることが示されている。

　I節3で述べたように，親密な関係をもつことは多くの場合，人にポジティブに影響する。しかし，ここで紹介した諸研究は，親密な関係をもつことで関係外部から多様なサポートを受ける可能性が制限され，結果として関係内部での葛藤解決にネガティブに影響する可能性を示唆している。親密な関係性をよりよいものにするためには，その関係を外部に向けて開かれたものにすることが必要であるといえる。

## ■ III　家族のソーシャル・サポート

　親密な関係の中でもとくに我々の適応と密接に関連するのは家族関係であろう。家族は表出的機能と道具的機能を担う（Parsons et al., 1956）。表出的機能とは，家族成員の心理的安定のために適切に情動を表出させ，家族を集団として維持していく機能のことであり，道具的機能とは，家族を外部環境に適応させていくための機能である。前者は社会情緒的サポートの機能，後者は道具的サポートの機能であるといえる。家族はまた安全基地であり避難場所でもある。家族がこれらの機能を果たすことで，人は安心して家庭の外に出ることができ，外部環境の中で自立的に行動できるようになる。

　アダムスら（Adams et al., 1996）は，家族からの道具的ならびに情緒的サポートと仕事と家庭との葛藤との関連を検討した。ここで仕事と家庭との葛藤とは，家庭内での種々の出来事が仕事に影響し，また仕事上の種々の出来事が家庭生活に影響することを意味する。この研究では163名のフルタイム勤務者からのデータを分析し，家族から多くの情緒的ならびに道具的サポートを受けている者ほど家庭と仕事との葛藤が少ないことを明らかにしている。家族からサポートを得ることで，人はむしろ家庭生活から独立した職業生活を送れるようになるのである。

　もちろん家族からのサポートは，外部環境への適応だけでなく，家庭内での問題への対処にも重要な役割を果たす。荒牧ら（2008）は，複数のサポート源からのサポートがストレスに及ぼす影響について，未就学児をもつ母親を対象として検討している。この研究では，育児ストレスに及ぼす夫，親族（妻方／夫方の親や母親の兄弟姉妹）ならびに親族以外（保育所，幼稚園の先生）からのサポートの影響を分析した。結果は，夫からのサポートが妻の育児への負担感や育ちへの不安感を低減し，また育児への肯定感を高めることを示していた。また，親族からのサポートは育児ストレスの低減とは関連せず，むしろ，保育所や幼稚園の先生からのサポートが育児ストレスを和らげ，また育児への肯定感を高めることも示された。

　この家族からのサポートと他の親密な関係からのサポートとの違いの1つとして，その提供が規範化されている程度がある。家族関係においては，家族以外の関係性においてよりもサポートの提供が強く規範化されている（稲葉, 1998）。つまり，いずれかの家族成員に何らかのサポートが必要となった際，その他の成員が適切なサポートを提供することは当然のことであるという認識が社会的に共有

## 第12章 ソーシャル・サポート

されている。「家族なんだから支え合うのが当たり前」なのである。

このようにサポート提供が強く規範化されている関係では,当然,他の関係よりもサポートが提供されやすい。しかしそれだけに,そのような関係でサポートが提供されなかった場合の悪影響は他の関係においてよりも大きい（稲葉,1998）。ましてや,支えてくれるはずの家族メンバーからの暴力のダメージはきわめて大きなものとなる。加えて,家族からのサポート提供の規範性は,家族外部からのサポート取得の抑制要因にもなりうる（Ⅱ節2参照）。しかも,そのような規範は社会的にも共有されていることから,家庭の外からの積極的な介入も抑制されがちである。「家族のことはまず家族で何とかすべき」という共有された認識が,外部からの介入を遅らせるのである。このような機能不全に陥らないためには,家族もまた家族外部に向けて開かれたものであることが必要なのである。

◆学習チェック
- □ ソーシャル・サポートのストレス緩和効果と直接効果の違いについて理解した。
- □ 親密な関係のもつ安全基地ならびに避難場所としての機能について理解した。
- □ ソーシャル・サポートの可視性の高さがもたらすネガティブな効果について理解した。
- □ 親密な関係をもつ個人が,関係外部からのサポート取得をためらうようになる理由について理解した。
- □ 親密な関係性や家族関係がよりよいものとなるためには,その関係が外部に向けて開かれたものである必要があるのはなぜかが理解できた。

より深めるための推薦図書

橋本剛（2005）ストレスと対人関係.ナカニシヤ出版.
松井豊・浦光博編（1998）人を支える心の科学.誠信書房.
浦光博（1992）支えあう人と人—ソーシャル・サポートの社会心理学.サイエンス社.
浦光博（2009）排斥と受容の行動科学—社会と心が作り出す孤立.サイエンス社.

文　献

Adams, G. A., King, L. A. & King, D. W.(1996)Relationships of job and family involvement, family social support, and work–family conflict with job and life satisfaction. *Journal of Applied Psychology*, 81; 411-420.
荒牧美佐子・無藤隆（2008）育児への負担感・不安感・肯定感とその関連要因の違い—未就学児を持つ母親を対象に.発達心理学研究, 19; 87-97.
Berkman, L. F. & Syme, S. L.(1979)Social networks, host resistance, and mortality: A nine-year follow-up study of Alameda County residents. *American Journal of Epidemiology*, 109; 186-204.
Bolger, N. & Amarel, D.（2007）Effects of social support visibility on adjustment to stress:

Experimental evidence. *Journal of Personality and Social Psychology*, 92; 458-475.
Bolger, N., Zuckerman, A. & Kessler, R. C.（2000）Invisible support and adjustment to stress. *Journal of Personality and Social Psychology*, 79; 953-961.
Bowlby, J.（1988）*A Secure Base: Parent-Child Attachment and Healthy Human Development*. Basic Books.
Cohen, S. & Wills, T. A.（1985）Stress, social support, and the buffering hypothesis. *Psychological Bulletin*, 98; 310-357.
Eng, P. M., Rimm, E. B., Fitzmaurice, G. & Kawachi, I.（2002）Social ties and change in social ties in relation to subsequent total and cause-specific mortality and coronary heart disease incidence in men. *American Journal of Epidemiology*, 155; 700-709.
Feeney, B. C.（2004）A secure base: Responsive support of goal strivings and exploration in adult intimate relationships. *Journal of Personality and Social Psychology*, 87; 631-648.
Feeney, B. C.（2007）The dependency paradox in close relationships: Accepting dependence promotes independence. *Journal of Personality and Social Psychology*, 92; 268-285.
Hollander, E. P. & Julian, J. W.（1969）Contemporary trends in the analysis of leadership processes. *Psychological Bulletin*, 71; 387-397.
Hollander, E. P. & Julian, J. W.（1970）Studies in leader legitimacy, influence, and innovation. In: *Advances in Experimental Social Psychology*, Vol. 5. Academic Press, pp. 33-69.
稲葉昭英（1998）ソーシャル・サポートの理論モデル．In：松井豊・浦光博編：人を支える心の科学．誠信書房，pp. 151-175.
Leary, M. R. & Baumeister, R. F.（2000）The nature and function of self-esteem: Sociometer theory. In: *Advances in Experimental Social Psychology*, Vol. 32. Academic Press, pp. 1-62.
Pantell, M., Rehkopf, D., Jutte, D., Syme, S. L., Balmes, J. & Adler, N.（2013）Social isolation: A predictor of mortality comparable to traditional clinical risk factors. *American Journal of Public Health*, 103; 2056-2062.
Parsons, T. & Bales, R. F.（1956）*Family Socialization and Interaction Process*, Vol. 7. Psychology Press.
Shrout, P. E., Herman, C. M. & Bolger, N.（2006）The costs and benefits of practical and emotional support on adjustment: A daily diary study of couples experiencing acute stress. *Personal Relationships*, 13; 115-134.
相馬敏彦・浦光博（2007）恋愛関係は関係外部からのソーシャル・サポート取得を抑制するか—サポート取得の排他性に及ぼす関係性の違いと一般的信頼感の影響．実験社会心理学研究，46; 13-25.
相馬敏彦・浦光博・落合麻子・深澤優子（2004）恋人・夫婦間暴力被害の抑制に及ぼす対人的影響—関係内での協調的・非協調的志向性と関係外部からのサポートの影響．行動科学, 43; 1-7.
Suganuma, T. & Ura, M.（2001）An integrative approach to leadership and social support. *Asian Journal of Social Psychology*, 4; 147-161.
浦光博（1992）支えあう人と人—ソーシャル・サポートの社会心理学．サイエンス社．
Vaux, A.（1988）*Social Support: Theory, Research, and Intervention*. Praeger publishers.

第13章 文化と社会心理

# 文化と社会心理

石井敬子

🔖 *Keywords*　相互独立，相互協調，文化的自己観，個人主義，集団主義，異文化適応，文化化，WEIRD

## I　心の社会・文化依存性

　あなたなら以下の文章のカッコ内にどのような数字を答えるだろうか。なお本書の読者はおもに大学生だろうと仮定し，「私が通っている大学の学生」を比較対象としているが，そうでない場合は，あなたが属している集団（たとえば，職場や高校）のメンバーをあてはめてみてほしい。

- 私が通っている大学の学生の（　　　）％が私より誠実である
- 私が通っている大学の学生の（　　　）％が私より魅力的である
- 私が通っている大学の学生の（　　　）％が私より意志が強い
- 私が通っている大学の学生の（　　　）％が私より根気がある
- 私が通っている大学の学生の（　　　）％が私より頭がいい

　はたして，5つの数字の平均値はいくつになっただろうか。50未満ないしは50以上で分けてみたら，あなたはどちらにあてはまっただろうか。
　筆者は，心理学の入門向けの授業で毎年この質問をしている。50を基準にして自分はどちらだったかを挙手で答えさせると，例年，50以上の方が多数派を占める。このパターンは，偏差値の異なるいくつかの大学で実施してもほぼ変わらない。つまりこれは，誠実や魅力的といった望ましい特性について，自分はその集団の平均とだいたい同じ程度か，むしろそれ以下であると判断する学生が多いことを示唆する。
　一方，社会心理学の教科書によれば，人は自分自身を肯定的に見るよう動機づ

けられており，一般的に自分は平均よりも上と思いやすい（Taylor et al., 1988）。この現象は，自己奉仕バイアスとも呼ばれている。にもかかわらず，これは先の日本人学生を対象とした挙手のパターンと大きく矛盾する。いったいなぜか。

　1つの可能性として，教科書に書かれている内容を「一般的な」知見であると仮定してみよう。上記の日本人学生のパターンは例外であり，筆者はたまたま毎年例外ばかりに出くわしているのかもしれない。回答上の問題点，たとえば，私が通っている大学の学生という尋ね方が曖昧であったり，挙手させることによって匿名性がまったく保証されていなかったりということもその例外的な反応を促したのかもしれない。

　しかし，その教科書の知見を一般的だとする仮定を否定してみると，別の見方も可能である。教科書の知見の大多数は，西洋圏，とくに北米の大学生参加者のデータをもとにしたものである。よって自己奉仕バイアスは，北米の大学生の間では当たり前かもしれないが，異なった文化圏の人々では当たり前ではないから，そうした矛盾が生じるのだと考えることもできるだろう。ヘンリックら（Henrich et al., 2010）は，心理学の研究者もその実験参加者もほとんどが WEIRD（Western〔西洋の〕，Educated〔教育された〕，Industrialized〔産業化された〕，Rich〔豊かな〕，Democratic〔民主主義の〕の頭文字をとった造語であり，weird〔奇妙な，おかしい〕との掛詞にもなっている）の人々であることを指摘した。実際，彼らが調べたところ，2003年から2007年における心理学のジャーナルに掲載された知見の96％が，世界の人口のたった12％にすぎないおもに欧米人を対象としたものであった。つまりヘンリックらの主張は，WEIRD が大多数を占める心理学研究において，WEIRD を対象として得られた結果があたかも「一般的」のように扱われていることを問題視するものであり，心の性質を考えるうえで社会・文化環境の影響を考慮することの必要性を提起する。

　人の心の性質が社会・文化環境に大きく依存している可能性は，過去四半世紀に及ぶ文化心理学の研究によって支持されてきている。人は，さまざまな心の性質を生み出すための基盤となる普遍的な能力をもって，特定の社会や文化で誕生し，成長する。心の社会・文化依存性は，成長の過程において，その文化や社会で暗黙の内に共有されている知識を取り入れたり，人間関係を調整するさまざまな規範や慣習に慣れ親しんだりすることで，その社会や文化に見合った心の性質を獲得していくことで生じる。本章では，まず社会・文化依存性に関する理論的枠組みとして，文化的自己観や個人主義・集団主義を紹介する。次に，文化的自己観や個人主義・集団主義はどのように心の性質に表れるのかについて，自己，感情，

第13章 文化と社会心理

認知・注意配分のそれぞれの領域における知見を紹介する。さらに，人々がある社会・文化環境から別の社会・文化環境に移動した際に問題となる異文化適応にも焦点をあて，文化心理学的な視座から考察を加えることを試みる。

## II 文化的自己観

　文化心理学の関心は，文化・社会構造と主体を構成する心理プロセスとが互いに構成し合う継時的なダイナミックスにある。マーカスら（Markus et al., 1991）は，人々が作り上げている文化には何らかの主体についてのモデルがあるとし，文化において歴史的に共有されている自己についての通念を文化的自己観と呼んだ。文化的自己観は，考え，感じ，あるいは実際に行動をする際の「準拠枠」をその文化に生きる人々に提供する。

　マーカスらによれば，この文化的自己観は，相互独立的自己観と相互協調的自己観に大別される。相互独立的自己観は，欧米圏（とくに北米中流階級）で一般的な信念とされている「自己＝他者から切り離されたもの」を反映している。この自己観が優勢な社会・文化環境において，人は，自分自身の中に誇るべき属性を見出し，それを外に表現することで常に自分の存在を確認していく。また「自己＝他者から切り離されたもの」というモデルに適合していくことで，人は，自己のあり方のみならず，それに従った人間観をもつに至る。一方，相互協調的自己観は，東アジア文化で一般的な信念とされている「自己＝他者と根元的に結びついているもの」を表している。このような社会・文化環境のもとでは，意味ある社会的関係の中でどのような位置を占めるかが重要であり，その中で他者と相互協調的な関係をもつことで自己を確認し，自己実現が図れる。そして同様に，こうした過程を経ることで「自己＝他者と根元的に結びついているもの」に従った人間観をもつに至る。

## III 個人主義・集団主義

　相互独立的自己観・相互協調的自己観と同様の文化差を説明する次元として，個人主義・集団主義がある。トリアンディス（Triandis, 1995）は，ある特定の言語を話す人々の間で，または歴史的な時間，さらにはある地域において，共有されてきた態度や信念，規範，役割，価値などのパターンを文化的シンドロームとした。個人主義や集団主義は，文化的シンドロームの一例である。トリアンディス

によれば（Triandis, 1995），個人主義は，①自己は相互独立で自律的なものとして定義され，②集団の目標よりも個人的な目標を優先し，③規範よりも自身の態度がその行動を決定し，④交換規範の面から関係を捉え，その関係による利益と損失を計算し，損失が利益を上まわる場合にはその関係から離脱することによって特徴づけられる。一方，集団主義は，①自己は相互協調的なものとして定義され，②個人的な目標と集団的な目標が矛盾するときには，後者を優先し，③自身の態度よりも規範がその行動を決定し，④共同規範の面から関係を捉え，たとえ個人のレベルではその関係による費用がかかっても，自分を含む集団の観点からはその関係による利益があるので，個人はその関係に留まろうとすることによって特徴づけられる。

　なお，ここまで相互独立・相互協調または個人主義・集団主義と大別してきたが，実際それらはすべてどの社会・文化においても人々が生きていくうえで重要なものである。しかし独立か協調か（ないしは個人か集団か）は時には対立し，また実際のところそれら両方を重視するだけの資源を社会も人ももち合わせていないため，どちらか一方が優先されることになる。文化課題理論（Kitayama et al., 2009）によると，そのような人間観や価値，信念を得るための手段として文化内には慣習（課題）が存在し，人は日常の慣習を通じ，その社会・文化で優勢な人間観や価値，信念をみずからの行動に実現させていく。たとえば，相互独立であれば，それに対応した課題として「自己主張をする」「ユニークさを重視する」「自己を肯定的に見るようにする」等があり，一方相互協調であれば，「謙虚で目立たないようにする」「調和を重視する」「自己を批判的に捉える」等がある。またそれぞれの課題は，相互独立や相互協調に関連した心理・行動傾向とも結びついている。重要なのは，ある社会・文化のもとですべての慣習を実践するのは不可能であり，その慣習の選択の仕方によって心理・行動傾向も変わってくる点である。以下の節では，この心理・行動傾向における洋の東西の文化差のみに着目した知見を紹介するが，そのような理由によって文化内での差異も無論生じる。これまでの研究によると，慣習（課題）のばらつきは，洋の東西に限らず，さまざまなマクロレベルの変数，たとえば社会階層（Kraus et al., 2009）や住居の流動性（Oishi, 2010）によっても変わり，そのことが慣習の選択，さらには心理・行動傾向にも反映される。

第13章 文化と社会心理

## ■ IV 自己，感情，認知・注意配分における文化差

　この節では，文化的自己観や個人主義・集団主義の文化差が自己や感情，認知・注意配分といった心の性質にどのように表れるのかについて紹介する。

### 1．自　　己

　本章の I 節で触れたように，自己奉仕バイアスには大きな文化差がある。西洋圏の人々と比較し，非西洋圏，具体的には東アジアをはじめとし，メキシコ，チリ，フィジー等の人々では自己奉仕バイアスが低い（Heine et al., 2007）。むしろ，とくに東アジアでは，自己を否定的に評価する自己批判的傾向が見られる。実際，成功経験ないしは失敗経験後の動機づけを調べると（Heine et al., 2001），北米人は失敗経験に関連した課題よりも，成功経験に関連した課題により動機づけられ，その課題に対しより長い時間取り組んだのに対し，日本人はむしろ失敗経験に関連した課題により動機づけられ，その課題に対しより長い時間取り組んだ。また，この研究ではその動機づけの文化差に課題に関わる能力観の差異が関連していることも示唆された。日本人は努力によってその能力を伸ばすことができると考えやすく，それゆえに失敗に直面してもその自分の問題点を改善していこうという動機づけが働きやすかったのに対し，アメリカ人はその能力は不変のものと考えやすく，むしろ失敗に直面することは自身の自尊感情にとって脅威になるためそれを避けようという動機づけが働きやすかった。

　このような自己評価の側面に加えて，文化的自己観を反映し，自己の認識も洋の東西で大きく異なる。一般的な "Who am I" テストでは，参加者は "I am …"（「私は……です」）の文章を 20 個書き出す。日米でそのテストを実施したカズンズ（Cousins, 1989）によると，アメリカ人と比較し，日本人は自分の性格特性を述べる割合が低く，代わりに社会的な属性やメンバーシップ（たとえば，「私は大学生です」「私はマラソンランナーです」など）について言及する割合が高かった。この記述内容の差異は，自己が他者とどの程度切り離されているか，ないしはどの程度他者と結びついているかの信念に対応する。また，自分の性格特性を判断する際に関与する脳部位も近年の研究で明らかになっている。たとえば，最初にさまざまな性格特性を提示し，それが自分と他者のどちらに当てはまっていると思うかを判断させたのち，それに対する再認課題を行うと，一般的には自己に関連する特性に対する再認率が高い。そしてその自他の特性判断をしている際

173

の脳活動を計測すると，他者判断のときよりも自己判断のときに内側前頭前皮質（medial prefrontal cortex）が賦活しやすい。シュラ（Zhu et al., 2007）は，この知見を応用し，中国人学生および中国に来たばかりの英語を母語とする西洋人学生に対してさまざまな性格特性を見せ，それが①自分に当てはまっているかどうか，②自分の母親に当てはまっているかどうか，③ある他者（中国人に対しては朱鎔基，西洋人にはビル・クリントン）に当てはまっているかどうかを判断させ，その後，予告なく再認課題を行った。再認課題の結果は，過去の研究を追試し，いずれの文化の参加者ともに，他者と比べて自己に関連する特性の再認率は高くなっていた。また興味深いことに，中国人では母親に関連する特性の再認率が高く，自己のそれとの間には差が見られなかったのに対し，西洋人では母親に関する特性の再認率は自己のそれよりも有意に低くなっていた。そして内側前頭前皮質における賦活のパターンもこれに一致していた。この結果は，相互協調的自己観が優勢であると考えられる中国においては，自己に関する表象と自己にとって親しい他者（母親）との表象が結び合っているのに対し，相互独立的自己観が優勢であると考えられる西洋の人々では，たとえ親しい他者であろうともその表象は自己の表象と切り離されていることを示唆する。

## 2. 感　　情

基本感情理論（Ekman, 1984）が示唆するように，一般的には基本感情（幸せ，驚き，恐れ，怒り，嫌悪，悲しみ）に対応した神経生理的な構造があり，それに加えて社会・文化特有の表出や解読のルールがある。そのため，感情認識には文化普遍性と文化特異性の両面がある。たとえば，西洋人のターゲット人物の示している感情を6つの基本感情のリストから1つ選択して回答する課題では，調査を行った10の国・地域のいずれでも，各感情の正答率はチャンスレベル（この場合は6分の1）よりも高くなっていたが，恐れや嫌悪などの感情では，アメリカやイギリスと比較し，アジア（日本，香港，スマトラ〔インドネシア〕）で低くなっていた（Ekman et al., 1987）。つまりどの文化の人々も基本感情を弁別することはできていたが，その正答率は，内集団，つまり参加者と同じ文化的背景をもつ人物がターゲットのときの方が，外集団，つまり参加者とは異なる文化的背景をもつ人物がターゲットのときよりも高くなっていた。このような感情認識における内集団優位性には，文化的学習や文化的表出スタイル，感情概念の差異，感情認知の仕方の差異など，文化の日常的な慣習に関連した多くの要因が関与していると考えられている。

他者の感情をどう認識するのかに加え，自身の感情状態の認識にも文化普遍性と文化特異性の両面がある。たとえば，レヴェンソンら（Levenson et al., 1992）では，アメリカ人およびスマトラ（インドネシア）の参加者が幸せ，怒り，恐れ，嫌悪，悲しみに対応した表情の筋肉のパターン（たとえば，幸せであれば，眼輪筋と大頬骨筋を動かす）をしたとき，いずれの文化でもその自律神経系の反応に感情間で明確な違いが見られた。しかし，そのときの主観的な感情報告では文化差が生じた。アメリカ人は顔面筋のパターンに応じた感情を報告しやすかったのに対し，スマトラ（インドネシア）の参加者ではそのような傾向は見られなかった。基本感情理論に基づくと，自律神経系の反応で見られたような内的感覚に基づいて主観的な感情を認識するのが前提となるが，この結果はその前提がどの文化の人にも当てはまるわけではないことを示唆する。とくに相互協調性を重視する社会・文化環境における人々は，その感情が生起した際の社会的状況や文脈の性質を考慮しながら，その内的感覚を再構成して，感情を認識するために，自律神経系の反応と主観報告との間に関連がなかったと考えられる。

### 3．認知・注意配分

　文化的自己観の差異に対応し，人々が物事に対してどのように注意を向けて認知するかの様式にも文化差が存在する。ニスベットら（Nisbett et al., 2001）は，西洋人の認知様式は分析的であるとした。つまり，対象やその要素を同定し，それらの間の論理的，かつ直線的関係を定式化する傾向があるとした。これに対して，東洋人の認知様式は包括的であるとした。つまり，対象やその要素そのものに注目するのではなく，それらの間の相互関係や全体的な布置を非直線的，かつ弁証法的に定式化する傾向があるとした。彼らは，このような文化間の認知様式の相違は，それぞれの文化の社会関係のあり方を反映してきていると指摘している。つまり，西洋文明は，個の自立を機軸に自然を理解，征服しようとしてきた。よって，最も重要な対象を文脈から抜き出し，それに焦点を当てて操作するという分析的態度が顕著になった。これに対し，東洋文明は，個と社会や自然との調和を重視し，個を社会や自然の一部として理解，制御しようとしてきた。よって，いかなる個も全体の中に埋め込まれたものであるとする包括的態度が顕著になったと考えられる。

　たとえば，事物とその背景からなる刺激に対する再認成績を調べることで，増田ら（Masuda et al., 2001）は，日本人がある事物を処理する際にはその背景と結びつけて知覚する傾向が強いのに対し，アメリカ人では対象となる事物をその

背景と切り離して知覚する傾向が強いことを示した。また，チュアら（Chua et al., 2005）は，増田らが用いた同様の刺激を見ている際の参加者の眼球運動を調べ，中国人はアメリカ人と比較し，相対的に背景への注視回数が多く，注視時間も長いことを明らかにした。加えて，北山ら（Kitayama et al., 2003）は，刺激の社会性を最小限にした線と枠課題を考案し，日本人は，線という中心的な事物の判断において背景情報である枠の大きさを考慮しなければならない相対課題が得意であるのに対し，アメリカ人は，線の判断において背景情報である枠の大きさを考慮しなくてもいい絶対課題が得意であることを示した。

## V 別文化への移動と適応

日常の世間話から世界情勢を報じるニュースに至るまで，人々の移動にまつわる話はこと欠かない。それも夏休みにハワイに行くといったものや，アメリカで仕事を得たから渡米するといったもの，さらにはシリア難民が祖国を捨て命がけでヨーロッパに渡るといったものまで，その目的，期間，自発的な移住か強制的な移住か，政治・経済的な理由なのかそれとも個人的な理由なのか等，さまざまである。一般的に，人がある文化から別の文化へ移動すると，①文化的衝撃（culture shock），②適合（adjustment），③異文化適応（cross-cultural adaptation），④文化化（acculturation）を経験するといわれている。文化的衝撃とは，異文化での慣れない関係や振る舞い，言語等を経験することで生じる非常に強いネガティブな感情的反応である。適合は，ネガティブな相互作用をなくし，ポジティブな相互作用を増やしていこうと，自身の認識や行動を変えていこうとする過程である。異文化適応は，適合していくことの良い結果，具体的には認識や行動を変えた結果としてポジティブな感情を感じるようになり，相互作用もうまくいくようになることを指す。文化化は，新しい社会・文化への移住や，多民族社会・文化でありながらその社会・文化を代表する民族が存在しているような場合における，もともとの出自の文化から新しい文化（もしくはその代表的な文化）への（長期間の）適応の過程である。とくに文化化では，ある文化から別の文化への適応にあたって，それらの文化の弁別性を保つことに価値をおくのか，またそれらの文化間で良好な関係をもつことに価値をおくのかといった指向性に応じ，4つの様式があると考えられている。具体的には，それら2つの指向性に価値をおく場合は統合（integration），前者のみに価値をおく場合は分離（separation），後者のみに価値をおく場合は同化（assimilation），いずれの指向性ももたない場合は周辺化

(marginalization）と呼ばれている（Berry, 1984）。

　興味深いことに，文化化には臨界期がある可能性が指摘されている。バンクーバー（カナダ）在住における香港人移民を対象とした研究によれば（Cheung et al., 2011），英語能力や性別などの人口動態的な変数を統制しても，移住時の年齢が高いほど，カナダ文化への同化の程度は低かった。加えて，その年齢による効果はカナダの居住年数によって調整されていた。具体的には，移住した年齢が15歳以下の場合，カナダの居住年数が長いほどカナダ文化への同化の程度は高くなっていた。これに対し，統計的には有意ではなかったものの，年をとってからカナダに移住した場合，むしろカナダの居住年数が長いほどカナダ文化への同化の程度は低い傾向にあった。一方で，中国文化への同化の程度について，移住したときの年齢やカナダの居住年数による効果，および他の人口動態的な変数による効果は何も見られなかった。以上の結果は2つの文化への同化が独立していることを示唆している。しかし，バンクーバーには大きな中国人コミュニティがあり，中国国外にいながらにして中国の文化的な慣習に接し続けることが可能という特殊な環境ゆえに，移住時の年齢やカナダの居住年数による効果が中国文化への同化の程度に影響しなかった可能性もある。そのため，この結果がどこまで一般化可能なのかについて，異なる対象地域や文化的背景での研究を通じて，今後検討する必要がある。さらに社会化のプロセス，具体的にはある社会・文化環境のもとで優勢な人間観や価値に対応した心の性質は発達段階のいつ頃から生じるのかという問いと，ここでの文化化のいわゆる臨界期がどう関連するのか（もしくは関連しないのか）についても今後要検討である。

## VI　文化心理学的な視座による示唆

　本章は，まず，WEIRDを対象として得られた結果があたかも「一般的」のように扱われることによる誤謬を指摘し，心の性質が社会・文化環境に大きく依存している可能性を述べた。実際その可能性はこれまでの文化心理学の研究によって検討されてきており，本章ではその結果の一部として，自己，感情，認知に関する代表的な洋の東西の差異について紹介した。これまでの文化心理学が示してきた知見は，本来それらの領域にとどまらない。さらに，自己報告による内省指標，実際の行動の計測，生理的な反応，眼球運動等，さまざまな指標に注目するのみならず，自己の部分で紹介したような脳活動の文化差に着目した研究も近年急速に進み，文化神経科学といった分野も生まれている。そして，本章が扱った自己，

感情，認知のそれぞれの領域でも，たとえば，選択行動，幸福感，ソーシャル・サポート，推論等の文化差について研究されてきている。これらについては，スペースの関係上，紹介を割愛せざるをえなかったため，興味のある読者は，「より深めるための推薦図書」を一読するといいだろう。

　また，近年，心理学分野における知見の再現可能性が問題となっている。その問題を考えるうえでも，WEIRD に基づく知見を一般化することによる誤謬は重要な意味をもっている。通常，知見を一般化していくためには，関連する変数を少しずつ変えながら一貫してその知見を支持するパターンが見られるのかどうかを検討していく。そのとき，もし厳密な実験を幾度も行ってもその知見のパターンを追認できなかったとしたら，はたして「その知見は再現できなかった」という結論で終わりだろうか。ここでもし，社会・文化環境がその環境に見合った心の性質を作り出す可能性に着目するのであれば，たんなる再現可能かどうかの次元にとどまらない，むしろその可能性そのものが検討すべき仮説へと転換し，さまざまな心の性質を異なる文化間で比較していくといった新たな研究の展開をもたらすことになる。実際その研究の展開こそが，この四半世紀における文化心理学の成果に他ならない。知見が追認されるかどうかが重要であるのは疑うまでもない。しかし，こと心の社会性を扱う分野の場合，再現可能性の問題は，そのレベルにとどまるようなものではない。その問題は，本来，心の性質の理解にはその背後の社会・文化環境の構造の理解が不可欠という点に人の関心を向けさせ，社会・文化環境の構造に関連したマクロ変数を含めた研究の積み重ねによる心の本質的な理解へと人を動機づける性質を帯びているはずである。

　一方，社会・文化環境による心への影響に関して，本章で紹介したように洋の東西の比較によって得られるパターンは，相互独立・相互協調，または個人主義・集団主義の次元に一貫して沿っているかのように見える。ただしこれは全体的な傾向がそうなのであって，文化課題理論が示唆するように，慣習の選択の仕方を反映した文化内分散は少なからず存在する。加えて，文化化の程度がその影響を調整することも考えられる。たとえば，バンクーバー（カナダ）在住における香港人移民を対象とした研究を紹介したが，カナダ文化への同化の程度が高いほど，相互独立に対応した慣習（課題）を数多く選択してそれらに慣れ親しむことができ，結果的にその心理・行動傾向もその慣習の性質を反映したものになるだろう。ただし，この文化への同化の程度と，実際にどのような慣習が選択されるようになるのかの関係は不明である。カナダ文化への同化が高い人たちの間でも，彼らが選択する慣習は異なり，その結果，ここでもグループ内の分散はあるはずであ

第13章　文化と社会心理

る。

　いまだ世界のどこかで続く集団間対立や内戦に加え，近年のグローバル化の波は，膨大な人々の移動をもたらしている。そのため，人が新しい社会・文化環境でどのように適応していくか，そしてそれによる心理的な帰結は何かといった問いを明らかにしていくことは，時代の要請におおいに対応している。とりわけ重要なのが，どのような適応の仕方が人々の精神的健康を高めるのかという点だろう。先のバンクーバー（カナダ）在住における香港人移民を対象とした研究では，年をとってからカナダに移住した人たちの中でカナダの居住年数が長い人ほど，カナダ文化への同化の程度は低かった。このような低い同化が，たとえばカナダ文化のさまざまな慣習に参加しない，またカナダ人の友達がいない等の理由で生じているのであれば，一見してその人の精神的健康のレベルは低いようにも見える。しかしもし中国文化への同化がそれなりに高く，中国人コミュニティ内で孤立状況を避けることができているなら，実際のところその精神的健康はけっして低くないだろう。このように各人がもつ対人ネットワークや社会資本の大きさは，この文脈では無視できない変数であり，この点を考慮した研究が今後必要である。一方で，この中国人コミュニティのようないわば精神的健康の維持のためのバッファーとなる装置がない場合，その出自の文化と新しいメインの文化における人間観や価値の相違の大きさが適応のしやすさやその仕方を決める可能性はおおいにあるだろう。この観点に基づくと，文化化の帰結としての精神的健康を考えていく場合でも，洋の東西の心理・行動傾向は基礎資料としてきわめて重要である。そしてとくに相違が大きく，それが新しい文化への適応を難しくさせているような場合，個人の能力の問題としてではなく，その相違こそが問題の所在であること，そして2つの文化で優勢な人間観や価値，さらには心理・行動傾向を学ぶことが相違の解消に向けて有効であることを提案できよう。

◆学習チェック
□　心の性質を考えるうえで，なぜ社会・文化環境の影響を考慮しなければならないかを理解した。
□　文化的自己観について理解した。
□　個人主義・集団主義について理解した。
□　文化間を移動する際に経験する心理的な反応について理解した。

より深めるための推薦図書
　増田貴彦・山岸俊男（2010）文化心理学 上下．培風館．

増田貴彦（2010）ボスだけを見る欧米人 みんなの顔まで見る日本人．講談社．

ニスベット Nisbett, R. E.・コーエン Cohen, D.（石井敬子・結城雅樹編訳）（2009）名誉と暴力—アメリカ南部の文化と心理．北大路書房．

山岸俊男・ブリントン，M. C.（2010）リスクに背を向ける日本人．講談社．

日比野愛子・渡部幹・石井敬子（2014）つながれない社会—グループ・ダイナミックスの３つの眼．ナカニシヤ出版．

## 文　献

Berry, J. W.（1984）Cultural relations in plural societies: Alternatives to segregation and their sociopsychological implications. In: N. Miller & M. Brewer (Eds.): *Groups in Contact: The Psychology of Desegregation*. Academic Press, pp. 11-27.

Cheung, B. Y., Chudek, M. & Heine, S. J.（2011）Evidence for a sensitive period for acculturation: Younger immigrants report acculturating at a faster rate. *Psychological Science*, 22; 147-152.

Chua, H. F., Boland, J. E. & Nisbett, R. E.（2005）Cultural variation in eye movements during scene perception. *Proceedings of the National Academic of Sciences of the United States of America*, 102; 12629-12633.

Cousins, S. D.（1989）Culture and self-perception in Japan and the United States. *Journal of Personality and Social Psychology*, 56; 124-131.

Ekman, P.（1984）Expression and the nature of emotion. In: K. Scherer & P. Ekman (Eds.): *Approaches to Emotion*. Erlbaum, pp. 319-344.

Ekman, P., Friesen, W. V., O'sullivan, M., Chan, A., Diacoyanni-Tarlatzis, I., Heider, K. et al.（1987）Universals and cultural differences in the judgments of facial expressions of emotion. *Journal of Personality and Social Psychology*, 53; 712-717.

Heine, S. J. & Hamamura, T.（2007）In search of East Asian self-enhancement. *Personality and Social Psychology Review*, 11; 4-27.

Heine, S. J., Kitayama, S., Lehman, D. R., Takata, T., Ide, E., Leung, C. & Matsumoto, H.（2001）Divergent consequences of success and failure in Japan and North America: An investigation of self-improving motivations and malleable selves. *Journal of Personality and Social Psychology*, 81; 599-615.

Henrich, J., Heine, S. J. & Norenzayan, A.（2010）The weirdest people in the world? *Behavioral and Brain Sciences*, 33; 61-135.

Kitayama, S., Duffy, S., Kawamura, T. & Larsen, J. T.（2003）Perceiving an object and its context in different cultures: A cultural look at new look. *Psychological Science*, 14; 201-206.

Kitayama, S., Park, H., Sevincer, A. T., Karasawa, M. & Uskul, A. K.（2009）A cultural task analysis of implicit independence: Comparing North America, Western Europe, and East Asia. *Journal of Personality and Social Psychology*, 97; 236-255.

Kraus, M. W., Piff, P. K. & Keltner, D.（2009）Social class, sense of control, and social explanation. *Journal of Personality and Social Psychology*, 97; 992-1004

Levenson, R. W., Ekman, P., Heider, K. & Friesen, W. V.（1992）Emotion and autonomic nervous system activity in the Minangkabau of West Sumatra. *Journal of Personality and Social Psychology*, 62; 972-988.

Markus, H. R. & Kitayama, S.（1991）Culture and the self: Implications for cognition, emotion, and motivation. *Psychological Review*, 98; 224-253.

Masuda, T. & Nisbett, R. E.（2001）Attending holistically versus analytically: Comparing the context sensitivity of Japanese and Americans. *Journal of Personality and Social Psychology*, 81; 922-934.

Nisbett, R. E., Peng, K., Choi, I. & Norenzayan, A. (2001) Culture and systems of thought: Holistic versus analytic cognition. *Psychological Review*, 108; 291-310.

Oishi, S. (2010) The psychology of residential mobility: Implications for the self, social relationships, and well-being. *Perspectives on Psychological Science*, 5; 5-21.

Taylor, S. E. & Brown, J. D. (1988) Illusion and well-being: a social psychological perspective on mental health. *Psychological Bulletin*, 103; 193-210.

Triandis, H. C. (1995) *Individualism and Collectivism*. Westview Press.

Zhu, Y., Zhang, L., Fan, J. & Han, S.(2007)Neural basis of cultural influence on self-representation. *NeuroImage*, 34; 1310-1316.

第11巻　社会・集団・家族心理学

第14章

# 集合行動とマスコミュニケーション

三浦麻子

**Keywords**　集合，デモ，炎上，パニック，流行，流言，マスメディア，インターネット

　私たちの社会には，ある程度の秩序が存在している。たいてい私たちはその秩序に従い，一定のルールから逸脱しないよう留意しながら，あるいはそれによる統制の下で，日々の生活を送っている。しかし時にそれらの枠をはみ出して，一見無秩序な，あるいは何かに衝き動かされているかのような行動をとることがある。これを集合行動（collective behavior）といい，それが大規模に生じると集合現象と呼ばれる現象が観察される。デモ，パニック，流行，流言などがその最たる例だが，私たちは秩序だった社会からの逸脱を案外頻繁に経験している。そして，古くはフランス革命やアメリカの独立運動，21世紀では「アラブの春」のように，旧来の制度や価値を破壊して新しい社会を創造するような歴史的事件は，その多くが集合行動を契機として引き起こされた集合現象の所産である。

　集合行動のメカニズムを解明するためには，その社会的表象を捉えるマクロな視点と，渦中の人々の心理的過程を捉えるミクロな視点の両方が必要とされる。心理学的アプローチは後者が主眼となる。本章では，典型的な集合行動をいくつか取り上げ，それらの発生に介在する心理的過程を解説する。そして，集合行動と深い関わりをもつ社会的過程としてマスコミュニケーションに注目し，マスメディアへの接触によって人々がどう動かされるか，またそこに関わる心理的過程を解説する。

## Ⅰ　さまざまな集合行動とそれらが生じる心理的過程

　集合行動について詳説する前に，そもそも集合（collectivity）とは何かを，集団（group）と対比させて理解しておこう。集団は「さまざまな点で関わり合いをもつ複数の人々の集まり」である。非常におおまかな定義だが，一口に集団とい

っても性質や規模，形成過程あるいは果たす機能などは多種多様であり，その内容がどうあれ何かを特徴的に有している（という意識を人々がある程度共有している）集まりだ，というのを最大公約数的に表現するとこうなる。社会心理学では，こうした条件を満たさない状態，つまり人々の集まりではあるが「集団らしくない」もののことを指して集合と呼ぶ。たとえば家族や友達，プロスポーツチームは集団である（と見なされやすい）一方で，電車で同じ車両に乗り合わせた人々や大講義室で授業を聴講している学生，スタジアムの観客などは集合である（と見なされやすい）。一般に，集まりの規模が大きくなればなるほど，集団らしさは希薄になり，それらしくない，つまり集合に特徴的な行動が見られやすくなる。集合の特徴は「集団らしい特徴をもたない」ことなので，とりたててそれ自身に必須の要素があるわけではない。したがって，一口に集合行動といっても多岐にわたるものがあるのだが，ここでは釘原（2011）を参考にして，どのような情動に基づくものかという観点から整理し，典型例を紹介する。

### 1．ネガティブな情動に基づく集合行動

#### ①デモ・暴動

　ネガティブな情動，とくに敵意や怒りなどに衝き動かされる集合行動は，何かに反対したり，反抗したり，攻撃したりといった形で表れる。デモは，デモンストレーションの略語で，ある特定の主張をもった人々が集まり，集団で行進したり集会を開いたりして，その主張を広く世間に訴える行動である。主張されるテーマは多岐にわたるが，政治や経済，環境問題などについて不満を抱き，現状や近い将来導入されようとしている制度や構造などを変化させようという社会的なものが多い。国際社会調査プログラム（ISSP）が2014年頃に世界34カ国を対象にして実施した調査によると，過去1年間に一度でもデモに参加したことがある人の割合は，全体平均が6％，最高はスペインの19％，最低は日本の1％であった（Eder, 2017）。日本で参加頻度が低いのは，実施に際して多くの法的制約があることも関連している。デモは対立する主張を唱える人々同士の争いなどがきっかけで過激化し，暴動に発展することもある。これが内乱，内戦といった騒乱につながったり，国家を転覆させるクーデターや革命に至ることもある。また，こうした集合行動が発生する母体となるような，長期にわたって持続的に展開する組織的な動きを社会運動と呼ぶ。

　デモや暴動のような集合行動が生じるに至る心理的過程は，相対的剝奪（relative deprivation）仮説（Davis, 1959）によって説明されることが多い。私た

ちは日常生活の中で，常に自分と周囲との社会的比較（social comparison）を行っている（Festinger, 1954）。比較の結果にさまざまな感情を抱き，そしてそれが行動を規定する。とくに，他人がもっている地位やモノを自分は手に入れられないという状況におかれたときに相対的剝奪感を抱く。自分がおかれている境遇の絶対的な劣悪さではなく，主観的な期待水準と現実的な達成水準との差によって不満が生じるのである。自分や周囲の人々が十分満たされていたとしても，より恵まれた外集団が存在することを目の当たりにすると，社会的比較によるストレスが増大し，心理的・身体的な不健康を引き起こす可能性がある。相対的剝奪感を解消できない人々が社会に対する不満を募らせることが，こうした集合行動のきっかけとなる。

②スケープゴート現象・炎上

ネガティブな情動が，集合することによって時に増幅して，特定の対象に集中的に攻撃エネルギーが向けられる現象は，デモや暴動のようにそれに関与する人々が特定の時間と空間を共有する集合行動だけに限らない。大災害や事故，戦争など，多くの死傷者が発生するような事態が生じると，社会は不安定な状態に陥り，人々は大きな衝撃を受ける。多くの人々は，公正世界信念（belief in a just world），つまり世界には安定や秩序が存在するという素朴な信念をもっているので，それを突き崩すようなことが起きると，それを理不尽だと感じ，原因や責任の所在を明確にしようと躍起になる。それが特定の個人や組織に対する集中的で激烈な批判や攻撃につながることをスケープゴート現象と呼ぶ。スケープゴートとは，ユダヤ人の宗教儀式で人々の罪を背負わせて身代わりとして野に放つ「贖罪のヤギ」のことで，誰かや何かに事態の責任を負わせることで，「こんなことが起こったのはあいつらのせいなんだから，あいつらを罰しておけば私たちの世界はまた元通り安定したものになる」と思い込もうとするのである。また，加害者ばかりではなく，たとえば通り魔事件で襲われた人に「そんなところをそんな時間にそんな服装で歩いていたからだ（そんなことさえしなければ通り魔には遭わない）」といった批判が浴びせられるように，被害者がスケープゴートとして攻撃を受ける場合もある。

スケープゴート現象と似たような集合現象に炎上（flaming）がある。インターネット上で，常軌を逸した非難・批判・誹謗・中傷などネガティブなコメントの投稿が短期間に集中して繰り返されることである。触法行為や規則違反のような社会的規範を守らない行為（たとえば未成年の飲酒・喫煙，あるいは不正行為や

不倫など）に関する投稿をしたり，そうした行為をしたと報道された人物が対象となることが多い。炎上が生じる心理的過程は，リーら（Lea et al., 1991）による脱個人化効果の社会的アイデンティティ解釈モデル（SIDE：social identity model of deindividuation effects）を踏まえて考えるとわかりやすい。このモデルは，インターネット上のコミュニケーションのように，相手を見ることができない視覚的匿名性の高い状況では脱個人化（没個性化ともいう。個人や個性が希薄化すること）が生じやすくなり，そのことがあたかも集団としての規範を強くもつかのような状況を作り出す場合があることを示したものである。炎上は罵倒や中傷のようなネガティブなコメントが渦巻く場なので，ただたんに不規則な，統制が弱化した状況だと思われるかもしれないが，じつはそうではないことが多い。規範を守らなかった（と受け手に見なされた）個人や組織に対して「けしからん」というコメントが殺到するのだから，むしろ投稿者側は規範を遵守すべきという見解をもった「集団」として一体感を高めているのである。その一体感はごく一過性のものであるため集合行動的な特徴が濃く，規範から逸脱した（と受け手に感じられた）行為に向けて集中的な厳しい批判が浴びせられることになる。

③パニック

　大きな災害が発生したり，火事や事故に巻き込まれたりすると，私たちは日常とはおおいに異なる一方で，行動選択を誤ると死に直結するようなリスクにさらされる。こうした危機事態では，強い恐怖や不安が喚起され，それが集合行動を引き起こすことがあり，時にそのことが事態をより悪い方に導くことが危惧される。思いがけない事態に直面して恐怖や不安に駆られた多数の人々が引き起こす混乱状態のことをパニックと呼ぶ。この語は，ギリシャ神話に登場する牧神 Pan に由来しており，昼寝を妨げられて怒った Pan が突然引き起こす恐怖が人々に一気に拡散し，それに衝き動かされた非理性的な行動が生じたというエピソードになぞらえられる。理性的な判断ができなくなった人々が，周囲に同調したり，誰かの命令に服従したりすることで，同じような，時にかえってリスクを増大させるような行動をとる。

　パニックの事例としてよく語られるのが，1938年にアメリカで放送された生放送のラジオ番組をきっかけにした「火星からの侵略」パニックである。番組はSF小説『宇宙戦争』を脚色したもので，演出が凝っていた。通常の番組にみせかけて音楽や天気予報を流している間に臨時ニュースを流し，あたかも火星人が地球に来襲してアメリカ中心部に攻め込んできたかのような実況中継を繰り返す

という趣向のドラマだったのである。聴取者の中に，警察や新聞社に電話したり，家を飛び出して避難したりと，実際の臨時ニュースと勘違いした人々が数多くいるために物議を醸した。ニューヨーク・タイムズ紙が翌日の朝刊一面で「ラジオの聴取者たちはパニックに：戦争ドラマを事実と勘違い」と題して大きく伝えるほどだった。この時に生じたさまざまな集合現象を，社会心理学者キャントリルが詳細に調査している（Cantrill, 2008）。また当時放送された番組の音声を動画サイト YouTube[注1] で聴くことができる。

　パニックやそれに近い現象は，大なり小なり頻繁に生じる。しかし危機事態において常に人々はパニックに陥り，理性を失い，ヒステリックになって大混乱が発生するわけではない。「火星からの侵略」も，放送を聴いた誰しもがパニックを起こしたわけではない。逆に，正常性バイアス（normalcy bias）によって，日常を逸脱した出来事に対して瞬時に対応がとれず，危機事態に直面してもすぐに避難行動をとろうとしない事例もよく観察される。さらに，何が起こってこれからどうなるかが不明な事態では，何が「理性的」といえるのかもまた不明である。たとえば多くの観客がいる映画館でどこからともなく煙が流れてきたときに，人々が先を争って出入口扉に殺到し，全員が館外に脱出したとしよう。その後にスクリーンが爆発したとしたら，脱出は英断であり，理性的な行動だったといわれるかもしれない。しかし，煙は映画館の外で発生した火事によるもので，扉から出た人々からかえって多数の死傷者が出たとしたら，慌てずにその場にとどまるべきだった，非理性的な行動だったといわれるかもしれない。いずれも事後的な解釈に過ぎない。また，人間の原因帰属に行為者－観察者効果（自分自身の行動の原因は外的要因に，他者のそれは内的要因に帰属する傾向；Jones et al., 1971）のような認知バイアスがあることを考えれば，危機事態に居合わせなかった人から見ると，当事者たちの行動は本人がパニックに陥ったことによるものと見なされやすいだろう。

　いずれにせよ，パニックが悲劇的な帰結に陥ることがままあるのを知っておくのは，みずからが危機事態に陥ったときにどう振る舞うべきかを考えるうえでは重要なことである。

## 2．ポジティブな情動に基づく集合行動

### ①野次馬・行列

　ここでは，喜びや楽しみといったポジティブな情動と関連する集合行動を紹介

注 1）　https://www.youtube.com/watch?v=OzC3Fg_rRJM

する。たとえば，街を歩いていると，多くの人々が 1 つの場所にたむろしている場面に遭遇することはよくある。近寄ってみるとテレビ番組のロケをしていたりする。いわゆる野次馬である。飲食店などの前に長い行列ができていることもある。興味を惹かれるものがあって立ち止まる人がいると，それを見て足を止める人が徐々に増えていく。

社会心理学者ミルグラムら（Milgram et al., 1969）による印象的なフィールド実験がある。彼らは，ニューヨークの街中で 1～15 名の人が立ち止まって空を見上げている，という状況を設定して，通行人たちの反応を観察した。空を見上げる人々は，指定された場所で立ち止まり，通りの向かい側にあるビルの 6 階の窓を 60 秒間見上げた後に立ち去った。1,424 名の通行人がその場を通りかかり，そのうち「見上げる人々」につられて一緒に窓を見上げた人数をカウントした。その結果，見上げるのが 1 名だと 4 ％しか立ち止まらなかったのが，15 名では 40 ％が立ち止まった。また，窓を見上げた通行人は 1 名だと 43 ％，15 名では 86 ％に達した。私たちが他者存在に影響を受けやすく，ついそれに同調して行動する傾向をもつことが如実に示されている。こうした現象も集合行動の範疇である。

②観　　衆

スポーツ観戦を娯楽とする人は多い。プロスポーツチームには熱狂的なファン（サポーター）がいる。スタジアムを埋め尽くす観衆は野次馬ではなく，意図的にその場に集まる群集である。声を張り上げ，拍手をし，揃って同じ動作をして，熱狂的に応援する。

こうした熱狂的な観衆による集合行動は，時に心理的圧力として働くことが知られている。たとえばバルマーら（Balmer et al., 2007）は，サッカーの審判経験者に試合映像を見せてファウル（反則）の判定を求め，その際に観客の声援がある条件とない条件を設定した。その結果，声援がある場合の方がホームチームに与えられるファウルが少なく，観客の声援が判定に影響することが示された。こうした効果をホームアドバンテージと呼ぶ。

一方，こうした熱狂がエスカレートすると，異なるチームのファン同士の対立を生んだり，暴動に発展したりすることもある。最もよく知られた事例が，サッカーの試合会場の内外で暴力的な言動や行動をする人々（フーリガン）によるものである。なお，フーリガンの集合行動は，試合結果のみに起因するのではなく，その国や地域の民族対立や宗教対立，経済格差などの社会問題が背景にあることが多い。レイシズム（人種差別）との関連もたびたび指摘されており，日本でも

第 11 巻　社会・集団・家族心理学

外国人排斥メッセージを含む横断幕を掲げたファンの行為が大きな問題となってチームに無観客試合などのペナルティが科された事例もある。

### ③流　　　行

　ファッションやライフスタイルなど，ごく個人的であっていいはずの行動や思考の様式は，個人的志向のみで選択されるわけではなく，時期や場所に応じてある程度の共通性をもつ。これが流行である。ジンメル（Simmel, 1994）によれば，私たちは「人とは違う自分でいたい」という差別化への欲求と，「人と同じ自分でいたい」という同調への欲求の両方を抱いており，流行はこの相互に矛盾する2つが拮抗するなかで生じる現象であるという。

　流行を集合現象として捉え，その普及過程を解明するにはロジャース（Rogers, 2003）の普及理論が参考になる。この理論では，イノベーション（革新的なアイディアや技術など）の採用過程が時系列の5段階に分類され，それぞれのおおまかな存在比率が示されている（革新者2.5％，初期採用者13.5％，前期追随者34％，後期追随者34％，遅滞者16％）。採用者が10％から25％に達する頃に流行が立ち上がり，その後しばらく急カーブを描いて普及が進み，最後は緩やかになる。前述した差別化と同調の2つの欲求のバランスで見ると，早い段階で流行を採用する新しもの好きな人々は差別化の，遅くにしか採用しない慎重派は同調の欲求が強いという個人差があるという見方もできる。

### 3. 流　　　言

　集合行動に由来する典型的な現象であり，なおかつここまで解説してきた集合行動の多くとも深く関わるのが流言である。オルポートら（Allport et al., 1947）は，流言を「真実かどうかが証明されないままに，対面コミュニケーションを通して流れ，多くの人々に信じられていく命題」と定義している。つまり根拠がないのに広まるうわさである。彼らは，流言の広がりを証拠の曖昧さと当事者にとっての重要性の積に比例すると考え，これを流言の基本法則であるとした。つまり，曖昧さがなければ，あるいは，重要だと思われなければ流言は広まらないが，重要だと見なされれば曖昧さが増すほど広まるのである。またシブタニ（Shibutani, 1966）は，人々が情報の不足した曖昧な状況に巻き込まれると，対面コミュニケーションを通してそれぞれのもつ情報を交換し，曖昧な状況に対して意味を与えることによる合理的な解釈が試みられることが多いと指摘し，このようなコミュニケーションが社会の中で集合的に生じたものを流言と定義した。ここでも曖昧

第14章 集合行動とマスコミュニケーション

さが鍵となっている。流言は，人々に運ばれるだけではなく，人々が集合的に作り出すものでもある。インターネットを介したコミュニケーションの発展とともに，その規模は増大している。

流言の流布過程はよく「伝言ゲーム」にたとえられる。平均化（最初の情報のもつ多数の要素が少数になり，表現が簡略化され，差異が縮小される），強調化（平均化されて少数になった要素が，逆に強調され記憶されて伝えられる），統合化（伝えられた要素が全体として意味のある構造になるように変容する）などによる情報の変容がよく観察される。

流言が発生しやすく，それがネガティブな社会的影響をもたらすことが少なからずあるのが危機事態である。人々は，事態打開のために必要な情報を渇望するが，なかなか得られないために，極度の不安に陥り，パニックになることすらある。不安を喚起させやすい流言は広まりやすく，また，不安傾向が高い人は流言を信じやすい（川上，1997）。そのため，たとえば大きな災害が発生した直後の社会では流言が飛び交う。2011年の東日本大震災でも「外国人犯罪が横行している」「関西以西でも大規模節電が必要」など事実とは異なる内容の流言が数多く発生した。1923年の関東大震災では，直後の混乱の中で多数の朝鮮人（あるいはそれと誤認された人々）が殺害される事件が発生したが，これも「朝鮮人が井戸に毒を入れた」といった流言を信じた人々によるものだと言われている。

## II 集合行動に影響する社会的過程――マスコミュニケーション

### 1．マスコミュニケーションによる影響

2015年の国民生活時間調査（NHK放送文化研究所，2016）によれば，国民全体でのマスメディア接触時間は平日平均で4時間19分に達しており，過去データと比較すると漸減傾向にはあるものの，睡眠（7時間15分）と仕事関連（4時間24分）についで大きな値となっている。私たちの生活はマスメディアに大きく依存しており，その影響を強く受けていることは疑いようがない。本節では，集合行動と深い関わりをもつ社会的過程としてマスコミュニケーションに注目し，マスメディアを通して展開される報道や広告によって人々がどう動かされるか，またそこに関わる心理的過程を解説する。

マスコミュニケーションとは，公開の場で不特定多数の人々（大衆；mass）に向けて情報を流通させる社会的伝達手段のことである。事件，事故などさまざまな出来事を広く公表することを報道といい，モノやサービスなどに関する情報を

広く宣伝することを広告という。そのための媒体がマスメディアで，新聞，雑誌，書籍などの印刷媒体や，映画，テレビ，ラジオなどの放送媒体がある（いまでは信じられないかもしれないが，テレビ以前は映画が主要なマスメディアだった）。従来のマスコミュニケーションの定義には，送り手が組織体であること，大衆に向けた一方的な情報伝達であることも含まれていたが，インターネットの普及に伴い見直されつつある。インターネットを介した情報発信は，従来のマスメディアによるものから個人によるものまで多岐にわたるが，電子メールなど排他的なやりとりを除けば，少なくとも可能性としてはその発信力に差はなく，いずれも不特定多数に届きうる。ここでは，インターネットもマスメディアに含めて議論する。

　私たちがマスメディアから受け取る情報は「私たちの社会はいまどうなっているのか」という認識，すなわち社会的現実を構成する有力な手がかりとなる。社会的現実は集合行動が生じるベースとなる。9.11アメリカ同時多発テロ事件にせよ，3.11東日本大震災にせよ，マスメディアによる報道が「疑似体験」をさせなければ，それらが私たちの社会で起こった紛れもない現実であることを全世界の人々が理解することは難しかっただろう。裏返していえば，マスメディアには大衆の社会的現実を操作する力があるということになる。これをメディア・プロパガンダという。実際，1994年にルワンダで発生したフツ族によるツチ族の大虐殺では，ラジオがツチ族を誹謗中傷する報道を繰り返したことがフツ族の民兵を過激化させ，殺戮へと煽り立てたと考えられている（Yanagizawa-Drott, 2014）。

　次項では，こうしたマスコミュニケーションの効果性に関する主要な議論を紹介する。

## 2．マスコミュニケーションの効果

### ①議題設定

　議題設定（agenda-setting）効果とは，マスメディアがあるトピックや争点を繰り返し報道することによって，受け手がそのトピックや争点を重要なものと認知したり，他のトピックや争点よりも優先順位が高いと考えるようになることを指す（McCombs et al., 1972）。特定のトピックや争点への焦点化が行われることで，報じられないもの，大きく扱われないものは盲点となる。「一点集中」や「争点隠し」などと言われるような報道がこれにあたる。放送の時間や紙面の分量には限りがあるので，何らかの選択がなされることはやむをえないが，受け手にはその権利がない。その一方で，報道される頻度が重要性認知に影響するのであれば，

マスメディアが特定の価値観をもって議題を設定すれば，その重要性を直接的に語らなくとも，人々の社会的現実の構成に間接的に働きかける効果をもつことになる。

②培養理論

　マスメディアの中でもテレビのもつ影響力に注目したのが培養理論（cultivation theory）である。前述の通り，私たちは長期間にわたりマスメディアに長時間接触しているが，そのほとんどはテレビ視聴に費やされている。ガーブナーら（Gerbner et al., 1976）は，その結果として，テレビが土台となって社会的現実が育つと考えた。これを培養効果という。彼らの初期の研究は，テレビでは現実社会で発生しているよりも多くの暴力シーンが描かれていることを踏まえたうえで，テレビの視聴時間が長い人ほど自分が暴力に遭遇する確率を高く見積もることを示している。このように，情報源としてのテレビ依存度の高さは，人々の認識する社会的現実を画一的，かつ，現実社会とは乖離したものにさせる可能性がある。

③マスコミュニケーションの効果に関わる心理的過程

　マスコミュニケーションが議題設定効果や培養効果をはじめとするさまざまなインパクトを人間に与える原因は，人間の心理的過程でほとんど必然的に生じる認知バイアスの存在によって説明可能である。中でも，出来事の起こりやすさを思い出しやすいことに基づいて推測する利用可能性ヒューリスティックの働きは重要である，思い出しやすい出来事の起こりやすさは過大に見積もられ，接触頻度の高さは思い出しやすさに直結するからである。

　現代，そして今後は，テレビと並んでインターネットの効果も同様ないしはより強力になることが予測される一方で，一様ではなくなる可能性がある。インターネットの普及によってマスメディアが伝達を試みる情報量が爆発的に増大したことで，受け手は自分が同意できたり関心を惹かれたりするものしか受け取らない傾向が顕著になっている。こうした情報のタコツボ化が生じると，受け手への伝達効果を高めるために，より感情や欲求に訴えるような刺激的な表現や扱い方が用いられやすくなる一方で，それはその情報を選択した人々にしか伝わらない。つまり，より色濃くマスコミュニケーションの影響を受けた人々の間で社会的現実に乖離が生じ，それによる対立が深まるかもしれない。

　集合行動やそれによる集合現象は，私たちが状況によっていかようにでも動か

されることを示す最たる例である。「起こす」というより「起きる」ものであるだけに集合行動や集合現象のメカニズムに関する科学的な実証は困難だが，事例から学ぶべき点は多い。危機事態に多く集合現象が発生するように，日常とは異なる状況におかれることは人間の心理に強い影響力をもち，それによって秩序というタガが外されてしまうことがある。また，常にマスメディアからの情報過多な状況にあるなか，日常においても私たちを動かそうとする状況の力はより多様で強いものになっている。「常に賢明であれ」「軽挙妄動はしないように」と言うは易いが行うは難し，である。しかし，これを逆説的に考えれば，集合行動の中にこそ人間の本性を見て取ることができるということかもしれない。

◆学習チェック
□　集合とは何か（とくに集団との違い）について理解した。
□　集合行動に影響をもつ心理的過程について理解した。
□　マスコミュニケーションと集合行動の関連について理解した。
□　集合行動や集合行動について心理学的観点から考察することの意義を理解した。

より深めるための推薦図書

橋元良明編著（2008）メディア・コミュニケーション学．大修館書店．

釘原直樹（2011）グループ・ダイナミックス—集団と群集の心理学．有斐閣．

松田美佐（2014）うわさとは何か—ネットで変容する「最も古いメディア」．中央公論新社．

山口裕幸（2009-2018）行動観察と社会心理学．https://ogis.kansatsu.jp/blog/category/5

文　　献

Allport, G. W. & Postman, L.（1947）*The Psychology of Rumor.* Henry Holt.（南博訳（1952）デマの心理学．岩波書店．）

Balmer, N. J., Nevill, A. M., Lane, A. M. et al.（2007）Influence of crowd noise on soccer refereeing consistency in soccer. *Journal of Sport Behavior,* 30; 130-145.

Cantril, H.（2008）*The Invasion from Mars: A Study in the Psychology of Panic.* Transaction Publishers.（高橋祥友訳（2017）火星からの侵略—パニックの心理学的研究．金剛出版．）

Davis, J. A.（1959）A formal interpretation of the theory of relative deprivation. *Sociometry,* 22; 280-296.

Eder, A.（2017）Cross-country variation in people's attitudes toward citizens' rights and obligations: A descriptive overview based on data from the ISSP Citizenship Module 2014. *International Journal of Sociology,* 47; 10-25.

Festinger, L.（1954）A theory of social comparison processes. *Human Relations,* 7; 117-140.

Gerbner, G. & Gross, L.（1976）Living with television: The violence profile. *Journal of Communication,* 26; 172-199.

第14章　集合行動とマスコミュニケーション

Jones, E. E. & Nisbett, R. E.（1971）*The Actor and the Observer: Divergent Perceptions of the Causes of Behavior*. General Learning Press.

川上善郎（1997）うわさが走る―情報伝播の社会心理．サイエンス社．

釘原直樹（2011）グループ・ダイナミックス―集団と群集の心理学．有斐閣．

Lea, M. & Spears, R.（1991）Computer-mediated communication, deindividuation and group decision-making [Special issue: Computer-supported cooperative work and groupware]. *International Journal of Man-Machine Studies*, 34; 283-301.

McCombs, M. & Shaw, D. L.（1972）The agenda-setting function of mass media. *Public Opinion Quarterly*, 36; 176-187.

Milgram, S., Bickman, L. & Berkowitz, L.（1969）Note on the drawing power of crowds of different size. *Journal of Personality and Social Psychology*, 13; 79-82.

NHK放送文化研究所（2016）2015年国民生活時間調査．https://www.nhk.or.jp/bunken/research/yoron/20160217_1.html

Rogers, E. M.（2003）*Diffusion of Innovations*, 5th Edition. Free Press.（三藤利雄訳（2007）イノベーションの普及．翔泳社．）

Shibutani, T.（1966）*Improvised News: A Sociological Study of Rumor*. Ardent Media.（廣井脩・橋元良明・後藤将之訳（1985）流言と社会．東京創元社．）

Simmel, G.（1994）Bridge and door. *Theory, Culture & Society*, 11; 5-10.

Yanagizawa-Drott, T.（2014）Propaganda and Conflict: Evidence from the Rwandan Genocide. *The Quarterly Journal of Economics*, 129; 1947-1994.

# 索　引

## あ行
IP 153
アイヒマン実験 95
アタッチメント・スタイル 117
安全基地 162
アンビバレント・ステレオタイプ 57
暗黙の性格理論 26
怒り感情 70
育児 147
異文化適応 176
印象形成 24
インターネット 190
SVR 理論 128
円環的因果律 153
炎上 184
援助行動 61
応報戦略 121

## か行
外見的魅力 129
外集団同質性効果 104
確証バイアス 30, 49
加算的課題 83
仮説的構成概念 36
家族 142
　　──からのサポート 166
　　──の情緒的風土 141
家族システム論 153
家族神話 142
家族ライフサイクル 144
家族療法 151
ガットマン法 37
家庭内暴力 147
関係葛藤 137
帰属 27
議題設定効果 190

キティ・ジェノヴィーズ事件 63
基本感情 174
虐待 148
強化理論 126
共感 64
業績識別性 84
共同関係 118
共変モデル 28
共有地の悲劇 122
ギルバートの3段階モデル 29
グループ・ダイナミックス 13, 101
グループシンク 112
係留と調整 32
結婚 147
ゲーム理論 115
権威 94
研究倫理 97
行為者−観察者バイアス（効果）29, 186
交換関係 119
攻撃行動 61
攻撃性 70
向社会的行動 61
公正世界信念 184
互恵性 135
個人主義 171
古典的条件づけ 41
コミュニケーション 104
根本的帰属の誤り 29

## さ行
錯誤帰属 130
サーストン法 37
差別 52
サポート提供の規範化 166

サポートの可視性 163
ジェノグラム 151
自己 37, 173
思考 30
自己開示 134
自己過程 103
自己カテゴリー化理論 103
自己呈示 131
自己奉仕（セルフサービング）バイアス 29, 173
自発的特性推論 25
社会心理学 12
社会的アイデンティティ 53, 103
社会的影響 17, 91
社会的学習 53, 62
社会的価値志向性 117
社会的カテゴリー 26
社会的感情 132
社会的行為 18
社会的交換理論 127
社会行動 15
社会的ジレンマ 122
社会的浸透理論 134
社会的推論 27
社会的スキル 131
社会的勢力 106
社会的相互作用 16, 115
社会的促進 77
社会的手抜き 83, 111
社会的動機 117
社会的認知 23, 48
社会的抑制 86
社会脳仮説 17
集合 182
集合行動 182
囚人のジレンマ 119
集団意思決定 111

# 索引

集団過程 101
集団間葛藤 52
集団規範 92, 102, 109
集団極性化 112
集団主義 171
ジョイニング 154
情動的プライミング課題 39
親密な関係性 161
心理学的「場」101
スケープゴート現象 184
ステレオタイプ 27, 47
　——の自己実現 58
ステレオタイプ活性 54
ステレオタイプ脅威 58
ステレオタイプ・コンテントモデル 55
ストレス緩和効果 158
正常性バイアス 186
成人アタッチメント理論 162
生態学的システム論 155
精緻化見込みモデル 42, 97
生理的覚醒 78
接種 43
説得 42, 97
説得技法 98
セマンティック・ディファレンシャル法 37
セルフ・エスティーム 37
潜在的連合テスト 40
相互依存性理論 115
相互協調 171
相互作用 17
相互独立 171
相対的剝奪仮説 183
ソシオメトリー理論 109
ソーシャル・サポート 158
ソリューションフォーカスト・アプローチ 154

## た行

対応推論モデル 28
対応バイアス 29
対人関係 126
対人関係構造 102
対人認知 23
対人魅力 126
態度 36
態度形成，態度変容 41, 97
代表性ヒューリスティック 32
代理状態 96
ただ乗り 123
脱個人化効果の社会的アイデンティティ解釈モデル 185
ダブルバインド 152
単純課題 78
単純思考効果 44
単純接触効果 41, 129
注意散逸 – 葛藤理論 80
直接効果 160
デモ 183
動因理論 78
投資モデル 136
同調 92
特性推論 24

## な行

内集団バイアス 103
ナラティブ・アプローチ 155
認知共有 105
認知的倹約家 30
認知的斉合性理論 127
認知的不協和 45
認知様式 175
ネグレクト 148

## は行

培養理論 191
罰 124
パートナー間暴力（IPV）150
パニック 185
バランス理論 44, 109
ハロー効果 130
反社会的行動 61
PM理論 107
避難場所 162
ヒューリスティック 31
評価懸念 80

評価的条件づけ 42
夫婦関係 147
夫婦間暴力（DV）150, 165
複雑課題 78
服従 94
不適切な養育 148
プロセス・ロス 111
文化化 176
文化心理学 170
文化的自己観 171
文化的シンドローム 171
分離モデル 55
偏見 52
返報性 135
傍観者効果 65, 87
暴動 183
ホーソン研究 110

## ま行・や行

マキャベリ的知能仮説 17
マスコミュニケーション 189
マスメディア 189
マネジリアル・グリッド理論 107
養育信念 141

## ら行

リーダーシップ 106
利他性 64
リターン・ポテンシャル・モデル 110
リッカート法 39
利得行列 115
流言 188
流行 188
利用可能性ヒューリスティック 31
リンゲルマン効果 83
類似性 – 魅力仮説 133
恋愛・配偶関係 164

## わ行

WEIRD 170
和解 118

195

付　録

付録
大学及び大学院における必要な科目

○大学における必要な科目
A．心理学基礎科目
　①公認心理師の職責
　②心理学概論
　③臨床心理学概論
　④心理学研究法
　⑤心理学統計法
　⑥心理学実験
B．心理学発展科目
（基礎心理学）
　⑦知覚・認知心理学
　⑧学習・言語心理学
　⑨感情・人格心理学
　⑩神経・生理心理学
　⑪社会・集団・家族心理学
　⑫発達心理学
　⑬障害者（児）心理学
　⑭心理的アセスメント
　⑮心理学的支援法
（実践心理学）
　⑯健康・医療心理学
　⑰福祉心理学
　⑱教育・学校心理学
　⑲司法・犯罪心理学
　⑳産業・組織心理学
（心理学関連科目）
　㉑人体の構造と機能及び疾病
　㉒精神疾患とその治療
　㉓関係行政論
C．実習演習科目
　㉔心理演習
　㉕心理実習（80時間以上）

○大学院における必要な科目
A．心理実践科目
　①保健医療分野に関する理論と支援の展開
　②福祉分野に関する理論と支援の展開
　③教育分野に関する理論と支援の展開
　④司法・犯罪分野に関する理論と支援の展開
　⑤産業・労働分野に関する理論と支援の展開
　⑥心理的アセスメントに関する理論と実践
　⑦心理支援に関する理論と実践
　⑧家族関係・集団・地域社会における心理支援に関する理論と実践
　⑨心の健康教育に関する理論と実践
B．実習科目
　⑩心理実践実習（450時間以上）
　※「A．心理学基礎科目」，「B．心理学発展科目」，「基礎心理学」，「実践心理学」，「心理学関連科目」の分類方法については，上記とは異なる分類の仕方もありうる。

○大学における必要な科目に含まれる事項
A．心理学基礎科目
①「公認心理師の職責」に含まれる事項
　1．公認心理師の役割
　2．公認心理師の法的義務及び倫理
　3．心理に関する支援を要する者等の安全の確保
　4．情報の適切な取扱い
　5．保健医療，福祉，教育その他の分野における公認心理師の具体的な業務
　6．自己課題発見・解決能力
　7．生涯学習への準備
　8．多職種連携及び地域連携
②「心理学概論」に含まれる事項
　1．心理学の成り立ち
　2．人の心の基本的な仕組み及び働き
③「臨床心理学概論」に含まれる事項
　1．臨床心理学の成り立ち
　2．臨床心理学の代表的な理論
④「心理学研究法」に含まれる事項
　1．心理学における実証的研究法（量的研究及び質的研究）
　2．データを用いた実証的な思考方法
　3．研究における倫理
⑤「心理学統計法」に含まれる事項
　1．心理学で用いられる統計手法
　2．統計に関する基礎的な知識
⑥「心理学実験」に含まれる事項
　1．実験の計画立案
　2．統計に関する基礎的な知識
B．心理学発展科目
（基礎心理学）
⑦「知覚・認知心理学」に含まれる事項
　1．人の感覚・知覚等の機序及びその障害
　2．人の認知・思考等の機序及びその障害
⑧「学習・言語心理学」に含まれる事項
　1．人の行動が変化する過程
　2．言語の習得における機序
⑨「感情・人格心理学」に含まれる事項

付　録

1. 感情に関する理論及び感情喚起の機序
2. 感情が行動に及ぼす影響
3. 人格の概念及び形成過程
4. 人格の類型，特性等
⑩「神経・生理心理学」に含まれる事項
　1. 脳神経系の構造及び機能
　2. 記憶，感情等の生理学的反応の機序
　3. 高次脳機能障害の概要
⑪「社会・集団・家族心理学」に含まれる事項
　1. 対人関係並びに集団における人の意識及び行動についての心の過程
　2. 人の態度及び行動
　3. 家族，集団及び文化が個人に及ぼす影響
⑫「発達心理学」に含まれる事項
　1. 認知機能の発達及び感情・社会性の発達
　2. 自己と他者の関係の在り方と心理的発達
　3. 誕生から死に至るまでの生涯における心身の発達
　4. 発達障害等非定型発達についての基礎的な知識及び考え方
　5. 高齢者の心理
⑬「障害者（児）心理学」に含まれる事項
　1. 身体障害，知的障害及び精神障害の概要
　2. 障害者（児）の心理社会的課題及び必要な支援
⑭「心理的アセスメント」に含まれる事項
　1. 心理的アセスメントの目的及び倫理
　2. 心理的アセスメントの観点及び展開
　3. 心理的アセスメントの方法（観察，面接及び心理検査）
　4. 適切な記録及び報告
⑮「心理学的支援法」に含まれる事項
　1. 代表的な心理療法並びにカウンセリングの歴史，概念，意義，適応及び限界
　2. 訪問による支援や地域支援の意義
　3. 良好な人間関係を築くためのコミュニケーションの方法
　4. プライバシーへの配慮
　5. 心理に関する支援を要する者の関係者に対する支援
　6. 心の健康教育
（実践心理学）
⑯「健康・医療心理学」に含まれる事項
　1. ストレスと心身の疾病との関係
　2. 医療現場における心理社会的課題及び必要な支援
　3. 保健活動が行われている現場における心理社会的課題及び必要な支援

4. 災害時等に必要な心理に関する支援
⑰「福祉心理学」に含まれる事項
　1. 福祉現場において生じる問題及びその背景
　2. 福祉現場における心理社会的課題及び必要な支援
　3. 虐待についての基本的知識
⑱「教育・学校心理学」に含まれる事項
　1. 教育現場において生じる問題及びその背景
　2. 教育現場における心理社会的課題及び必要な支援
⑲「司法・犯罪心理学」に含まれる事項
　1. 犯罪・非行，犯罪被害及び家事事件についての基本的知識
　2. 司法・犯罪分野における問題に対して必要な心理に関する支援
⑳「産業・組織心理学」に含まれる事項
　1. 職場における問題（キャリア形成に関することを含む。）に対して必要な心理に関する支援
　2. 組織における人の行動
（心理学関連科目）
㉑「人体の構造と機能及び疾病」に含まれる事項
　1. 心身機能と身体構造及びさまざまな疾病や障害
　2. がん，難病等の心理に関する支援が必要な主な疾病
㉒「精神疾患とその治療」に含まれる事項
　1. 精神疾患総論（代表的な精神疾患についての成因，症状，診断法，治療法，経過，本人や家族への支援を含む。）
　2. 向精神薬をはじめとする薬剤による心身の変化
　3. 医療機関との連携
㉓「関係行政論」に含まれる事項
　1. 保健医療分野に関係する法律，制度
　2. 福祉分野に関係する法律，制度
　3. 教育分野に関係する法律，制度
　4. 司法・犯罪分野に関係する法律，制度
　5. 産業・労働分野に関係する法律，制度
㉔「心理演習」に含まれる事項
　（略）
㉕「心理実習」に含まれる事項
　（略）

執筆者一覧
竹村和久（たけむらかずひさ：早稲田大学文学学術院）＝編者

宮本聡介（みやもとそうすけ：明治学院大学心理学部）
林　幹也（はやしみきや：明星大学心理学部）
唐沢かおり（からさわかおり：東京大学大学院人文社会系研究科）
今井芳昭（いまいよしあき：慶應義塾大学文学部）
白岩祐子（しらいわゆうこ：埼玉県立大学保健医療福祉学部）
山口裕幸（やまぐちひろゆき：京都橘大学総合心理学部）
大坪庸介（おおつぼようすけ：東京大学大学院人文社会系研究科）
金政祐司（かねまさゆうじ：追手門学院大学心理学部）
布柴靖枝（ぬのしばやすえ：文教大学人間科学部）
浦　光博（うらみつひろ：追手門学院大学）
石井敬子（いしいけいこ：名古屋大学大学院情報学研究科）
三浦麻子（みうらあさこ：大阪大学大学院人間科学研究科）

監修　野島一彦（のじまかずひこ：九州大学名誉教授・跡見学園女子大学名誉教授）
　　　繁桝算男（しげますかずお：東京大学名誉教授）

編者略歴
竹村和久（たけむらかずひさ）
1960年生まれ。
早稲田大学文学学術院教授。
1989年，同志社大学大学院文学研究科博士課程単位取得退学。博士（学術），博士（医学）。

主 な 著 書：Behavioral Decision Theory: Psychological and Mathematical Descriptions of Human Choice Behavior（Springer, 2014），『経済心理学―行動経済学の心理的基礎』（培風館, 2015），『フロンティア実験社会科学 5　選好形成と意思決定』（編著，勁草書房，2018）ほか

公認心理師の基礎と実践⑪［第 11 巻］
社会・集団・家族心理学

2018 年 12 月 1 日　第 1 刷
2024 年 9 月 5 日　第 10 刷

監 修 者　野島一彦・繁桝算男
編　　者　竹村和久
発 行 人　山内俊介
発 行 所　遠見書房
製作協力　ちとせプレス（http://chitosepress.com）

〒 181-0001 東京都三鷹市井の頭 2-28-16
株式会社 遠見書房
TEL 0422-26-6711　FAX 050-3488-3894
tomi@tomishobo.com　https://tomishobo.com
遠見書房の書店　https://tomishobo.stores.jp

印刷・製本　太平印刷社

ISBN978-4-86616-061-0　C3011

©Nojima, K., Shigemasu, K., & Tomi Shobo, Inc.　2018
Printed in Japan

※心と社会の学術出版　遠見書房の本※

遠見書房

### オープンダイアローグとコラボレーション
家族療法・ナラティヴとその周辺
浅井伸彦・白木孝二・八巻　秀著
オープンダイアローグを多方面から見てみることで，オープンダイアローグと，その周辺の支援理論，哲学などを解説し，オープンダイアローグ実践のための基本をまとめたものです。3,080 円，A5 並

### 図解　ケースで学ぶ家族療法
システムとナラティヴの見立てと介入
（徳島大学准教授）横谷謙次著
カップルや家族の間で展開されている人間関係や悪循環を図にし，どう働きかけたらよいかがわかる実践入門書。家族療法を取り入れたいに取り組みたいセラピストにも最適。2,970 円，四六並

### 家族心理学──理論・研究・実践
ソバーン&セクストン著／若島・野口監訳
アメリカで一番優れた家族心理学の教科書が邦訳刊行。家族の心理的，文化的，社会的な問題から家族療法まで，家族に関わるすべての心理学を網羅したファーストチョイスに足る 1 冊。ベテランから入門者まで必読。4,070 円，A5 並

### 臨床心理学中事典
（九州大学名誉教授）野島一彦監修
650 超の項目，260 人超の執筆者，3 万超の索引項目からなる臨床心理学と学際領域の中項目主義の用語事典。臨床家必携！（編集：森岡正芳・岡村達也・坂井誠・黒木俊秀・津川律子・遠藤利彦・岩壁茂）7,480 円，A5 上製

### 公認心理師基礎用語集　改訂第 3 版
よくわかる国試対策キーワード
松本真理子・永田雅子編
試験範囲であるブループリントに準拠したキーワードを 138 に厳選。多くの研究者・実践家が執筆。名古屋大教授の 2 人が編んだ必読，必読の国試対策用語集です。2,420 円，四六並

### 心理療法・カウンセリングにおける
スリー・ステップス・モデル
「自然回復」を中心にした対人援助の方法
若島孔文・鴨志田冴子・二本松直人編著
3 つの次元で進める心理支援法スリー・ステップス・モデルを詳しく解説した 1 冊。個人でもコミュニティでもさまざまな場面で活用できる。2,860 円，A5 並

### 中釜洋子選集　家族支援の一歩
システミックアプローチと統合的心理療法
（元東京大学教授）中釜洋子著
田附あえか・大塚斉・大町知久・大西真美編集　2012 年に急逝した心理療法家・中釜洋子。膨大な業績の中から家族支援分野の選りすぐりの論文とケースの逐語を集めた。3,080 円，A5 並

### システムズアプローチの〈ものの見方〉
「人間関係」を変える心理療法
（龍谷大学教授）吉川　悟著
家族療法，ブリーフセラピー，ナラティヴの実践・研究を経てたどりついた新しい臨床の地平。自らの 30 年前の冒険的な思索を今，自身の手で大きく改稿した必読の大著。5,060 円，A5 並

### N：ナラティヴとケア
ナラティヴがキーワードの臨床・支援者向け雑誌。第 15 号：オープンダイアローグの可能性をひらく（森川すいめい編）年 1 刊行，1,980 円

### 公認心理師の基礎と実践　全 23 巻
野島一彦・繁桝算男 監修
公認心理師養成カリキュラム 23 単位のコンセプトを醸成したテキスト・シリーズ。本邦心理学界の最高の研究者・実践家が執筆。①公認心理師の職責～㉓関係行政論 まで心理職に必須の知識が身に着く。各 2,200 円～ 3,080 円，A5 並

価格は税込です